힐링 문화 비즈니스

힐링 문화 비즈니스

피로·위험사회의 문화현상과 블루오션

김원제

신영사

머리말

DOLLAR DOLLAR / 하루아침에 전부 탕진
달려 달려 내가 벌어 내가 사치 (중략)
돈은 없지만 떠나고 싶어 멀리로 (중략)
티끌 모아 티끌 탕진잼 다 지불해 / 내버려둬 과소비해버려도
내일 아침 내가 미친놈처럼 / 내 적금을 깨버려도
WOO 내일은 없어 (중략)

DOLLAR DOLLAR / 쥐구멍 볕들 때까지 / 해가 뜰 때까지
YOLO YOLO YOLO YO / YOLO YOLO YO
탕진잼 탕진잼 탕진잼 / YOLO YOLO YOLO YO (중략)
고민보다 Go / 고민보다 Go Go / Everybody

   방탄소년단(BTS)의 곡 〈고민보다 GO〉에는 '욜로'라는 단어가 32번이나 등장한다. 미래를 준비하기에는 현재가 너무 버거운 젊은 세대의 고민을 대변한다. 삶이 너무 힘겨울 때는 아등바등 살지 말고 하고 싶은 거 하면서 자신의 삶을 즐기라는 위로이기도 하다. 오늘보다 내일이 나아질 것이라는 무조건적인 희망보다는 소소하지만 지금, 현재에 행복감을 줄 수 있는 경험을 즐기라는 것이다. 말 그대로 '욜로'의 삶을 희망한다.

   욜로, 워라밸 등의 용어들이 사회적 현상으로 부상하고 있는바, '힐링(healing)'이라는 개념으로 압축된다. 힐링 여행, 힐링 음식, 힐링 캠프, 힐링 콘서트, 힐링 뮤지컬, 힐링 문화체험, 힐링 드라

마, 힐링 축제, 힐링 인문학 등등 셀 수 없이 다양한 힐링 '상품'이 성행하고 있다.

이처럼 힐링이 우리 사회에 중요한 화두로 자리 잡은 까닭은 무엇일까?

그만큼 대한민국이 '아프다'는 뜻이다. 우리 사회에서 개인은 생애주기 전반에 걸쳐 경쟁에 따른 피로, 각종 사건사고와 재난재해로 끊임없는 위험을 감당해야 한다. 피로와 위험은 사람들이 싫어도 매일같이 마주하는 친구들이다.

이른바 '피로사회'(한병철, 2012)고 '위험사회'(울리히 벡, 1992)다. 상처를 치유하고 또다시 내일을 살아갈 힘을 얻기 위해 우리는 '충전'과 '치유'가 필요하다. 각종 재난재해와 사건사고로 점철된 위험한 세상에서 버티기 위해서는 '안심' 기제가 필요하다. '스트레스, 피로, 걱정, 의심, 불안, 불면, 짜증, 울화, 우울, 분노, 공포, 위험' 세상에서 '위로, 평안, 안심, 치유, 충전, 행복'을 제공하는 무언가가 필요한 것이다.

그래서 '힐링'이다.

한가로움과 여유로움이 있는 삶에 대한 가치관이 중요해지고 있다. '노동 중심의 사회'에서 '여가 중심의 사회'로 점차 개인의 삶의 가치에 대한 방향이 조금씩 바뀌고 있다. 이에 몸과 마음의 힐링이 일상생활 영위의 필요불가결한 조건이 되는 상황이다. 우리에게 힐링은 '행복한 삶을 살기 위한 방법'을 의미한다. 오래 사는 것보다 건강하게 사는 것이 더 중요하기 때문이다.

힐링이 문화가 되고, 비즈니스가 되는 이유는 피로사회와 위험사회에서 '탈진한 자아'들이 급격하게 늘어나고 있기 때문이다.

신자유주의의 무한경쟁과 피로, 불안에 지친 개인들이 많으니 이들의 심리를 겨냥한 치유, 위로 상품이 넘쳐나는 것이다. 힐링산업의 번창은 사람들이 위로와 치유를 내세우는 각종 상품과 서비스를 구매한다는 것을 의미한다. 힐링이 일종의 '비즈니스 모델'이 된 것이다.

이에 이 책은 힐링 콘셉트에 대한 현상학적 분석을 토대로 비즈니스 블루오션에 대한 탐색을 시도한다. 피로사회, 위험사회 극복 프로젝트이며, 비즈니스 블루오션 전략 탐구이다.

전반부에서는 힐링 문화에 대한 현상학적 이해 및 성찰적 분석을 시도한다. 경제적으로, 정신적으로 삶이 힘들어지는 사이, 힐링의 본질에 대한 성찰이 본격적으로 시작되고 있다. '무늬만 힐링'을 걷어내며 힐링의 효용성과 그 본질적 의미를 생각해야 할 것이다.

후반부에서는 힐링 비즈니스에 관한 블루오션 사례를 탐색하고 전망한다. 미디어 콘텐츠, 건강 치유, 여가문화 영역에서의 힐링 비즈니스를 집중적으로 살펴보고, 힐링 경험과 마케팅 커뮤니케이션 전략에 대해 고민한다.

이 책은 지치고 힘든 시절에 힐링이 필요한 사람들에게 삶의 지향을 제공하는 위로서다. 나아가 힐링 콘셉트의 비즈니스를 제안하는 미래 전략서다. 진정한 힐링이 필요한 사람에게, 미래 비즈니스 블루오션 아이템을 찾는 사람에게 도움이 되길 기대한다.

2022. 1
'킬링(killing)'이 아닌 '필링(feeling)'의 '힐링(healing)'이 필요한 날에

차 례

 힐링 문화

1. 힐링의 개념과 의미 ——————————— 13
　　힐링 개념 이해 / 13
　　쉼, 휴식의 의미 / 23

2. 왜, 힐링의 시대인가? ——————————— 31
　　피로사회론 / 31
　　위험사회론 / 39
　　힐링 열풍 형성의 과정 / 47
　　누구도 행복하지 않은 한국사회, 병들어가는 우리 / 52
　　인간관계에 어려움을 겪는 현대인의 고충 / 56
　　과로에 내몰린 현대인, 번아웃 증후군 / 60
　　마음 챙김, 명상 / 68
　　코로나 블루, 멘탈데믹 / 75

3. 블루오션 시장, 힐링 비즈니스의 성장 ——————————— 79
　　힐링 비즈니스의 발전 / 79
　　게으른 경제 / 83
　　지친 현대인, 편하고 싶은 사람들 / 89
　　스낵컬처 시대 휴가의 의미와 콘텐츠 소비 / 94

4. 힐링 사회의 미래와 조건 ——— 97

여가와 행복사회학 / 97
행복한 생활의 의미 / 103
'나홀로족'의 증가와 함께 공고해지는 '1인 체제' / 108
혼자만의 시간, 자발적 고독의 가치 / 112
일과 삶의 균형, 워라밸 / 115
일과 삶의 융합(조화), 워라인 / 123
유튜브 세대의 워라밸, 갓생 살기 / 127
힐링 콘셉트의 허상에 대한 비판 / 130
문화상품으로서 힐링 / 134

 # 힐링 비즈니스 블루오션

1. 콘텐츠 힐링 비즈니스 ——— 143

힐링과 자기계발을 강조하는 인문학 도서들 / 146
시청자의 마음을 어루만지는 힐링 프로그램의 인기 / 149
먹방 열풍, 그리고 푸디즘에 대한 경계 / 159
스마트폰 중독과 디톡스 / 164
게임으로 힐링 / 168

2. 건강 치유 힐링 비즈니스 ─────────── 175

슬리포노믹스, 수면산업의 부상 / 175
숙면 위한 기술, 슬립테크 / 180
슬립테크 기업 캐스퍼의 블루오션 개척기 / 187
힐링되는 가전제품, 휴식가전 / 193
명상 애플리케이션 서비스 / 198
자투리 시간에도 휴식을, 명상 버스 사례 / 208
VR 힐링 콘텐츠 / 210
힐링 로봇 / 214

3. 여가문화 힐링 비즈니스 ─────────── 221

'섬' 혹은 여가의 가치 / 221
'진지한 여가'를 원하는 현대인 / 225
취향으로 관계 맺기, 취향공동체 / 228
힐링관광 혹은 웰니스관광 / 238
'느림'으로 힐링하는 슬로시티 / 241
농촌체험으로 힐링하는 팜스테이 / 244
워크스테이, 워케이션 콘셉트의 부상 / 247
슬로라이프와 슬로푸드 / 251
힐링 푸드 즐기는 컬리너리 투어리즘 / 257
진지한 여가, 워킹 / 262
자연이 주는 치유, '에코 힐링' / 266
숲에서 하는 힐링, 산림치유 / 269
도시 숲과 정신건강 / 272

코로나19 이후 여행·관광 트렌드 변화 / 276
　　대한민국은 지금 캠핑 열풍 / 279
　　낚시 문화의 팽창 / 285

4. 힐링 경험과 마케팅 커뮤니케이션 ─────────── 291

　　체험경제 시대의 도래 / 291
　　힐링 체험 마케팅의 개념 및 특징 / 298
　　몰입 경험과 힐링 마케팅 / 302
　　복합문화공간의 힐링 경험 마케팅 / 305
　　공간 인식, 개념의 변화 / 310
　　나만의 공간에서 즐기는 홈루덴스족 / 312
　　힐링 공간 서비스 기획 / 319
　　타임 푸어 시대, 패스트 힐링이 필요해 / 325
　　힐링의 미래 조건, 소비의 힐링이 아닌 위로의 힐링 / 329
　　진정한 힐링의 방법 / 334

참고문헌 ─────────────────────── 340

힐링 문화

힐링 문화에 대한 현상학적 이해 및 성찰적 리뷰

1. 힐링의 개념과 의미

휴식은 지상에서 가장 소중한 것이다.
– 게오르크 빌헬름 프리드리히 헤겔

힐링 개념 이해

힐링(healing)의 어원은 therapea로 '도움이 되다, 의학적으로 돕다, 병을 고치다'라는 뜻에서 유래한다. 'healing'은 앵글로색슨 어원의 'haelen'으로 '완전해진다'는 의미이며, 'heal'의 어원인 'hal'은 'whole(전체적인)'이란 의미다.

건강을 뜻하는 'health'도 같은 어원에서 유래한다. WHO에서 건강에 대해 내린 정의를 보면, '단지 질병이 없고 허약하지 않다는 것을 의미하지 않고, 육체적·정신적 사회복지(social well-being) 측면에서 완전한 것'을 정의한다. 즉, 인간이 원래의 균형 잡힌 건강한 모습으로 되돌아가는 과정이다.

힐링, 즉 치유는 치료와 구분되는데, 치료(curing)와 치유(healing)

를 하이테크(high-tech)와 하이터치(high-touch)라는 표현으로 비교할 수 있다. 치료는 과학적·기술적인 방법으로 신체적 차원에 초점을 두는 반면, 치유는 정신적·경험적 방식으로 인간적인 차원에 초점을 둔다. 의학적인 기술을 통한 치료는 하이테크, 치유는 마음을 달래는 기술로 하이터치인 것이다.

힐링은 공감, 위로, 치유 등 현대를 살아가는 사람들의 내적 스트레스 해소에 집중한다.

힐링은 마음과 정신의 상처 치유를 의미한다. 힐링은 개인의 신체적·정신적 건강회복을 의미하며, 나아가 개인이 속한 사회·문화적인 환경이 온전한 상태로 전환되는 과정을 모두 포함한다. 개인은 힐링 과정을 통해 신체적·정신적·사회적인 건강 상태를 회복하게 되어 인격의 완전한 성숙에 도달한다. 개인이 건강하고 행복한 삶에 이르면 새로운 문화를 창조, 보급하게 되어 인구·자원·환경·제도·문화 등 모든 삶의 영역에 걸쳐 인

▶ 쉼, 休(휴), 힐링의 시대 ⓒshutterstock

류문명이 지속되는 사회적 힐링의 단계로 발전한다. 이로써 힐링은 인간의 마음과 정신의 상처 치유를 강조하는 웰빙의 한 형태로 의·식·주는 물론 의료, 문화에까지 영역이 확장된 개념으로 존재한다.

힐링을 문화적·역사적인 측면에서 살펴보았을 때, 북미에서는 개인과 가족, 환경, 우주가 융합되어 나타나는 영적이고 초자연적인 치유 과정이라고 하였고, 한국에서는 불교문화와 샤머니즘, 유교적 사상으로부터 영향을 받아 인간은 우주의 한 부분으로, 음(陰)과 양(陽)의 에너지의 통합을 이루어 나가는 과정으로도 설명되었다. 이렇게 문화적·역사적인 측면에서 힐링은 다양한 문화 내에서도 생동력 있는 에너지이며, 신체와 정신, 영적인 부분을 총체적으로 융합하는 에너지로 논의하고 있음을 알 수 있다(김지영·신나연, 2015).

힐링의 개념적 속성을 정리하면 다음과 같다.

- 인간의 정신적이고 신체적인 균형 상태를 지향하며, 심신의 조화가 이루어지고, 육체적·정신적 질병의 치료뿐만 아니라 전인 치유를 가능하게 하는 영적인 것을 포함
- 긍정적인 에너지를 내포하고 있어 생동적인 과정을 이끌어내고, 나아가 인간 본성의 정서와 감정들을 회복시켜 주는 자연스러운 과정을 포함
- 개인의 내면적인 관계, 환경과 인간 간의 상호작용을 포함

힐링은 신체와 정신적·영적인 조화로운 균형 상태를 의미한

다. 생동적이며 인간의 삶의 전 영역에서 지속적으로 진행되는 과정이다. 질병의 치료나 통증이 경감되는 것을 넘어서 신체적·정신적·정서적·사회적·영적 영역에서 긍정적인 변화가 나타나며, 삶의 재해석을 통해 건강하고 양질의 삶을 향유할 수 있는 총체적 안녕에 이르는 것을 의미한다.

힐링 이전에 2000년대 초반에 활발하게 논의되던 개념으로 '웰빙(wellbeing)'이 있다. 웰빙은 말 그대로 '건강하게 잘 지내는 것', 즉 '참살이'를 의미한다.

웰빙은 사전적 의미로 육체적·정신적 건강의 조화를 통해 행복하고 아름다운 삶을 추구하는 삶의 유형이나 문화를 통틀어 일컫는 개념으로, 몸과 마음이 풍요롭고 모든 것이 조화를 이루어 풍요롭고 아름다운 삶을 위한 심리적·사회적 안녕감을 포함하는 포괄적 개념이라 할 수 있다. 이러한 삶을 추구하는 사람들을 흔히 웰빙족(族)이라 부르는데, 그들은 자신의 몸과 마음의 건강에 대한 가치를 최우선으로 하여 일과 삶의 균형을 이루어 행복을 추구하고자 한다.

웰빙의 유래는 1960년대 미국에서 일어난 히피니즘(hippieism)에서 볼 수 있는데, 당시 사회적 입장을 반영해 반전운동과 민권운동을 계승한 일부 중산층 이상의 미국 시민들에서 유래한다. 이들은 고도로 발달된 첨단문명에 저항해 자연주의, 자유주의, 뉴에이지(New Age) 문화운동을 받아들이면서 생겨난 삶의 한 형태로 물질적 풍요 속에서 물질적 가치와 명예를 얻기 위한 삶보다는 자유 속에서 건강한 정신과 신체를 유지하고자 하였으며, 이를 통해 균형 있는 삶을 추구하고자 했던 것이다. 이러한 삶을 실천하고자 했던 사람들인 1960~70년대 히피들에 의해서 유행되었다(조용기·김승남, 2019).

한편, 유럽과 미국 등에서는 웰빙이 복지와 관련된 '사회적 웰빙'을 강조하는데, 한국에서는 복지와 무관하게 '개인적 웰빙'으로 이해되어 이를 위한 상품구매에 집중되는 경향을 보이기도 한다. 이로 인해 웰빙은 건강을 위해 유기농 채소를 먹고, 화학조미료를 먹지 않는 등 일련의 노력들에서 보듯 상품구매와 병행되는 것으로 나타난다. 또한, 웰빙의 개념 정의가 통일되지 못하고 있다는 비판도 있다. 일각에서는 값비싼 유기농 제품을 먹고, 최고급 스파를 즐기는 고급화 소비로 웰빙을 정의하기도 한다. 다른 한편에서는 명상 음악, 요가 등 주로 정서적인 차원을 웰빙의 대표 상품으로 들기도 한다. 혹은 돈을 지출하는 소비 행위는 아니더라도 지역 사회 봉사에 팔을 걷고 나서는 건전한 시민상을 웰빙의 한편에 포함시키기도 한다.

이러한 '웰빙'에 대한 비판과 대안으로 '로하스(LOHAS: lifestyle of health and sustainability)' 담론이 등장했다. 건강과 지속가능한 사회에 대한 관심이 반영된 생활양식을 추구하는 것이다.

로하스는 자신과 가족의 건강은 물론 사회와 지구환경의 건강과 지속가능성을 고려하는 생활방식이다. 개인적 차원을 넘어 지역과 지구적 차원의 건강과 지속가능성을 고려하고 있다는 점과 사회적 웰빙으로서 환경과 생활방식을 중시한다는 점에서 웰빙보다 진화한 것으로 평가된다. 다만, 웰빙과 마찬가지로 로하스 현상도 상업적 제품과 서비스 판매와 연결된 마케팅 트렌드라는 점과, 소비문화 자체에 대한 비판이 아니라 '나쁜 소비문화'를 '좋은 소비문화'로 대신하는 식의 규범적 비판이라는 비판을 받는다. 로하스 담론이 소비를 자율적인 삶의 영역으로 간주, 소비가 자율적인 활동인 것처럼 보이지만 언제나 생산에 의해 결정되고 지배된다는 점을 간과하는 근본적인 결함을 안고 있다는 비판이다.

요컨대, 웰빙은 신체적 건강과 삶의 만족도 제고를, 힐링은 마음과 정신의 상처 치유를 강조한다.

구 분	웰빙(Well-being)	힐링(Healing)
개념	신체적 건강과 삶의 만족도 제고	마음과 정신의 상처 치유
고조기	경제·사회적 안정기	경제·사회적 침체기
연관산업	기본 의식주 중심	의료, 문화까지 확장
관심소비층	중산층 위주	全소비층

유사한 개념들이 존재하는데, 먼저 '욜로(YOLO: You Only Live Once)'가 있다.

욜로는 캐나다 출신의 인기 래퍼인 드레이크(Drake)가 2011년 발표한 음반에 등장한 단어로, 앨범 '테이크 케어(Take Care)'에 실린 보너스 트랙 '더 모토(The Motto)'가 빌보드 차트 14위에 오르면서 그 노래의 가사인 'You only live once: that's the motto nigga, YOLO'가 떠올랐다. 현재 자신의 행복을 가장 중시하고 소비하는 태도를 의미한다. 미래 또는 남을 위해 희생하지 않고 현재의 행복을 위해 소비하는 라이프스타일이다. 내 집 마련, 노후 준비보다 지금 당장 삶의 질을 높여줄 수 있는 취미 생활, 자기계발 등에 아낌없이 투자한다. 여기서 소비는 단순히 물욕을 채우는 것을 넘어 자신의 이상을 실현하는 과정에 있다는 점에서 충동구매와 구별된다.

일본이 원산지인 '소확행(小確幸, 작지만 확실한 행복)'도 있다. 일본의 소설가인 무라카미 하루키(村上春樹)의 에세이 〈랑겔한스섬의 오후〉에 쓰인 말로, 갓 구운 빵을 손으로 찢어 먹을 때, 서랍 안에 반듯하게 정리된 속옷을 볼 때 느끼는 행복과 같이 바쁜 일상에서 느끼는 작은 즐거움을 의미한다. 이 책이 1986년에 나왔으니, 이미 무라카미 하루키는 현대인들이 추구하고자 하는 힐링의 패러다임을 예견하고 있었다고 하겠다. 하루키가 이야기한 소확행은 소비사회가 만들어준 소비로 인한 '가짜 행복'이 아니고, 자기만의 생각이나 기분, 혹은 취향을 기준으로 한 '진짜 행복'이라고 할 수 있다.

작가 마광수는 〈행복철학〉에서 유사한 행복론을 설파하고 있는데, "행복은 지극히 가벼운 것에서부터 온다. 무더운 여름날 소나기가 쏟아져 내릴 때 우리는 행복하고, 향기로운 커피의 냄새를 음미할 때 우리는 행복하고, 땀으로 뒤범벅이 된 몸뚱아리를 샤워의 물줄기로 시원하게 씻어낼 수 있을 때 우리는 행복하다"고 피력한다.

소소한 행복을 찾는 현상은 소확행 트렌드뿐 아니라 북유럽 국가인 덴마크나 스웨덴 등을 비롯해 여러 나라에서 다른 용어로 사용되고 있다. 예를 들어 덴마크의 '휘게(hygge)', 스웨덴의 '라곰(lagom)', 프랑스의 '오캄(au calme)'이 대표적이다.

'웰빙'을 뜻하는 덴마크어, 노르웨이어에서 비롯된 말인 '휘게(hygge, 안락함)'의 핵심은 '작은 것에도 감사하고 만족하는 마음'과

'물질에 얽매이지 않고 단순하게 사는 기쁨'이다. 덴마크어로 편안함, 따뜻함, 아늑함을 뜻하는 휘게 라이프는 북유럽 인테리어·디자인의 유행과 함께 우리 생활 속에 쉽게 들어왔다. 성취와 물질에 집착하는 생활을 멈추고 현재의 행복을 추구하자는 가치관이다. 휘게 라이프 최고의 오브제는 벽난로다. 북유럽이나 강원도 산골은 집 안 공기가 차기 때문에 난로를 가동한다. 원래 실용적 목적으로 등장한 벽난로지만 이 속에서 타닥타닥하는 소리를 내며 장작 타는 모습을 보고는 안락함과 평화를 느끼게 된다. 이건 기능적 가치라기보다는 심리적 가치다. 벽난로를 피운 집 거실에서 아메리카노 한 잔을 마실 때의 여유, 더 이상을 바라지 않는다! 또한 피곤할 대로 피곤해진 정신상태를 극복하는 방법으로 명상, 요가, 참선 등의 수련법이 있지만 누구나 할 수 있진 않다. 그래서 생활 속에서 릴랙스하는 방법이 바로 휘게다. 휘게는 분위기로 느긋함을 느낀다.

욜로·휘게·소확행의 원조는 '카르페디엠(carpe diem)'이다. 라틴어로 "Catch the day!"의 의미다. '지금, 여기의 순간을 잡아라', 즉 현재를 소중히 하라는 뜻이다. 로마 시인 퀸투스 호라티우스 플라쿠스(Quintus Horatius Flaccus, BC 65~BC 8)가 〈송가(頌歌, Odes)〉에서 처음 쓴 말이라고 한다. 이 용어는 영화 〈죽은 시인의 사회(1989)〉에서 로빈 윌리엄스가 분한 캐릭터인 키팅 선생이 "카르페디엠, 오늘을 즐겨라, 소년들이여, 삶을 비상하게 만들어라"라고 말하면서 더욱 유명해졌다.

또한, 삶의 질을 결정하는 마음의 여유, 웃음, 사랑이 모두 담겨 있는 스웨덴어 '라곰(lagom)'의 어원은 바이킹 시대에 술을 나뉘 먹는 것에서부터 비롯되었다. 사전적 정의는 '적당한, 충분한, 딱 알맞은'이며, '딱 알맞은 만큼, 딱 적당한 만큼(just the right amount)'이라 번역된다(Wikipedia). 라곰은 적당히 모든 것을 즐길 수 있도록 도와주는 개념이며, 스웨덴 사람들이 대표적으로 행복을 찾는 방법이다(안나 브론스, 2018).

'고요한', '한적한'이란 뜻을 지닌 '오캄(au calme)'은 프랑스에서 욜로 라이프 다음으로 등장한 생활방식으로, 프랑스에서 느긋한 삶을 추구하는 사람들이 늘어나면서 생긴 현상이다. 현실을 즐겨야 한다는 강박증이 다소 내재되어 있는 욜로에서 벗어나려는 움직임이다. 소비보다는 상대적으로 여유로운 시간과 공간에 집중하는 것이 다르다.

한편, '웰니스(Wellness)'란 개념은 세계보건기구(WHO)가 건강에 대한 가치관 및 정의를 보다 심화시켜 제시한 개념으로, 웰니스적 요소를 기반으로 최적의 건강상태와 행복한 삶의 조화를 추구하는 개념이라고 할 수 있다.

웰니스는 '건강'이나 '상쾌'를 의미하는 영어단어 'well'에서 나왔으며, '질병'을 의미하는 'illness'와는 대조적인 개념이다. 질병이 없는 상태는 일반적으로 헬스(건강)라고 표현해 왔다. 웰니스는 질병이 없는 상태인 헬스를 기반으로 하면서, 그 기반 위에 풍요로운 인생, 멋진 인생을 실현하는 것을 목표로 한다. 무언가에 몰두하고 있는, 열중하고 있는, 삶의 가치를 발견하는 등의 과정도 활력이 넘친다면 웰니스라고 할 수 있다는 것이다. 즉, 적극적인 건강 행동을 취하는 것, 보다 좋게 살아가는 라이프스타일의 본연의 자세가 웰니스이고 보다 넓은 건강관을 나타내는 것이라고 할 수 있다.

　미국을 중심으로 서구 선진사회에서는 웰니스라는 용어가, 한국을 포함한 아시아-태평양 일대에서는 힐링이라는 용어가 관련 개념을 선점했을 뿐, 웰니스와 힐링은 개념적으로 동일하다.

쉼, 휴식의 의미

휴식이란 무엇일까?

노래방이나 클럽 또는 놀이공원에 가면 스트레스가 해소되고 새로운 아침을 맞을 수 있을 것이라 말하지만, 실컷 즐기고 집으로 돌아오면 남는 것은 허탈함뿐이다. 아무것도 안 하고 '빙콕'하면서 하루를 보내면 문제가 있는 것처럼 얘기하는 경우도 종종 있다. 그러다 보니 정작 본인은 '빙콕'으로 최고의 휴식을 보내고도 마음이 불편하다.

불행히도 우리는 휴식에 대한 상상력이 부족하다. 어떤 이는 죽은 듯 잠을 자거나 미친 듯이 노는 것을 휴식이라고 생각한다. 어떤 이는 휴양림을 산책하거나 등산하는 등 맑은 공기를 마시면서 자연을 접해야 휴식이라고 생각한다. 게임을 좋아하는 이들은 주말에 게임을 하면서 시간을 보낸다. 게임이 신체적·정신적 안식을 주지 못하니 진정한 휴식이 아니라고 생각하는 이도 있지만 지루한 것을 싫어하고 뭔가 짜릿한 것을 원하던 이들에게는 게임을 하는 것이야말로 진정한 휴식이 될 수 있다. 또 어떤 이들은 주말에 박물관을 관람하며 마음의 안식을 찾지만, 누군가는 백화점에 들러 예쁜 옷, 새로운 가방, 명품 시계, 화려한 보석을 보면서 스트레스를 해소한다.

우리가 피로를 느끼는 것은 생활의 변화가 없고 지루함을 느끼기 때문이다. 따라서 가장 좋은 휴식은 자신의 삶을 재발견하고 열정을 일깨워 주는 것이라 할 수 있다. 진정한 휴식은 정신을 회복하고, 신경을 느슨하게 풀어 주는 것이다. 그렇게 되었을 때 새로운 업무나 학습을 시작하면 사람의 감각과 정신은 새롭고 활기차게 된다.

휴식의 한자어는 쉴 휴(休)와 숨 쉴 식(息)이다. 문자 그대로 '숨조차도 쉰다'는 뜻이다. 사람(人)과 나무(木)로 구성된 休는 사람이 나무에 기대어 편안히 쉬는 모습을 나타내며, 스스로 자(自)와 마음 심(心)으로 조합되어 있는 息은 마음 위에 자신을 가만히 올려놓은 모습을 띠고 있다. 여기서 '自'는 원래 코(鼻)를 나타내는 상형문자에서 왔다고 한다. 코로 숨을 쉬니까 코에 생명이 있다고 본 것이고, 코, 즉 호흡이 자신이고 휴식이라고 옛 선인들은 생각한 것이다. 따라서 휴식은 사람이 나무 옆 혹은 아래에 앉거나 기대고 서서 편안한 호흡을 하면서 자신의 마음을 들여다본다는 의미를 내포하고 있다.

근원적으로 휴식은 권리다. 권리 중에서도 인간이 인간답게, 인간이 존엄한 존재로 살기 위해 반드시 보장되어야 하는 인권이다. 인간이 휴식 없이 일만 한다면 기계와 다를 바 없으며 천형의 벌을 받은 시시포스처럼 괴롭기만 할 것이다.

'인류의 가장 아름다운 약속'이며 현대 인권의 경전(經典)으로 불리는 세계인권선언은 1948년 제정 당시 이를 잘 알고 있었다. 세계인권선언 제24조는 "모든 사람은 휴식을 취하고 여가를 즐길 권리가 있다. 이러한 권리에는 노동시간을 적절한 수준으로 제한할 수 있는 권리, 그리고 정기적인 유급휴가를 받을 권리가 포함된다"라고 천명한다. 휴식과 여가를 권리라고 분명하게 못 박고, 무한대로 일한 뒤 겨우 틈을 내서 쉬는 것이 아니라 노동시간을 줄여서 쉴 시간을 확보해야 한다. 또한 그 휴식시간조차 유급으로 보장돼야 한다는 것이다.

휴식권은 성경에서도 그 연원을 찾을 수 있다. "엿새 동안 일하고 이렛날에는 어른은 물론 아들이나 딸이나, 남종이나 여종이나, 게다가 산 짐승이나 나그네라도 쉬어야 한다"라고 성경에 나와 있다. 게다가 땅조차도 여섯 해 동안 농사를 짓고 일곱째 해는 쉬게 하라고 명령한다.

1981년 제정된 세계이슬람인권선언은 노동자의 지위와 존엄성을 보장하기 위해 노동권과 함께 적절한 휴식과 여가를 즐길 자격이 있다고 규정하고, 〈금강경〉과 같은 불교의 경전이나 대선사들은 한결같이 '한 생각'을 쉬는 것이 득도의 과정이라고 말한다.

일을 더 잘하기 위해 고민하는 사람은 많지만, 정작 더 잘 쉬는 것에 관심을 갖는 사람들은 별로 없다. 그러는 사이 어느덧 휴식은 뒤로 밀려났다. 숨 가쁘게 돌아가는 온오프 세상에서 휴식이란 일과 반대되는, 즉 일의 부재를 의미한다. 바쁘게 일해야 성과

▶ 휴식은 인간의 기본권이다. ⓒPixabay

1. 힐링의 개념과 의미 25

와 연결될 거라고 생각하며 휴식을 소극적인 행동으로 여기는 것은 가치 있고 의미 있는 삶으로의 변화를 막는다. 휴식을 단순히 일의 반대 개념으로만 생각할 때, 휴식이 진지한 고려의 대상이 되지 못하고 기피의 대상이 된다.

윈스턴 처칠이 제2차 세계대전 당시 매일 규칙적으로 낮잠을 잤던 것, 찰스 다윈이 몇 시간이나 긴 산책을 즐겼던 것, 빌 게이츠가 일주일 동안 외딴 오두막에 틀어박혀 홀로 시간을 보냈던 것, 이 모든 것은 '의도적 휴식'이다. 자신의 분야에서 탁월한 성취를 이루고 창의성으로 가득한 사람들은 모두 충분한 휴식을 취했고, 진지하게 휴식에 임했다.

우리는 휴식에 대해 오해를 하고 있다(조지선, 2019).

첫째, 쉼이 성공을 방해한다는 것이다. 오랫동안 우리에겐 '4당5락'이 명문대 합격을 위한 금과옥조였다. 4시간만 자면서 공부하면 명문대생이 될 수 있고, 한 시간을 더 자면 낙방한다는 믿음이다. 그런데 최근 연구들이 제시하는 바는 정반대다. 낮에 배운 내용을 뇌에 새기려면 숙면을 취해야 하고 낮에도 틈틈이 쉬어야 한다. 고강도의 인지적 활동에서 얻은 지식이 정리되고 기억으로 내재화되는 것은 휴식 과정에서 일어난다.

둘째, 쉼은 수동적 상태가 아닌 능동적인 선택이다. 휴식은 일이 끝나야 자동적으로 주어지는 빈 시간이 아니라 내가 적극적으로 확보해야 하는 자원이다. 바쁜 현대 조직에서 휴식은 찬밥 신세였지만 이젠 기업들도 조금씩 달라지고 있다. 메트로냅스가 개발한 수면 의자 '에너지팟'은 1,000만원이 넘는 고가에도 인기가 높다. 구글, 우버, 시스코 등 글로벌 기업이 고객사다.

셋째, 휴식에는 계획이 필요 없다는 오해다. 언제, 어디서, 어떤 방식으로 쉴 것인지 계획해야 쉴 수 있다. 휴식 루틴에 익숙해지면 숨쉬기 운동처럼 자연스러워진다.

넷째, 휴식에도 훈련이 필요하다. 휴식은 제대로 일했을 때 주어지는 선물이다. '의도적 휴식'의 전제는 '의도적 연습'이다. 찰스 다윈, 찰스 디킨스와 같이 역사에 남은 창의적 성과를 낸 사람들의 숨은 공통점은 생각보다 훨씬 더 적은 시간을 일했다는 점이다. 자신의 일에 헌신한 야망가들의 업적을 보면 잠도 안 자고 죽도록 일한 것 같지만, 실은 상당한 시간을 휴식하며 보냈다.

다섯째, 쉼에는 많은 시간이 필요하다는 오해다. 휴가 내고 멀리 떠나야 휴식할 수 있는 것은 아니다. 불행히도 여행은 큰 도움이 안 된다. 일상적 쉼이 승부처다. 하루 대부분을 보내는 직장에서 짧지만 진하게 휴식할 수 있는 휴식 루틴을 만들고 이것을 체화하는 것이 의도적 휴식이다. 가장 효과적인 휴식 방법 중 하나는 걷기다. 산책을 하면 에너지가 충전되는 동시에 창의성도 높아지니 일거양득이다.

노력 회복 이론(effort-recovery theory)에 따르면, 사람들은 일할 때 체력(physical energy)이나 인지적 주의(cognitive attention), 즉 자원(resources)을 소모하고, 이를 계속 사용하면 피곤해지고 스트레스를 받는다. 또한, 자원을 소모하기 때문에 일의 효율성도 떨어진다. 따라서 휴식을 통해 자원을 회복해야 한다.

인간의 뇌가 일에 집중할 수 있는 시간은 90분에서 최대 120분이다. 수면 연구의 아버지로 불리는 너대니얼 클라이트먼에 따르면, 우리의 뇌는 잠잘 때도, 깨어 있을 때도 90분을 주기로 달라진다. 뇌가 활발하게 활동하는 90분과 뇌 활동이 저하되는 20분으로 구성된 휴식-활동 사이클(BRAC: basic rest activity cycle)이 늘 작동하는 것이다.

이렇게 휴식의 필요성을 인정하고 나서 생각해볼 수 있는 문제는 어떤 휴식을 취할 것인가이다. 상황에 따라, 그리고 사람에 따라 휴식을 취하는 방식은 같지 않다.

〈30년 만의 휴식〉이라는 책에서는 성공 지향적인 사람이 30년 만에 처음으로 진정한 휴식을 하려고 하는 내용을 담고 있다. 이 책에서는 아인슈타인의 성공의 법칙을 인용하는데, S(성공)=X(말을 많이 하지 않는 것)+Y(현재를 즐기는 것)+Z(휴식시간을 갖는 것). 이것이 성공이라고 말한다. 성공에는 돈과 명예를 좇는 것도 있지만, 말을 적게 하고 타인의 말을 경청하고, 현재 자신이 처해 있는 상황을 부정적으로 생각하지 않고 즐기며, 언제나 적절한 휴식시간을 가지는 것이 성공이라는 뜻이다. 또한 이 책에서는 자신을 이해하고 그 방법으로 타인을 최대한 이해하려고 하며, 이렇게 스스로를 이해하고 자가치유를 할 수 있다면 그것이 진정한 쉼으로 이어진다고 한다.

휴가를 영어에서는 'vacation'이라고 한다. 이 단어의 동사형은 vacate로 '비우다, 청소하다, 준비하다'란 뜻을 담고 있다. 따라서 휴가란 우리가 휴식의 시간을 통해 자신을 돌아보고 마음을 정돈하는 시간을 가지며 다시금 마음을 비워놓고 새 일을 준비하는 계기로 삼아야 한다는 것이다. 또한 영어로 휴가를 즐기는 '여가선용'을 가리켜 recreation이라고 한다. 이 말 역시 '다시, 새로이'라는 의미의 접두어 re와 '창조, 창작'이란 의미의 creation이 합성된 말로서 '재창조한다, 새롭게 만든다'는 뜻이 포함되어 있다. 그러므로 바람직한 진정한 휴가나 휴식의 의미는 지나간 과거를 반성하고 정리하면서 새로운 미래를 설계하며 창조해 나가는 매우 의미 있는 기회인 것이다.

2. 왜, 힐링의 시대인가?

한가로운 시간은 그 무엇과도 바꿀 수 없는 시간이다.
- 소크라테스

피로사회론

최근 성과 중심의 사회에 대한 비판으로, '피로사회'라는 개념이 중요하게 다루어지고 있다. 피로사회는 '현대 사회에서 성과를 위하여 자발적으로 자신을 끊임없이 착취하고 소진하여 결국 사회 구성원 모두가 피로하게 되는 사회'로 정의할 수 있는데, 재독 철학자 한병철 교수의 성찰을 담아낸 동명의 책에서 최초로 다루어졌다.

한병철 교수가 그의 저서 〈피로사회(Mudigkeitsgesellschaft)〉에서 핵심적으로 제시하고 있는 것은 단순히 사람들이 피로를 경험하는 현상이라기보다는 사회의 패러다임 자체가 변하고 있다는 사실이다. 우리 사회의 기반을 이루는 패러다임이 과거 면역학적 패러다임에서 과잉긍정성의 패러다임으로 변화되면서 현 사회를 대변하는 고유한 질병에도 변화가 일어나고 있다는 것이다. 과거 면역학적 패러다임의 시대의 질병은 주로 바이러스 혹은 균의 침투로 발생하는 것이었지만 21세기를 대표하는 질병은 '우울증, 주의력결핍과잉행동장애(ADHD), 경계성 성격장애, 소진증후군'과 같은 신경성 질병이다. 한병철은 21세기 초를 대표하는 질병들은 긍정성의 과잉으로 인한, 좀 더 자극적으로 표현한다면 폭력적인 긍정성으로 인해 유발된 것으로 진단하고 있다.

면역학적 패러다임에서는 주체와 타자의 구분이 분명하다. 아군과 적군, 지배자와 피지배자의 구분이 분명하다는 얘기다. 그래야 밖으로부터 오는 적을 막을 수 있으며, 투쟁을 위한 전선이 분명해진다. 두 차례의 세계대전과 이어진 냉전으로 얼룩진 20세기 세계사는 면역학적 패러다임을 대변한다. 아울러 눈부신 의학기술의 발달을 통한 각종 질병을 정복해온 과정 역시 면역학적 패러다임을 공고히 해 주었다고 볼 수 있다. 하지만 냉전이 종결되고 나서 20세기 후반부터 세계 경제의 질서와 개인들의 삶의 방식에 강력하게 영향을 미치며 새롭게 등장하고 있는 세력이 있으니, 이른바 신자유주의(neo-liberalism)가 그것이다.

신자유주의 물결 속에서 개인은 어떤 집단에 속해 있는가에 따라 정체성과 삶의 기반을 제공받던 것에서, 어떤 성과를 내고 있는가에 따라 평가받고 있으며, 그 업적에서 가장 중요한 것은 경제적 가치이다. 개인은 경제적 성과에 따라 평가를 받는 상황에 놓이게 되었다. '나는 해야만 한다'는 당위가 아니라 '나는 할 수 있다'는 능력이 성과사회를 이끄는 긍정의 도식이 된다. 물론 핵심은 이러한 성과주체가 복종적 주체보다 더 빠르고 더 생산적이라는 점이다. 성과주체는 분명 외적인 지배와 착취로부터 자유롭다. 그는 자신의 주인이면서 주권자이다. 하지만 그는 이 자유를 성과의 극대화를 위해서 '강제하는 자유' 또는 '자유로운 강제'에 내맡긴다. 그리하여 성과 제고를 위한 과다한 노동은 자기 착취로까지 치닫게 된다. 자기 자신이 착취자이면서 동시에 피착취자인 처지가 되는 것이다.

이렇게 과잉긍정성의 패러다임이 지배하는 신자유주의 시장에서는 적군과 아군의 분리가 불분명해진다. 우리를 공격하던 적과 병균은 더 이상 존재하지 않거나 과거처럼 위협적이지 않다. 오히려 그 적은 밖에 존재하는 것이 아니라 내면에 존재한다. 사람들은 밖에서 오는 착취 때문에 고통당하지 않는다. 오히려 내적인 착취자, 즉 더 많은 성과를 내야 한다는 자기 목표로 인해 스

▶ 스스로를 착취하며 피로 속에 사는 현대인 ⓒPixabay

스로를 착취하고 있다. 게다가 성공과 실패의 모든 책임은 개인이 진다. 그렇기 때문에 경쟁은 더 혹독하며 결과는 상상을 초월할 수 없을 정도로 참혹하다. 〈승자독식사회〉라는 책에서 저자 로버트 프랭크와 필립 쿡(Robert H. Frank & Philip J. Cook)이 지적하고 있는 것처럼, 신자유주의로 대변되는 우리 사회는 치열한 경쟁구도의 최상위 승자가 모든 것을 독식한다. 그 결과 모든 사람들이 단 한 명의 승자가 되기 위해서 스스로를 착취하게 되며, 더 강한 경쟁에 스스로 내몰리게 된다.

이러한 상태에 도달하지 않기 위해서 사람들은 스스로를 착취하며 피로를 경험할 수밖에 없는 상황으로 스스로를 몰아간다. 날로 고도화되는 성과사회에서 사람들은 성과를 극대화하기 위해 자유로운 강제에 몸을 맡기며 결국 자기착취로 치닫게 된다. 이제 착취자는 밖에 존재하는 것이 아니라 피착취자 자신이 착취자가 되는 것이다. 성과주체에게 주어진 과잉긍정성은 결국 자기에 대한 폭력으로 이어지고 마는 것이다.

피로사회는 결국 웰빙의 희망을 제시하며 사람들을 더 많은 경제적 성취로 몰고 갔던 신자유주의 경제체제의 그림자가 본격적으로 드러난 현상이라고 할 수 있을 것이다. 피로사회는 신자유주의의 그림자이다. 모두가 행복한 세상이 올 것이라는 시장의 유혹은 결국 모두를 극한의 경쟁에 내몰리게 하며, 결국은 괴물로 만들어 간다는 것이다.

그래서 한국의 힐링 열풍은 겉으로는 긍정적 표현을 담고 있지만 그 내면에는 IMF 이후 신자유주의의 최전선에 서 있던 우리 사회의 그림자, 즉 지독한 경쟁구도에서 사람들이 경험할 수밖에 없는 마음의 상처를 드러내는 현상이라고 할 수 있을 것이다.

실제로 한국은 서구의 산업자본주의 변화를 급격히 겪었을 뿐 아니라 1997년의 IMF 외환위기 이후 신자유주의 경제개혁과 세계화의 흐름도 단기간에 경험했다. 2000년대의 한국사회는 개인주의적인 스펙사회로 공포와 피로감이 일상화되었다. IMF 외환위기 이후 한국은 신자유주의적 경제시스템으로 세계화를 지향하였으나, 사회양극화, 중산층 감소, 하강이동의 공포, 상승 불가능에 대한 체념 등으로 이 시대의 '일상성'은 공포스럽고 불안한 양상을 보이게 되었다. 그러나 이러한 변화 속에서 2000년대를 살아가는 개인에 대한 국가적 보호는 감소하는 측면을 보인다. 다시 말해 개인이 생존을 위해 자기관리와 개발, 자기보호를 감당하여 국가적 위험까지도 개인이 감수해야 하는 '신자유주의적 자유'의 사회구조가 된 것이다. 따라서 사람들은 최대한 안정적인 삶을 확보하기 위한 투자, 경쟁, 기회 선점을 가장 가치 있는 것으로 인식하기 시작하였다. 자기계발, 재테크 서적의 증가, 조기유학의 열풍, 공무원과 대기업 선호 등은 이러한 시대적 요구이다.

또한, 한국사회는 치열한 개인주의의 '스펙사회'로 변화하고 있는데, 이는 개인의 차원을 넘어서 사회 전체가 공유하는 정신적 피로감을 일으켜 2000년도 이후의 한국사회를 형성하고 있다. 또 다른 2000년대의 특징은 정보기술이 급격히 발전함으로 인해 문화적으로 자유롭게 의견을 표출하는 시기가 되었다는 점이다. 사이버 공간 내에서 정보가 전 지구적으로 공유되고 있으며, 각종 블로그와 소셜 네트워크를 통한 자기표출이 증가하는 양상을 보이고 있다. 그러나 이렇게 개성과 자유가 강조되는 만큼, 이로 인한 정신적·심리적 피로감은 증가한다.

현대 사회에서는 SNS로 인한 정보과부하(Information overload), 프라이버시 문제(Privacy), 기회비용(Opportunity cost), 타인의 시선과 관련한 평판인식(Reputation recognition)이 피로감을 유발하고 있다. 타인과의 연결망을 확대시켜 준다는 소셜미디어가 오히려 사람들 간의 커뮤니케이션 소외를 야기해 소통을 방해하는 역할을 하게 되는 것이다. 이렇듯 미디어의 발전으로 개인은 소통의 중심에 놓이게 되었지만, 정신적·심리적 피로감과 진정한 소통의 부재를 야기하고 있는 아이러니한 상황이다.

한병철(2012; 2013)은 현대 사회의 심각한 병폐의 원인이 쉼의 결핍과 연관성이 있음을 지적한다. 그는 현대 사회가 사색적/성찰적 삶의 시대가 끝나고 활동적 삶의 시대로 진입한 지 오랜 세월이 지났다고 단정한다. 즉, 현대인들은 일/노동이 우리 삶의 중심이 되어 있는 삶을 살고 있다고 한다. 그래서 일을 쉬는 휴식 시간에도 다음 일을 준비하는 일을 하는 것이 전형적인 현대인의 삶의 모습이라고 한다. 일 중심의 사회에서 우리 모두는 목표를 달성해야만 하는 성과주의의 늪에 빠져 허우적거리게 된다. 그래서 우리 사회는 모두가 피곤해하는 '피로사회'가 되는 것이다. 그 피로사회에서 사람들은 늘 시간을

▶ 항상 피곤하다. ⓒPixabay

쪼개어 바쁘게 살지만 지나고 나면 남는 것이 없다고 탄식한다.

이런 상황에 대한 해결책을 한병철(2013)은 더 많은 시간을 일에 쏟는 대신 시간에 향기를 더하는 것이라고 제안한다. 시간에 향기를 더한다는 것은 빠르게 흘러가는 시간을 머물게 하여 진정한 쉼을 가질 때 가능해진다. 시간을 머물게 하기 위해서는 활동 중심의 삶을 성찰과 관조 중심의 삶으로 돌이켜야 한다. 성찰과 관조적 삶이 고대 그리스와 같이 쉼/여가 중심의 사회에서는 보편적 삶의 형태였다고 한다. 그들에게 쉼이란 관조/성찰적 태도로 삶을 살아가는 것이었다. 그러므로 오늘날 우리가 피로사회로부터 벗어나 행복한 사회를 형성하는 길은 진정한 쉼을 누리는 삶, 다시 말해 관조와 성찰 중심의 삶을 살아가는 것이다. 그러기 위해 우리는 충분한 쉼을 필요로 하고, 쉼을 잘 누리기 위해 성찰과 관조의 태도와 능력을 길러야 한다.

우리 삶에서 쉼은 선택이 아니라 필수이다. 쉼은 숨을 편히 쉴 수 있는 상태이다. 우리는 하던 일을 멈추고 숨을 편하게 들이쉴 때 비로소 몸과 마음의 긴장이 해소된다. 만일 숨을 편히 쉴 여유 없이 일만 한다면 몸과 마음에 긴장과 스트레스가 쌓여 병이 들고 말 것이다. 쉼 없는 삶이 오랫동안 지속된다면 숨이 목에까지 차서 목에 숨이 막히게 되고 결국 목숨을 잃게 될 것이다(강영안, 2018).

쉼이 결여된 삶은 위험함을 알지만 참다운 쉼을 생활 가운데 향유하는 일은 쉬운 일이 아니다. 오늘날 쉼은 개인적 차원의 문제가 아니라 현대 사회의 시대적 조류와 관련된 문제가 되었다. 그래서 일/노동 중심의 현대 사회에서 일에 종속되지 않고 쉼을 누리기 위해서는 견고한 현대적 삶의 형식에 도전해야 한다. 현대 사회의 삶의 형식에는 인간의 무한 욕망을 볼모로 형성된 무한 경쟁체제가 자리 잡고 있다. 이런 상황에서 진정한 쉼을 누리려면 보다 멀리, 보다 높이, 보다 빨리 가고자 하는 나의 욕망을 제어할 수 있는 힘이 필요하다. 그리고 한 순간의 중지나 후퇴도 경쟁에서 패배라고 끊임없이 속삭이는 욕망이라는 이름의 트랙으로부터 벗어나는 용기가 필요하다. 이러한 멈춤의 힘과 거부의 용기는 자기욕망에 대한 성찰적 사유와 무한경쟁사회에 대한 비판적 의식으로부터 나온다(강영택, 2021).

위험사회론*

우리는 다양한 위험(risk)에 노출되는 실로 '위험한 세상'에 살고 있다. 이른바 '위험사회(risk society)'이며, 위험이 없는 '위험제로'의 사회는 이제 불가능하다는 것을 말한다. 위험과 함께하는 사회가 우리의 삶으로 들어온 것이다.

한국사회에서 다양한 사건사고, 재난재해들이 동시다발적이고 지속적으로 발생하고 있다. 국가적 재난 수준으로 확대되는 경우도 빈번하다. 이러한 위험요소들은 국민의 불안을 가중시키고 국민이 체감하는 안심수준을 낮추어 삶의 질과 만족도를 낮추는 결과를 낳고 있다. 불안에 떨며 사는 한국인은 일상생활에서 안심하고 살지 못하는 상황에 놓여 있음이다.

각종 재난 및 대형 사건사고가 끊임없이 발생하는 것은 압축적이고 돌진적인 근대화의 일그러진 결과로 위험사회의 징후를 잘 나타내고 있다. 그래서 그 어느 때보다 안전문제가 중요한 사회적 이슈로 부상하고 있다. 위험요소가 다양해지고, 예상치 못한 사건이 범람하다보니 우리 사회는 작은 재난사건 소식에는 놀라지 않는 '무감각 사회'가 되었다.

위험에 지속적으로 노출되면 시민사회는 위험에 무감각해지고, 시민적 통제의 가능성도 점점 낮아진다. 위험이 더 이상 우발적이거나 비정상적인 것이 아니라 위험 자체가 정상적인 것으로 여겨지는 불안 폭증의 시대, 위험 일상화의 시대로 진입하는 것이다.

* 보다 자세한 내용은 김원제(2017) 참조.

잊을 만하면 되풀이되는 대형참사 소식은 어느새 이것이 당연한 일인 양 행세하며 우리 곁에 자리 잡는다. 사방에서 들려오는 뉴스는 '너는 위험에 처했다. 너는 안전하지 않다. 너희 아이들의 안전은 국가나 학교가 책임져 주지 않는다'는 메시지를 아주 분명하게 전달하고 있다. 그런 상황에서는 불안해서 도저히 견딜 수가 없다. 우리의 뇌는 점점 더 흥미 위주나 위기를 자세히 묘사한 기사에 노출되어서 둔감해진다.

울리히 벡(Ulrich Beck)은 1986년에 출간한 〈위험사회(Risk Society)〉라는 책에서 현대 서구사회를 문명의 화산 위에서 살아가는 '위험사회(risk society)'로 규정했다.

그에 따르면, 근대산업사회는 그 발전 과정에서 과학기술의 과도한 도구적 활용으로 그에 따른 수많은 문명적 파행성을 낳아왔는데, 이제 그 파행성은 인간생존 자체를 위협하는 '위험'의 논리로 변질되어 사회체제 전반에 침투해 있다. 이는 대도시에서 두드러지게 나타나는데, 교통사고, 환경오염, 산업재해, 인간성 파괴 등이 바로 그것이다. 과학 및 기술은 그간 현대의 환경적 위험

▶ 우리는 각종 재난재해가 일상인 위험사회에서 살고 있다. ⓒPixabay

과 그 밖에 다른 위험들에 대한 해결책으로 간주돼 왔지만, 오히려 정반대로 그런 위험들에 대한 원인이 되어 가고 있다는 게 그의 주장이다. 과학기술의 진보와 사회진보가 조화롭게 진행되지는 않는다는 것이다. 바로 이것이 이전의 산업적 사회발전 단계와 위험사회를 구분하는 요인이다. 벡은 선진국은 후기결핍의 사회(post-scarcity society), 즉 물질적 부족함이 해소된 사회에 살고 있다고 간주한다. 그래서 과거와는 전혀 다른 새로운 위험이 대두되고, 부메랑 효과와 위기의 전염이 발생한다는 것이다. 세계화로 인해, 위기의 증식은 세계사회를 단일한 위험 공동체로 만든다. 농약과 독소는 수입된 음식물 속으로 되돌아오고, 유황의 방출은 비를 산성화시키며, 이산화탄소의 방출은 전 지구의 기후를 변화시킨다는 것이다. 여기에서 빈부격차는 큰 힘을 발휘하지 못한다. 벡의 재치 있는 표현을 빌리자면, "빈곤은 위계적이지만 스모그는 민주적이다." 부자라고 해서 위험사회에서 도피할 수는 없다는 것이다. 비단 과학기술뿐만 아니라 산업과 정부 같은 지배적인 제도와 권력도 마찬가지다. 위험사회의 도래란 기존 근대화 모델에 기초한 경제성장이 발생시키는 편익을 넘어서는 임계점을 의미하는 것으로, 이는 국민국가를 전제로 했던 기존 모델들에도 심각한 의문을 제기한다. 물론 세계화 때문이다. 위험사회에서의 갈등은 재화뿐만 아니라 재앙의 분배를 둘러싸고도 벌어지며, 그래서 비정치적인 것이 정치적으로 변화하며, 복지국가의 이상과 더불어 확실성도 깨진다.

한국사회는 세계에서 유래가 없을 정도의 초고도의 성장 패턴을 보였다. 옆과 뒤를 돌아보지 않고 앞만 보고 질주한 소위 '전

진모델'의 영향력에 힘입어 선진국 문턱까지 돌진적 성장을 거듭했다. 이러한 한국사회의 발전은 '압축적 근대화 패러다임'으로 설명된다. 이는 삶의 기회를 짧은 시간에 거의 폭발적으로 확대시킨 한국의 초고속 발전모형을 포착하기 위해 사용되는 개념이다. 압축적 근대화 패러다임에 따르면 짧은 시간 동안의 경제적 성취를 위해 강력한 국가가 지배자를 통해 시민사회를 배제한 채, 대중을 동원한 과거 한국의 전형적 발전모델이라고 할 수 있다. 이러한 압축적 근대화 패러다임은 그 결과 우리 사회 곳곳에 위험한 함정을 파 놓고 있다. 서구의 '위험사회론'이 우리에게 매우 시의적절하게 여겨질 만큼, 우리 사회의 각 분야에 잠복한 위험요소가 산재해 있다는 점을 경험적으로 확인하고 있다. 요컨대, 한국사회는 사회적인 안전망과 위험에 대한 사회적 공론화가 결여된 채로 급속한 산업화과정을 통해 경제성장을 추진했던바, 각종 기술재해와 안전사고와 같은 전형적인 현대 사회의 위험들이 서구사회보다 더욱 구조화되어 왔다고 하겠다.

　근대화의 그늘에서 싹튼 '위험사회'를 경고한 울리히 벡의 눈으로 본다면 오늘의 대한민국은 초위험사회다. 대한민국이라는 공동체를 이끌 정부와 정치권, 사법부는 진작 대중에게 신뢰를 잃었다. 대중 또한 계층과 이념, 세대, 지역으로 갈려 서로에 대한 불신을 키워가고 있다. 권위와 가치는 무너졌고, 소통은 끊겼다. 사회적 자본은 고갈됐고 편법과 반칙, 각자도생의 승리지상주의가 그 자리를 메웠다. 울리히 벡이 말하는 '위험사회'란 사회적 인간이 몰락하고 불안하고 불안정한 개인만 남아 서로 경쟁하고 다투는 사회를 말한다.

▶ 위험사회에서 우리는 불안, 우울에 시달린다. ⓒPixabay

1980년대를 거치면서 한국사회가 쌓아온 안전사회의 신화가 다양한 사건사고를 통해서 무너지면서 정부 차원에서도 지속적인 '안전정부' 건설을 위해 노력해왔다. 그럼에도 우리 국민은 여전히 불안과 걱정에 산다. 정부나 전문가들이 나서서 '안전(安全, safety)'하다고 강력하게 주장해도 공중은 '안심(安心, relief)'하지 못하는 상황이다. '위험'이라는 공격적인 상황은 '안전'이라는 수비 대책과 상호 대비를 이룬다. 대중은 일상에서 위험을 감지하고, 그 위험에 대한 불안과 공포는 이념의 차이나 경제적 이익을 넘어 또 다른 차원에서 가장 핵심적이고 강력한 사회적 기제가 되고 있다. 위험은 안전을 강화하고 안전은 위험에 대한 불안과 공포를 확산한다. 그렇게 위험과 안전은 대립적인 한 쌍으로 존재 확인을 하고 있다.

대한민국의 압축적 근대화 패러다임은 한국의 초고속 발전모델을 구축하는 데 기여했지만, 그 결과 우리 사회 곳곳에 위험한 함정을 파 놓고 있다. 그동안 한국사회에서는 '안전'보다는 '속도'를, '내실'보다는 '외형'을, '과정'보다는 '결과'를, 미래에 '부가될 비용'보다는 현재 시점에서의 '비용절약'을 더 중요한 덕목으로 삼아 왔다.

한국사회에서 다양한 사건사고들이 동시다발적이고 지속적으로 발생하고 있다. 국가적 재난 수준으로 확대되는 경우도 빈번하다. 이러한 위험요소들은 국민의 불안을 가중시키고 국민이 체감하는 안심수준을 낮춤으로써 궁극적으로 삶의 질과 만족도를 낮추는 결과를 낳고 있다. 불안에 떨며 사는 한국인은 일상생활에서 안심하고 살지 못하는 상황에 놓여 있음이다.

우리는 항상 불안하다. 불안의 실체를 파악하기는 어렵지만, '안전하지 않다'는 감각의 문제로 이해된다. 안전하다는 감각은 천재지변까지 포함해서 국가의 가이드라인에 따르기만 한다면 어떤 사건사고든 사전에 예방하거나 적어도 사후적으로 적절히 처리할 수 있을 것이라는 우리의 믿음과 그 총합인 사회적 합의에 기반한다. 안전하지 않다는 감각은 치안과 안전 시스템을 둘러싼 믿음 혹은 사회적 합의가 깨지고 있음을 시사한다.

실제 혹은 잠재적 위험으로 인한 사회적 갈등은 사회가 다양하게 분화될수록 점차 증가할 것이다. 또한, 각종 위험에 대한 막연한 불안감이 해소되지 않는다면 그로 인한 사회적 비용 역시 증가할 것이 분명하다. 따라서 합리적이고 원활한 사회적 논의 및 소통을 통해 개발된 기술이 가져오는 편익과 위험 관련 정보를 객관적으로 전달하고, 위험 규제 절차 및 활동에 대한 국민적 이해를 도모하는 한편 합리적인 위험 논쟁을 활성화하게 되면 과장된 위험지각으로 인한 사회적 갈등을 완화시키고, 불필요한 사회적 비용도 줄일 수 있을 것이다.

국민대통합위원회의 〈한국형 사회갈등 실태진단 보고서(2016)〉는 우리 사회의 갈등양상을 다음과 같은 여덟 가지로 진단하고 있다.

- 불안을 넘어선 강박 : 생존에 대한 불안이 '네가 죽어야 내가 산다'는 강박으로 변모
- 경쟁을 넘어선 고투 : 협력을 통한 선의의 경쟁이 사라지고, 승자독식의 투쟁 심화
- 피로를 넘어선 탈진 : 쉬지 못하고 성과와 경쟁에 쫓겨 탈진
- 좌절을 넘어선 포기 : 상승이 불가능해 희망을 놓아버리는 자포자기의 정서 확대
- 격차를 넘어선 단절 : 상하위 계층 간 단절과 분리의 확대
- 불만을 넘어선 원한 : 하위계층의 상위계층에 대한 박탈감이 사회적 원한으로 진화
- 불신을 넘어선 반감 : 차이나 다름에 대한 불관용과 공격 고착
- 갈등을 넘어선 단죄 : 상하위 계층 간의 적대적 비난과 단죄 확산

보고서에 따르면, 우리나라 상위계층은 하위계층에 대해 "애국심도, 도덕성도 없고… '전쟁이나 터져서 깽판으로 살자' 식의 부류가 많다"고 생각하고 있다. 하위계층은 상위계층에 대해 "다 부정부패하고, 없는 사람을 골탕 먹인다"고 인식하고 있다. 서로에 대한 증오와 원한 그리고 분노와 적대가 임계점에 달했음을 보여주고 있다. 특히 미래에도 나아질 것 같지 않다는 인식의 팽배가 '분노사회'를 넘어선 '원한사회'로 향하게 하고 있다고 진단했다.

보고서는 여덟 가지 심리적 특성을 '오늘날 한국인이 안고 있는 공통정서'로 진단하고 있다. 그 공통정서는 경제적 현실과 짝을 이뤄 전체 현실을 구성하는 또 하나의 현실, 곧 심리적 현실에 다름 아니다. 보고서는 그동안 땅콩회항, 갑질 횡포, 헬조선, N포세대, 금수저 · 흙수저 논란들을 통해 한 단면으로만 노정되던 좌절 · 자포자기 · 증오 · 원한의 공통정서(또는 심리적 현실)의 전모를 보여주고 있다.

우리 국민은 그리 행복하다고 생각하지 않는다. 이는 미래의 불확실성에서 기인한다. 사람들은 현재 고통받고 있다고 하더라도 앞으로 가능성이 보인다면, 희망이라는 감정의 지배를 받아 역동적 삶을 설계한다. 그러나 현재가 과거보다 나아졌다고 하더라도 미래가 불확실하면, 그 희망의 불꽃은 시들고 어둠의 그림자가 엄습하며 불안과 공포에 휩싸인다. 그렇기에 우리는 현재 행복할 수 없다.

우리 사회의 현재 및 미래를 설명해주는 키워드 중 하나가 바로 이 공포라는 감정이다. 감정은 이처럼 사회를 읽어내는 하나의 렌즈인 것만이 아니라 행위의 동인이 돼 사회를 변화시키기도 한다.

힐링 열풍 형성의 과정

한국은 부자 나라다. 1인당 국민소득이 3만 달러를 넘었다. 그런데 모두가 전전긍긍이다. 행복하다는 사람을 찾기 어렵다.

세계 최고의 자살률과 이혼율, 음주율, 저출산율, 세계에서 가장 빠른 1인 가구 확산 및 고령화 진전 속도, OECD 회원국 중 가장 낮은 행복지수, 우리 사회의 어두운 단면들이다. 산업화는 경제적 풍요의 대가로 정신적 여유와 안정을 앗아갔다.

성과주의사회는 인간을 능력으로 평가하고, 무한경쟁사회는 현대인들을 끊임없는 자기계발 전선으로 내몬다. 심리적 스트레스가 가중되고, 가족이나 친구, 공동체로부터 일상적인 배려와 공감, 위로를 받기가 어려워진다. 삶에 대한 의욕 따위는 잊은 지 오래다. 사회에 의한 개인 소외다.

이런 현실을 반영이라도 하듯, 한국인의 긍정적인 경험이나 사회적 신뢰도, 사회에 대한 관용은 OECD 평균치를 밑돈다. 고단하고 버거운 삶을 살아가는 우리의 실상이다. 당연히 '잘 살고 (well-being) 싶다'는 생각, 육체적·정신적으로 조화된 건강한 삶에 대한 갈망, 내적 스트레스를 해소하고 심신의 상처를 치유하려는 욕구가 확산될 수밖에 없다.

그래서 힐링이다. 이제 힐링은 '흔치 않은 것'에서 '일상적인 것'으로, '일시적인 것'에서 '필수적인 것'으로, '사치스러운 것'에서 '일상생활의 가치'로 진화를 거듭하고 있다.

최근 힐링 열풍은 웰빙 열풍을 대체하는 새로운 유행으로 자리 잡아 가고 있음이다. 웰빙 열풍이 주로 신체적인 건강과 삶의 질에 초점을 맞추고 있다면 힐링 열풍은 마음의 치유와 돌봄에 초점이 맞춰지고 있다. 지상파 인기 프로그램으로 자리 잡았던 〈힐링캠프〉라는 TV 프로그램뿐만 아니라 각종 TV 광고에도 힐링이라는 단어가 여기저기에서 등장하고 있으며, 여행 상품이나 휴가 상품을 보더라도 힐링이라는 수식어를 제외하고는 설명이 불가능할 정도이다. 사실 힐링은 영어 'healing'을 한글로 그대로 음역한 것으로 사전에도 포함되어 있지 않은 단어이다.

21세기의 현대인들은 편리한 생활과 물질적 풍요로움 속에 살고 있지만 각종 유해물질, 오염된 환경, 다양한 질병, 그리고 극심한 스트레스로 인해 신체적·문화적인 건강뿐만 아니라 정신적인 건강이 조화를 이루는 이상적인 힐링을 지향하게 되었다(최지안·이진민, 2019).

우리나라에서 힐링이라는 용어는 1997년 언론매체를 통해 일본의 새로운 트렌드로 처음 소개되었는데, 1990년대 장기 경기침체에 빠진 일본에서 행복하지 않은 사회에 대한 좌절과 분노를 위로하고 안식을 제공하는 개념으로 소개되었고, 2000년대 중반부터는 소득수준이 향상되고 건강에 대한 관심이 높아짐에 따라 건강한 신체와 행복한 삶의 영위를 추구하는 웰빙이 유행하였으나, 2010년대부터는 경기부진이 장기화되고 사회도 각박해지면서 미래 불안감, 사회적 피로도, 경쟁과 스트레스가 심화되어 공감, 위로, 치유에 대한 니즈가 증가하며 힐링이 대세가 되기 시작하였다(박현수 등, 2013). 과거의 소비자들은 의·식·주 위주의 기본적인 욕구를 중시했다면, 21세기에는 이러한 마음의 안정, 정신적 치료, 영혼의 기쁨에 대한 관심이 고조되고 있다(Davis, 2002).

즉 기존의 제조 중심 경제에서 서비스, 아이디어 중심 경제로 변모하게 되면서 사람들은 심리적인 문제에 직면하게 되었고, 이러한 심리적인 문제를 해결하고자 하는 욕구가 점차 중요한 시대가 되었다. 또한 불황이 장기화되면서 사람들은 미래를 대비한 자기방어의 차원에서 정신적 혹은 육체적 건강을 관리할 수 있는 관광과 여행을 포함한 여가 분야에 대한 관심이 커져가고 있으며, 최근에는 행복과 삶의 질이 더욱 향상되고 사회가 고령화됨에 따라 건강에 대한 관심이 더욱 커짐으로 인해 힐링에 대한 관심도는 상승되고 있다.

'힐링'은 1990년대 장기 경기침체에 빠진 일본에서 행복하지 않은 사회에 대한 좌절과 분노를 위로하고 안식을 제공하는 개념으로 등장했고, 2000년대 중반을 휩쓴 웰빙 트렌드에 정신건강이 강조되면서 힐링을 추구하는 라이프스타일이 유행하기 시작했다. 그러다가 2010년 이후에도 경기부진이 장기화되고 사회도 각박해지면서 잘 먹고 잘 사는 웰빙 이전에 공감과 위로, 치유에 대한 사회적 요구가 급증했고, 그로 인해 출판계와 방송계를 시작으로 사회 전반에 힐링 트렌드가 빠르게 확산되었다.

일본에서는 힐링 트렌드에 힘입어 릴랙세이션(Relaxation) 열풍이 불었고 힐링산업이 본격화되었다. 1990년대 후반 힐링과 유사한 개념의 릴랙세이션산업이 급성장하면서, 직장인들이 점심시간이나 퇴근 후 마사지를 받을 수 있는 릴랙스 살롱이나 고농도 산소를 마실 수 있는 산소 bar 등이 대표 휴식공간으로 자리매김하였다. 유럽 등지에서도 스파와 휴양관광 등이 꾸준한 인기로 대중화되면서 멘탈 케어와 명상, 요가, 스파 등 힐링 비즈니스가 지속적으로 성장하며 하나의 산업으로 정착하였다.

이러한 힐링산업의 성장을 가져온 힐링 열풍의 배경은 다음과 같이 설명할 수 있다.

첫째, 힐링 열풍은 경제적 안정 이후 찾아온 경제적 어려움이 지속되거나 가중되면서 생기는 사람들의 체감 스트레스 증대로부터 출발한다. 우리나라는 외환위기 이후 고용구조 변화의 영향으로 중산층이 축소되는 등 소득분배가 악화되면서 경제적 어려움이 가중되고 있다. 더욱이 청년실업이 악화되면서 청년계층의 심리적 불안감도 높아졌다.

둘째, 힐링에 대한 관심과 수요는 생활 속 힐링이 어려워진 환경에서 더욱더 누적되거나 확대되었다. 특히 우리나라는 1인 가구 확산과 고령화 진전 등의 영향으로 가족이나 친구 등 일상적 관계 속에서 위로받기가 어려워지면서 일련의 힐링 스트레스가 해소되지 못한 채 누적되어 왔다.

셋째, 사람들의 정신건강이 악화되는 뚜렷한 사회적 시그널들로 인해 신체뿐만 아니라 정신 건강이 강조되면서 심신의 실질적 치유효과가 있다는 힐링 상품과 서비스에 대한 욕구가 확대되었다. 이 때문에 브랜드명에 '치유'를 덧붙인 식품이나 전시회, 리조트와 스파 외에도 '애정충전'을 콘셉트로 하는 애완견 대여 등의 서비스가 등장했고, 정신과 치료 외에 다양한 양·한방 협진이나 대체의학 등과 통합·연계된 의료서비스까지 성업 중이다. 실제로 하버드, 존스홉킨스 등 미국의 대형 병원들은 기존 의료체계와 보완대체요법을 통합한 통합의학센터를 운영 중이다.

2010년 이후로 지속적으로 이어지고 있는 경제상황의 악화, 1

인 가구와 인구 노령화로 인한 돌봄의 기회의 상실, 사회에 대한 비관론의 확산, 실제적 힐링 상품에 대한 욕구의 증가 등이 우리 사회의 힐링에 대한 필요를 증가시키고 있다. 특히 2020년 전 세계를 강타한 코로나19의 엄습은 우리에게 더욱더 힐링하는 삶을 갈급하게 했다.

누구도 행복하지 않은 한국사회, 병들어가는 우리

많은 사람들이 현재의 삶에서 행복함을 느끼지 못하고, 다양한 심리적 고통 및 증상을 앓고 있는 등 현대인의 정신건강 상태가 상당히 우려되는 수준이다.

현재 우리나라 사람들의 삶은 행복과는 거리가 먼 모습이다. 자신의 삶을 불행하다고 느끼는 사람들이 점점 더 많아지고 있다. 실제로 평소 불행하다는 생각을 많이 하고, 행복과는 거리가 먼 삶을 살고 있다.

최근 들어 다양한 유형의 심리적 고통 및 증상을 호소하는 사람들이 많아지면서, 정신건강의 관리와 치료가 매우 중요한 사회문제로 떠오르고 있다.

주변에 무기력증, 수면장애, 불안증세, 우울증에 시달리는 사람들이 많다. 타인이 나를 이유 없이 비난하는 것 같은 느낌을 받거나, 이유 없이 타인을 비난하는 '대인 예민성' 증상을 겪는 사람들도 적지 않다. 공황장애, 적대감, ADHD(Attention Deficit Hyperactivity Disorder, 주의력결핍과잉행동장애), 강박증을 겪고 있다.

이렇게 현대 사회에서 많은 사람들이 정신적 질환과 심리적 고통을 겪고 있는 이유는 결국 사회구조적인 문제에 있다. 가장 근본적인 원인으로는 지나친 경쟁이다. 치열한 경쟁으로 생겨나는 불안과 스트레스가 사람들의 마음을 병들게 한다. 또한 가중되는 경제적 어려움과 양극화 현상에 의한 불평등이 현대인의 정신질환에 영향을 준다. 불공정하고, 개인화된 사회적 분위기도 정신질환의 원인으로 지적된다. 심리적 고통이나 문제를 겪는 사람들이 많아지는 것은 사회적인 책임이다.

실제로, 2017년 보건복지부에서 전국 성인 5,102명을 대상으로 '정신질환실태 역학조사'를 한 결과, 알코올이나 니코틴 사용장애를 포함한 주요 17개 정신질환의 평생유병률이 25.4%로 나타났다. 평생유병률은 살면서 한 차례 이상 정신질환에 걸린 경험이 있는 사람의 비율을 말한다. 이들 중 알코올, 니코틴 사용장애를 제외한 유병률은 13.2%로 나왔고, 최근 1년 사이 정신건강에 문제가 있었다(일년유병률)고 답한 이는 11.9%였다. 특히, 조사결과 20대는 주요우울장애 위험도가 60대보다 5배 높고, 불안장애 위험도도 60대보다 2배 이상 높게 나왔다. 알코올, 니코틴 사용장애 위험도도 60대에 견줄 때 4배였다. 20대 남성의 경우 주요우울장애 일년유병률이 2011년 2.4%에서 2016년 3.1%로 늘었고, 20대 여성은 알코올 사용장애 일년유병률이 같은 기간 5.7%에서 6.9%로 늘었다. 젊은이들의 정신건강에 적색신호가 켜진 셈이다.

이제 정신적 고통과 심리적 증상은 개인 차원만의 문제가 아니라 한국사회 구성원 대다수가 공유하는 사회적인 문제로 자리매김한다. 대표적 증상인 '우울증'의 경우 현대인이라면 누구나 겪고 있는 증상이라고 받아들일 정도다. 주변에서 정신적 질환 때문에 고통받는 모습을 쉽게 찾아볼 수 있는 만큼 예전에 비해 정신적 고통과 심리적 증상을 자연스럽게 바라보는 시각도 엿볼 수 있다.

하지만 여전히 한국사회에서는 이왕이면 '마음의 병'을 숨겨야만 한다는 생각이 강하다. 대부분 우리 사회는 심리적 고통이나 증상을 겪는 사람들을 차별하는 경향이 있고, 정신질환을 앓고 있다는 사실만으로 한국사회에서는 불이익을 보기 십상이다. 한국사회에서 정신질환을 겪고 있다는 것은 일종의 '낙인'과 다름없기 때문이다. 정신질환을 앓고 있다는 사실만으로 한국사회에서 생활하기는 매우 어렵다. 나아가 한국사회에서는 정신질환을 앓고 있다는 사실만으로 예비 범죄자 취급을 받는다. 조현병 환자에 의한 범죄사례가 많이 보도되면서, 모든 조현병 환자를 바라보는 시각에서 쉽게 공포와 불안감을 찾아볼 수가 있는 요즘이다. 더 큰 문제는 마음의 병을 앓고 있다는 사실만으로 차별하고, 불이익을 주는 사회적인 태도가 아직도 강하다 보니 적극적으로 치료와 상담을 받는 것이 어렵다는 데 존재한다. 한국사회에서는 정신과 방문 등 진료이력에 대한 공포감이 상당하기 때문일 것이다. 소위 'F코드'라고 불리는 정신과 진료이력의 공개 및 공유에 대한 불안감이 존재한다.

결국 현대인의 정신건강 문제를 국가적·사회적 차원에서 보다

▶ 정신적 질환과 심리적 고통을 겪는 이가 적지 않다. ⓒPixabay

적극적으로 관리하고, 예방하려는 노력이 필요하다. 정신질환은 개인적인 문제이기보다 사회적으로 함께 고민해야 할 문제이며, 건강검진과 같이 국가가 정기적으로 시행하는 '정신건강 검진'이 꼭 필요하다. 물론 개인 차원의 용기와 노력이 필요하다.

인간관계에 어려움을 겪는 현대인의 고충

최근 인간관계에 대한 니즈가 옅어지고 모임활동이 축소되고 있는 가운데, 취향과 관심사를 중심으로 하는 느슨한 형태의 관계 및 모임을 지향하는 사람들이 점차 많아지는 추세이다. 새로운 관계를 맺기보다는 주로 학창시절에 맺은 관계를 지속적으로 유지하고 있는 사람들이 많다. 이와 함께 직장 친목회에 꾸준히 참석하고 있다고 밝히는 사람도 적지 않아, 대체로 학교와 직장생활을 기반으로 한 인간관계가 일반적인 모습이다. 취미와 관심사에 의해 모이는 불특정 다수와의 모임보다는 학교 및 회사 등 기존 인간관계에서 형성된 모임이 많다는 것이다.

'동창모임'에 대한 니즈가 줄어들고, 정기적인 모임 참여 활동이 감소하는 추세임에도 불구하고, 다양한 모임 및 동호회에 참여해야 할 필요성은 여전하다. 삶의 활력/에너지를 얻을 수 있다는 생각에서 그러하다. 친한 친구를 만나거나, 만들 수 있는 기회이고, 여러 도움이 되는 다양한 정보를 얻을 수 있으며, 다양한 분야 및 사람들과의 인맥을 넓힐 수 있다는 생각도 특정한 모임 및 동호회에 소속되고자 하는 중요한 이유가 된다. 비록 전반적으로 모임 활동이 감소하는 추세라고는 하지만, 여전히 인간관계 형성에 대한 니즈는 존재한다. 2019년 한국을 비롯한 세계를 강타한 코로나19 사태에서 사람들이 가장 스트레스를 받는 것이 바로 인간관계에 대한 단절이다. 인간의 존재는 인간관계의 맺음에서 시작한다고 해도 과언이 아니다.

취향과 관심사를 중요한 가치로 생각하는 사람들이 많아졌다.

기존 인간관계에서 형성된 모임만큼이나 취미와 관심사에 의한 불특정 다수와의 모임을 중요하게 생각하는 사람들이 많아지고 있다.

여행 동호회, 운동/스포츠, 외국어/언어, 봉사활동, 영화, 책/글쓰기 등 인간관계 및 모임 참여의 니즈가 기존 인맥에서 벗어나 개인적 관심과 취향을 좇는 쪽으로 변화하고 있다. 최근에는 취향과 관심사에 의해 불특정 다수의 사람들과 만나는 모임이 다양한 '모임 앱(APP)'을 통해 이뤄지고 있다. 특히 20~30대 젊은 세대가 모임 앱 이용에 거부감이 적은 편이다.

개인의 취향과 관심사가 누군가를 만나는 데 있어서 중요한 '조건'이 되고 있다. 학연과 지연보다는 취향과 관심사에 의한 인간관계가 더욱 중요하다고 생각한다. 특히 학연과 지연이 더욱 강조되었던 시대를 살아온 중장년층이 이런 변화를 더 많이 체감한다. 자신과 비슷한 취향과 관심사를 가진 사람들을 더 많이 만나고 싶어 하고, 누군가와 취향 및 관심사를 공유하고 싶어 한다. 비슷한 취향과 관심사를 가진 사람들을 만나기 위해 시간을 투자하고, 기꺼이 비용을 투자한다.

현대인들은 '인간관계' 형성 및 유지에 어려움을 느끼는 경우가 많지만, '진실된 관계'를 바라는 마음만큼은 강하다. 작금의 현실 속에서 어려운 상황에서 기댈 수 있는 사람이 없다고 생각하는 사람들은 결코 적지 않다. 사람들은 나이가 들어갈수록 믿고 의지할 수 있는 사람이 '없는 편'이라고 생각하게 된다.

힘이 들 때 믿고 의지할 수 있는 대상으로 꼽히는 것이 주로 동성친구와 어머니다. 평소 많은 것들을 공유하는 친한 친구나,

그 존재만으로 힘이 되는 어머니에게 의지를 하고, 위로를 받는 사람들이 많다. 또한 형제/자매와 배우자에 기대기도 한다.

평소 일상생활에서 '스트레스'를 가장 많이 받는 대상으로는 '직장동료'가 첫손에 꼽힌다. 하루 중 가장 많은 시간을 보내는 일터에서의 스트레스가 그만큼 크다는 것을 의미하는 것으로, 특히 30대와 40대가 직장생활에서 스트레스를 많이 받고 있다. 일상생활에서 만나는 불특정 다수의 '타인'도 스트레스를 많이 주는 대상으로 꼽히는데, 특히 20대의 일상적인 스트레스 수준이 높다. 대부분의 사람들이 인간관계에 의한 스트레스를 많이 받고 있다.

어려울 때 기댈 수 있는 사람이 있을 경우에는 인간관계에 대한 만족도도 높다. 그런데 누군가와 관계를 맺는 것을 어렵게 생각하는 사람들이 적지 않다. 새로운 사람을 사귀는 것에 어려움을 느끼는 경우가 많다. 이전 세대와 비교해 20대 젊은 층은 '관계 맺기'에 상당히 서툰 모습을 보인다. 인간관계를 유지하기 위해 특별하게 노력하는 사람들이 많지 않은 것도 현대 사회 인간관계의 특징이다. 자신의 인간관계를 유지하는 데 서툴다. 친구 사이에는 자주 연락을 해야 한다는 인식도 그렇게 강력하지 않다. 오히려 인간관계의 확장과 유지보다는 '정리'해야 할 필요성을 느끼는 사람들이 적지 않다. 휴대폰을 교체하면서 주소록을 재정리하는 방식이 대표적이다. 상당수는 혼자일 때가 더 편하다는 데 공감하기도 한다.

인간관계의 확장에 대한 니즈가 약하고, 인간관계의 형성 및 유지에도 어려움을 겪는 현대인들이지만, '진실된 관계'를 원하는 마음만큼은 강력하게 존재한다. 자신의 진짜 모습을 알아봐주는 사람이 있었으면 좋겠다는 바람을 갖고 있으며, 자신의 부족한 부분에 도움과 조언을 아끼지 않는 사람이 있었으면 좋겠다고 생각한다.

누군가와 관계를 유지하기 위해서는 여전히 '오프라인'에서의 만남이 필수적이다. 만나지는 못해도 온라인으로 돈독한 사이를 유지하기도 한다.

대부분의 사람들은 타인에게 좋은 사람으로 기억되고 싶어 하는 마음이 강하다. 누군가에게 '좋은 사람'이라는 이미지를 남기고 싶어 하고, 따뜻한 사람으로, 알면 알수록 괜찮은 사람으로 보이고 싶어 하며, 친해지고 싶은 마음이 들게 하는 사람이었으면 좋겠다는 바람도 강하다. 다만 모든 사람에게 좋은 사람으로 보여지기를 바라는 것은 아니다. 자신이 호감을 가지고 있거나, 중요하게 생각하는 사람에게 '좋은 사람'으로 평가받는 것이 중요하다고 생각한다.

또한 타인에게 인정받고 싶어 하는 욕구는 분명히 존재한다. 비록 특별하거나, 유능한 사람으로 보여지고 싶어 하지는 않더라도 잘한 일에 대해서만큼 그에 상응하는 '인정'을 받고 싶어 한다는 것이다.

과로에 내몰린 현대인, 번아웃 증후군

'하얗게 불태웠어.'

업무, 공부, 게임 등을 하느라 밤을 지새운 후 내뱉는 넋두리다. 몸은 천근만근이고, 정신은 몽롱해진다. 이러한 상태가 지속되면 피폐함에 이른다.

그간 우리 사회는 오래 일하는 것이 열심히 일하는 것이라는 양적 관점의 논리에 빠져 있었다. 근로자당 연평균 실제 근로시간을 비교해보면 우리나라의 경우 1,993시간(2018년 기준)으로 OECD 회원국(35개국 평균 1,667시간) 중 두 번째로 높다. 노동시간이 긴 것은 상대적으로 여가시간이 줄어 일과 삶의 불균형을 초래할 수 있다. 여전히 우리는 과로한 사회 속에서 살아간다.

우리나라는 2003년 근로기준법이 개정되며 법정근로시간이 주 40시간으로 단축되었고, 이듬해인 2004년에는 주 5일 근무제가 시행되었다. 주 5일 근무는 노동자들의 실제 근무시간 단축에 유의미한 영향을 주었으며(한국노동연구원, '월간 노동리뷰,' 2018,6), 2018년부터는 '휴식이 있는 삶'을 위해 단계적으로 주 52시간 근무제가 시행되고 있다. 하지만 앞서 OECD 통계에서 보았듯 여전히 우리는 과로사회에 살고 있다. 그러나 최근의 통계를 보면 노동시간은 줄고 여가시간은 늘고 있어, 긍정적인 시그널을 확인할 수 있다.

▶ '하얗게 불태웠어' ⓒPixabay

최근 번아웃 증후군(burnout syndrome)이라는 용어가 빈번하게 사용되고 있다. 번아웃 증후군이란 한 가지 일에 몰두하던 사람이 극도의 신체적·정서적 피로로 무기력증이나 자기혐오·직무거부 등에 빠지는 것을 말한다. 세계보건기구(World Health Organization, 2016)에서는 제11차국제질병표준분류기준(ICD11)에서 번아웃 증후군을 직업 관련 증상의 하나로 분류했다. 의학적 질병은 아니지만 '건강상태에 영향을 미칠 수 있는 요인'으로 판단한 것이다. 직장에서 겪는 만성적인 부정적인 감정과 대인관계에서 발생하는 스트레스에 장기간 노출되어 생기는 반응의 결과로 정의할 수도 있다.

우리나라는 주로 경영경제학에서 다루어온 반면, 해외는 대부분 의약학에서 접근하고 있다. 우리나라에서의 번아웃 증후군은 이윤 창출이라는 목적을 가진 조직의 문제점, 직무의 능률성 및 효율성을 고려하기 위한 연장선 등으로 인식되는 반면, 국외의 경우는 번아웃 증후군 문제의 잠재적 폐해를 개인의 병리, 사회적 피해의 문제로만 다루지 않고, 공중건강과 위험관리라는 사회와 정책의 문제로 이해·대처하고 있는 등 사회적 시각 차이가 크다. 번아웃 증후군의 대략적인 증상은 다음과 같이 나타난다.

- 기력이 없고 쇠약해진 느낌이 든다.
- 쉽게 짜증 나고 노여움이 솟는다.
- 만성적인 감기, 요통, 두통과 같은 증상에 시달린다.
- 감정의 소진이 심해 우울하다는 감정을 느낀다.
- 업무량이 지나치게 많아진 것 같고 예전과 달리 열정이 사라

졌다.
- 잠을 자도 피로가 누적되는 것 같고 이전보다 더 빨리 더 쉽게 지치는 것 같다.
- 속이 텅 빈 것 같고 일과 자기 자신, 인생에 대한 회의감이 든다.

번아웃 증상을 맨 처음 보인 이들은 사회적 직군 혹은 타인을 조력하는 직군에서 일하는 사람들이었다. 그들은 활동이 요구하는 높은 감정적 부담을 더 이상 견뎌낼 수 없었다. 1970년대에 미국의 심리분석학자 허버트 J. 프로이덴버거가 '번아웃' 개념을 도입했다. 이 개념은 구호단체나 사회기관에서 명예직으로 일하는 직원들에게 나타나는 심리적·육체적 기능 저하 증상을 가리켰다. 나중에는 그 밖의 다른 직군에서 일하는 사람들도 연구자들의 시야에 들어왔다. 그런데 '번아웃'이라는 개념은 다소 애매하다. 영어의 'Burnout'은 원래 어떤 것이 다 탄다는 뜻이다. 집도 탈 수 있고 퓨즈도 탈 수 있다. 단, 이런 것들의 연소 과정은 매우 급격하게 진행된다. 반면 인간의 번아웃 과정은 이와는 전혀 다르다.

독일의 번아웃 연구자 마티아스 부리슈는 번아웃을 '에너지의 보급이 불충분한 상태에서 높은 에너지 소모와 낮은 효과가 겹치는 것'이라고 정의한다. 번아웃은 스트레스와 비슷하긴 하지만 같은 것은 아니다. 보편적으로 받아들여지는 정의는 아직까지 마련되지 않았다. 물론 감정적 고갈이나 자신을 낯설게 느끼는 것, 작업 성과에 대한 불만과 같은 특정 핵심적 징후들이 있기는 하지만, 오늘날 번아웃과 관련이 있는 것으로 간주되는 증상은 수십 가지에 이른다. 어떤 사람은 번아웃을 '감정적인 부담을 주는 상황에 지속적으로 노출되어 나타나는 심리적·감정적·정신적 고갈 상태'로 정의하기도 한다. 상황과 연구자에 따라서 다양한 정의가 내려진다.

한병철은 '번아웃'으로 대변되는 피로사회의 도래를 부정성의 패러다임(금지, 강제, 규율, 의무, 결핍, 타자에 대한 거부 등) 혹은 면역학적 패러다임에서 긍정성의 패러다임(능력, 성과, 자기 주도, 타자성의 소멸 등)으로 전환한 데서 찾고 있다. 또한 푸코적 의미의 규율사회, 그 속에서 살아가는 복종적 주체의 인간에서 성과사회, 성과 주체로 변모한 데서 찾고 있다.

냉전 종식, 다문화주의, 바이러스성 질병의 효과적 퇴치, 규제와 억압의 철폐와 개인적 욕망의 긍정 등 긍정성의 패러다임은 포스트모더니즘적 유토피아를 약속하는 것처럼 보이나, 긍정성의 과잉이 자아를 새로운 궁지로 몰아가고 있다. 그 결과 스스로를 낙오자로 느끼는 우울증 환자가 넘쳐나고, 성과를 위해 약물을 불사하는 도핑주체가 증가하고 있다. 이에 개인은 무한한 자유의 무게에 짓눌려 소진되고 성과 주체는 만성질환을 겪고 있다.

그렇다면, 이러한 상황을 탈피한 대안은 없는가.

그의 처방에 따르면, 개개인이 그러한 욕망의 허구성에 대해 각성하는 데서 비로소 시스템의 변화가 시작된다. 성과사회의 압력은 외적 강제가 아니라 유혹의 형태로 다가오고, 오직 인간 자신의 욕망을 매개로 해서만 관철되기 때문이다. 따라서 성과사회의 압력은 끝없는 성공을 향한 유혹에 노출되어 있는 개개인의 반성과 자각을 통해서만 극복가능하다. 구체적으로 깊은 '심심함'을 통해 극복가능하다. 깊은 멍 때림, 사색, 정신적 이완 등 결국 쉼이 필요하다는 것이다. 다소 희화화되기는 했지만, 최근 국내에서 개최되고 있는 '멍 때리기 대회' 등도 실은 이러한 개인의 심심함을 통한 피로사회 극복의 단면 중 하나라고 할 수 있다.

고대 그리스의 헤론 왕은 문득 자신의 왕관이 정말 순금으로 만들어졌는지 궁금해진다. 하여 수학자 아르키메데스에게 이를 확인해 오라고 시킨다. 하지만 위대한 수학자에게도 이것은 결코 쉬운 문제가 아니었다. 이 때문에 아르키메데스는 한동안 골머리를 앓는다. 그러다 머리를 식힐 겸 우연히 목욕탕을 찾아 탕 속에서 멍하니 있다가 물이 넘치는 것을 보고 벼락같이 '부력의 원리'를 깨닫는다. 또 아이작 뉴턴은 사과나무 밑에서 멍하니 있다가

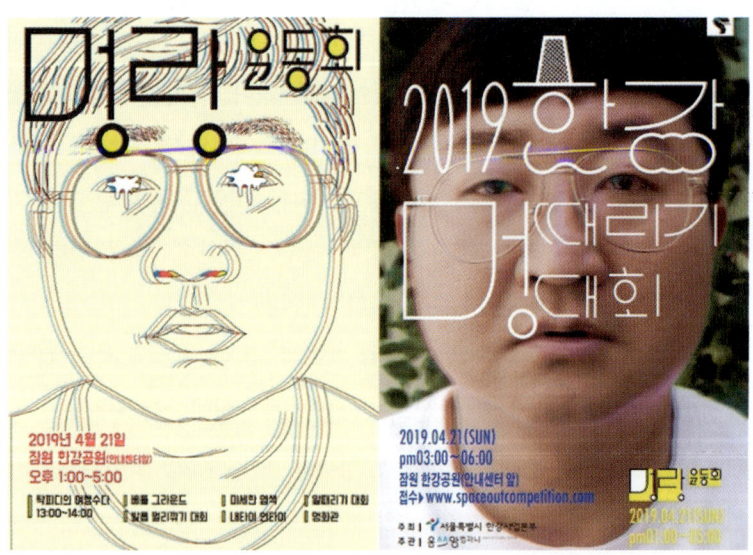

▶ 피로사회의 단면을 시사하는 '멍 때리기 대회' (대회소개 팸플릿)

떨어지는 사과를 보고 만유인력의 법칙을 찾아낸다. 잭 웰치도 GE 회장 시절 매일 1시간씩 창밖을 멍하니 바라보는 시간을 가졌다.

이들처럼 위대한 인물뿐 아니라 보통사람들도 뭔가 머리를 쥐어 짜낼 때보다는 전철이나 버스를 타고 가며 멍하니 있다가 불현듯 좋은 아이디어가 떠오르는 때가 많다. 일명 '멍 때리기' 효과다. '멍 때리기'는 과학적 혹은 의학적으로도 그 효과가 입증됐다. 하버드 의과대학 정신과 의사이자 뇌 영상 전문가인 스리니 필레이 박사는 〈멍 때리기의 기적〉이란 책에서 "혁신적이고, 스트레스를 덜 받고, 더욱 효율적인 아이디어와 생각을 만들어 내기 위해서는 무엇보다 멍 때리는 시간, 즉 '비집중 모드'가 필요하다"고 강조했다.

최근 우리 사회에서도 '멍 때리기'가 새로운 힐링법으로 떠오르고 있다. 코로나19가 1년 넘게 이어지면서 우울감을 호소하는 '코로나 블루'를 넘어 짜증과 분노를 일컫는 '코로나 레드'와 '코로나 블랙'까지 등장하며 심리적 안정의 중요성이 대두되고 있기 때문이다.

전문가들은 충분한 수면, 신체 활동, 음악감상, 명상 등 정신적 피로도를 낮추는 방법을 제안한다.

이를 반영하기라도 한 듯이 요즘 들어 안전하게 휴식을 취하며 마음 방역까지 챙길 수 있는 '멍 때리기' 호텔 패키지가 큰 인기를 끌고 있다. 바다를 바라보는 '바다멍'을 비롯해 소리에 집중하는 '소리멍', 숲콕 트렌드에 힘입은 '숲멍' 등 취향에 따라 심신의 안정을 취하는 호캉스가 대세다.

피로 증상을 호소하는 사람들이 많다. 피로를 주 증상으로 호소하면서 동네 의원을 찾는 환자들이 전체 환자의 약 24% 정도나 되는 것으로 알려져 있다.

최근에는 스트레스로 인한 피로 증상을 호소하는 환자들이 좀 더 늘어나는 추세다. 그리고 만성 피로 증후군도 점점 늘고 있다.

피로(疲勞, fatigue)는 활동 이후의 비정상적인 탈진 증상, 기운이 없어서 지속적인 노력이나 집중이 필요한 일을 할 수 없는 상태, 일상적인 활동을 수행할 수 없을 정도로 전반적으로 기운이 없는 상태로 정의된다(네이버 지식백과).

일반적인 증상으로는 기운이 없고 집중이 필요한 업무나 학습을 할 수 없는 상태이며 일상생활에 지장을 줄 만큼 심각한 장애를 받는 상태를 말한다. 원인을 알 수 없는 피로의 증상이 6개월 이상 반복되며 지속되는 경우 만성 피로라고 부른다. 만성 피로를 호소하는 사람들 중 2~5% 정도가 만성 피로 증후군으로 진단이 되고 있다.

다양한 피로의 원인으로는 과로나 수면부족, 스트레스, 우울증, 정신적인 원인, 불안함 등이 있다. 해당 증상은 바이러스 감염이나 면역기능 이상, 중추신경계 이상 등과 같은 여러 원인이 복합적으로 연결되어 있음을 추정할 뿐 정확하게 밝혀진 바는 없다고 한다.

많은 경우 피로와 함께 통증, 근육통, 소화장애, 어지러움, 울렁거림 등 많은 증상을 호소하고 있다. 명확한 원인이 없다 보니 증상도 다양하지만 대개 피로감과 집중력, 기억력에 지장을 주며 두통, 식욕 장애, 근육통도 함께 발현되기도 한다.

아침에 일어나기가 너무 힘들고 나른함과 함께 기운이 없고 인지기능장애도 동반되며 휴식을 취해도 나아지지 않는 피로감이 주된 특징이다. 이러한 증상들이 6개월 이상 지속되고 반복적으로 나타난다면 주의해야 하고 환자 대부분이 이러한 증상으로 인해 사회 및 개인 활동에 어려움을 겪기도 한다(한국건강관리협회).

마음 챙김, 명상

최근 우리 사회에서 마음 챙김이라는 단어가 자주 이야기되고 있다.

걸을 때는 오직 걷는 행위에만, 먹을 때는 오직 먹는 데만 집중해 번뇌 망상이나 판단분별 없이 자신의 행위를 '있는 그대로' 알아차리는 게 '마음 챙김'이다.

마음 챙김(Mindfulness)은 마음을 지금 이 순간에만 충실하게 두는 것이다. 남방 불교에서 2천 년 이상 수행되던 의식과 명상법을 현대적으로 적용한 이론이기도 하다. 현 순간을 자각하고 수용하는 자세로 현실 경험에 주의를 유지하고 집중하는 것, 경험에 대해 즉각적으로 명료하게 인식, 그리고 상황을 마음 상태 그대로 받아들이는 태도 등으로 구성된다.

현재 상황에만 집중하고 이에 대해 판단이나 비판을 하기보다는 처음 접하는 이 순간을 순수하고 열린 마음으로 받아들이라는 이론이다. 과거와 미래에서 방황하는 마음을 현재에만 두면서 과거와 미래의 짐들을 벗어버리는 것. 심리학자인 하버드대학교 엘렌 랭어 교수는 "마음 챙김이란 새로운 것을 적극적으로 알아차리는 과정"이라고도 설명한다. 마음 챙김을 통해 나를 힘들게 하는 습관이나 중독 증상, 스트레스 요인을 해소할 수 있다.

명상은 마음 챙김을 진행하는 주요 수련법으로 꼽힌다. 집중력, 기억력, 면역력 향상에 도움이 되는 명상을 통해 상황과 대상에 대한 주관적 편견과 선입관을 떨칠 수 있다. 전문가들은 마음 챙김을 위한 명상이 공포 반응과 회피 행동을 감소시킨다고 본다. 만성 통증장애 호전, 우울증과 공황장애 완화, 불안장애 개선 등에도 효과적이다.

요가 수련법이 여러 갈래로 진화했듯 마음 챙김에 근거한 인지 치료(MBCT), 변증법적 행동 치료(DBT), 수용-전념 치료(ACT) 등 다양한 방식의 마음 챙김 치유법이 개발되었다. 실질적인 방법이 궁금하다면 마음 챙김 수련 센터 또는 심리상담 전문가로부터 도움받을 수 있다.

지금 서양에서 마음 챙김 명상의 열풍이 불고 있다. 1960년대에 미국사회에 일었던 선(禪)의 붐(Zen Boom)이 제1차 명상 열풍이라면 현재는 제2차 명상 열풍이다. 서양에서 선풍적 인기를 끌고 있는 마음 챙김 명상은 원래 불교에서 유래했지만, 종교적 색채를 벗어버리고 세속적 명상법으로 재탄생한 것이다. 주로 스트레스 감소, 개인의 행복과 복지 증진을 위한 집중력 향상, 업무성과 향상, 심지어 더 나은 성생활을 위해서도 활용되고 있다. 또한 새로운 심리치료 기술로서 재포장되었을 뿐 아니라, 자기계발 방법으로도 유용하다고 상업적으로 마케팅하고 있다.

2003년과 2014년에 미국 시사주간지 〈타임(Time)〉에는 각각 지그시 눈을 감고 편안한 얼굴로 명상에 잠겨 있는 금발의 날씬한 젊은 여성 사진이 표지를 장식하고 있다. 여성의 표정도 밝고 긍정적이다. 시사잡지에서 두 번씩 커버스토리로 다룬 것은 명상이 서양에서 대중화에 접어들어 젊은 세대로 확산하고 있음을 시사한다.

2003년의 기사 제목은 〈명상의 과학(The Science of Meditation)〉인데, 1960년대에 베이비부머에 의해 열렬히 수용되고 신봉되었

▶ 명상의 가치를 소개하는 타임지 커버

던 선불교의 명상이 사회 저변으로 확대되었으며, 2000년대에 접어들어 과학적으로 그 효능이 입증되고 있음을 의미한다. 2014년의 커버스토리 〈마음 챙김 혁명(Mindful Revolution)〉에는 '스트레스로 지친 멀티태스킹 문화에서 집중을 찾는 과학'이라는 부제가 달려 있다.

  세계 최대의 온라인 쇼핑몰 아마존에서 판매되는 도서 중에는 6만 권 이상에 '마음 챙김'이라는 제목이 붙어서 이점을 부각하고 있는데, 이를테면 마음 챙김 육아, 마음 챙김 식사법, 마음 챙김 교습법, 마음 챙김 치료법, 마음 챙김 리더십, 마음 챙김 금융 등이 그것이다. 도서뿐만 아니라 마음 챙김이라는 제목의 각종 워크숍, 온라인 학습, 잡지, 다큐멘터리 영화, 스마트폰 앱, 쿠션, 팔찌, 미용 제품 등도 있다.

  마음 챙김이란 빨리어(Pali)의 사띠(sati), 한자어로는 염(念), 그리고 영어로는 마인드풀니스(mindfulness)로 번역되는 말이다. 마음 챙김은 깨달음(awareness), 현재의 경험(present experience), 그리고 수용(acceptance)의 과정이라고 할 수 있다. 마음 챙김은 지속적인 연습을 통해 주의를 향상시켜 감정을 조절할 수 있다. 마음 챙김이 높을수록 스트레스 완화, 공황장애, 불안 관련 장애, 정서적 안정 등에 긍정적인 효과를 준다. 현재 심리치료뿐만 아니라 일반적인 심리적 치유에도 적용되고 있다. 마음 챙김에 대한 의학적 효과는 다양한 분야에서 증명되었고, 미국에서는 마음 챙김을 적용하여 심리치료를 하는 심리치료사가 40% 이상인 것으로 나타났다. 국내에서도 마음 챙김에 대한 긍정적인 효과에 주목해 이 방법을 정신건강학 및 심리학 분야에서 지속적으로 적용하고 있다. 평상시 주의와 자각을 통해 마음 챙김을 향상시켜 정서적 안정을 누릴 수 있도록 노력해야 한다. 특히, 자연 기반 활동을 통한 마음 챙김은 주의력을 더욱 향상시켜 심리적 웰빙에 긍정적인 영향을 미친다(김진옥, 2015). 평상시 주의와 자각을 통한 마음 챙김의 지속적인 연습과 자연 기반의 치유관광을 통해 마음건강을 챙겨야 한다.

현재 마음 챙김 명상은 세계적으로 800여 개의 의료기관에서 보완의학으로 활용되고 있으며, 심리상담 분야에서도 광범위하게 활용되고 있다. 미국 법조계에서는 1980년대 말부터 로스쿨뿐 아니라 로펌과 변호사 단체에서도 업무상 스트레스와 우울증에 시달리는 법조인에게 업무능력 제고, 의뢰인에 대한 서비스 개선을 목적으로 이용되고 있다. 그런가 하면 군대, 소방서, 경찰, 콜센터 등 감정노동 직무에서도 많이 도입되고 있다. 이 외에도 마음 챙김 명상은 애플, 페이스북, 트위터, 페이팔, 링크드인, 이베이, 나이키 등 수많은 글로벌 기업도 도입하여 기업문화로 확산되고 있다.

  기업들은 지속적인 성과를 창출하는 조직을 만들려면 구성원의 업무능력을 반드시 향상시켜야 한다는 인식 아래 이처럼 마음 챙김 명상을 경영에 적극 도입하고 있다. 삼성전자는 2017년에 경북 영덕에 연수원을 건립하고 명상프로그램을 본격적으로 실시하고 있다. LG디스플레이는 경북 문경에 힐링센터를 개원하고 명상을 통한 자신과의 소통, 오감 깨우기, 커뮤니케이션 훈련 등을 진행하고 있으며, SK와 KT 등에서도 명상을 활용하고 있다. 이 외에도 많은 기업이 다양한 형태로 명상을 접목하려고 시도하고 있다.

  경제적인 측면에서 볼 때 마음 챙김은 특히 소비자본주의의 메카인 미국에서 점증하는 스트레스를 완화하고, 업무력을 향상시키고, 행복을 증대하기 위한 자가요법으로서 효과를 발휘하고 있다. 이처럼 마음 챙김의 보편화는 시기적으로 스트레스가 하나의 질병으로서 보편화된, 특히 1980년대부터 현대에 이르기까지 경제적 자유화도 영향을 미쳤다고 볼 수 있는데, 이 시기에는 강압적이고, 변화무쌍하고, 경쟁 지향적인 사회 분위기가 급속히 확산되었기 때문이다.

  명상(瞑想)이라는 말은 글자 그대로 눈을 감고 고요히 생각한다는 뜻이다(정태혁, 2004). 영어의 meditation은 라틴어 meditatio에서 온 말로 '묵묵히 생각하다'라는 의미를 갖고 있으며, Meditation은 가톨릭의 수도법인 묵상을 가리키는 말로 어떤 신학적 주제에 대해 깊이 생각하는 것을 의미하기도 한다.

과거의 명상이라 하면 특정 종교의 수련을 위한 방법으로 인식되는 경우가 많았으며, 대체적으로 힌두교나 불교의 수련법으로만 인식되어 왔으나, 실제로는 다양한 종교의 수양법으로서 의미도 가지고 있다. 최근 명상은 종교적 의미를 벗어나 웰빙 측면에서 관심과 수요가 늘어나는 추세이다.

명상이 보편화되면서 그 효과에 대한 과학적 증명을 위한 연구들이 활발하게 진행되고 있는데, 명상은 고혈압, 심혈관 질환, 만성 통증, 약물남용, 암, 우울, 불안 등 다양한 신체적 질환과 심리적 질환을 치료하거나 완화시키는 데 도움이 되는 걸로 평가되고 있다.

마음 챙김에 대한 우려와 비판의 목소리도 있다. 가장 영향력 있는 비판자로 샌프란시스코 주립대학교의 교수이자 불교 신자인 로널드 퍼서(Ronald Purser)는 현재의 마음 챙김 명상이 '맥도날드식 마음 챙김(McMindfulness)'일 뿐이며 신자본주의를 고착화하는 영성에 불과하다고 비판한다. 맥도날드식 마음 챙김이란 용어는 불교 지도자이자 심리치료사인 마일스 닐(Miles Neale)에 의해 처음 사용되었다고 알려져 있는데, 그 의미는 대체로 세속적이고 비종파적인(non-sectarian) 영성으로 상품화된 기업 친화적 마음 챙김, 혹은 패스트푸드 체인점 맥도날드와 유사한

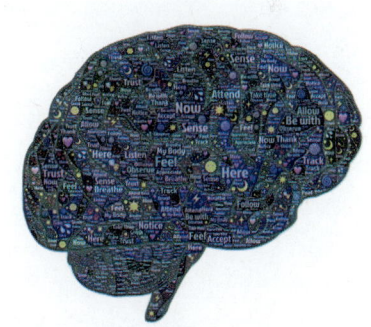

▶ 주의와 자각을 통한 순간의 깨달음, 마음 챙김 ⓒPixabay

기업적 전략을 취하는 마음 챙김이라는 뜻으로 이해된다(장은화, 2021).

　신자유주의적 자본주의 아래서 기업들은 부를 좇아서 불평등을 심화시키면서 지난 수십 년 동안 은밀하게 우리를 압박해왔는데, 이때 과도한 경쟁에서 나오는 스트레스는 질병으로 간주되고, 사적인 문제가 되며, 개인이 알아서 해결하게 되어 있다. 마음 챙김의 행상(지도자)들은 자본주의와 영성이 조화될 수 있다고 믿으면서 스트레스의 원인을 깊이 통찰함 없이 개인 차원에서 스트레스를 완화하고자 한다. 마음 챙김의 지도자들은 불교의 마음 챙김 수행에서 계율, 자비의 실천, 그리고 자아의 집착을 깨서 대자유를 얻으려는 목표를 뺀 채로 대중을 가르치는데, 이런 식으로 상품을 판매하고 그 상품을 재포장하는 방식이 문제다.

코로나 블루, 멘탈데믹

코로나19는 감염과 전염 외에도 새로운 고민거리를 던져주었다. 불필요한 외출이나 출근도 자제할 것을 요구받고 있는 가운데 코로나 감염 확대에 따라 직업, 가정, 학업, 취미에 이르는 일상의 모든 영역이 변화하고 있으며, 사람들의 마음에는 우울감, 불안, 염려뿐만 아니라 사회적 단절, 무기력감 등 다양한 강도와 범위의 심리적 문제들이 나타난 것이다. 코로나로 인해 자신의 감정을 제대로 통제하지 못함으로써 불안이나 분노, 우울로 발전하는, 이른바 '코로나 블루'다. 코로나 블루는 '코로나19'와 '우울감(blue)'의 합성어로, 코로나 바이러스 확산에 따른 영향으로 불안과 공포에 대한 심리적 반응이라고 할 수 있다.

코로나19로 인해 우울증이 늘어나고 멘탈데믹 현상이 늘어가고 있다. 멘탈데믹(mentaldemic)은 'Mental(정신)'과 'Pandemic(감염병 대유행)'의 합성어로, 개개인의 우울감이 확산되면서 공동체 전체에 정신적 트라우마가 전염병처럼 번지는 상황을 이르는 말이다.

코로나19 대유행은 전 세계적으로 긴급 상황을 만들었다. 이 전염성 바이러스는 일반 공중 보건에 대한 우려를 불러일으켰을 뿐만 아니라 여러 심리적·정신적 장애를 유발하고 있다.

세계적인 팬데믹 장기화 상황은 확진자와 유가족뿐만 아니라 전체 국민 개개인의 정신건강에도 많은 악영향을 미치고 있다. 우울감이나 무기력증인 코로나 블루는 불안과 두려움 등 정신적 충격을 초래하기도 한다. 즉, 외부 활동을 자제하고 실내에 머무르면서 생기는 답답함, 자신도 감염될 수 있다는 불안감, 작은 증상에도 코로나가 아닐까 걱정하는 두려움, 활동 제약이 계속되면서 느끼는 무기력증, 감염병 관련 정보와 뉴스에 대한 과도한 집착, 주변 사람들에 대한 경계심 증가, 과학적으로 증명되지 않은 민간요법에 대한 맹신 등이 이에 해당한다(사혜지 외, 2021).

 코로나19의 장기화로 인해 대한민국 국민의 정신건강이 악화되고 있다. 스트레스 취약성 모델에 따르면, 자살은 '유기체로서의 개인이 자신을 둘러싼 환경과 상호작용하면서 선택하는 하나의 반응'으로 간주한다. 국내뿐만 아니라 확진자가 증가하고 있는 미국, 영국, 이탈리아 등 유럽에서도 코로나19 관련 자살이 증가하고 있다고 보고되고 있다. 코로나19 그리고 정신건강에 관한 연구들에 따르면, 코로나19는 일반 인구의 고통, 불안, 전염에 대한 두려움, 우울증 및 불면증과 연관이 있다. 과거 2003년 사스

▶ 코로나 블루, 멘탈데믹의 심화는 힐링의 필요성을 보다 강력하게 역설한다.
ⓒPixabay

(SARS)와 2015년 메르스(MERS) 사례에서 밝혀진 바와 같이 신종 감염병으로부터 생존한 사람들은 회복이 된 이후에도 우울, 불안과 같은 다양한 정신적 문제를 겪는 것으로 나타났으며, 이러한 현상은 장, 단기간에 걸쳐 지속되는 것으로 보고되었다. 때문에 코로나19 이후 계획은 특히 정신질환의 증가가능성에 관심을 갖고 더 집중적으로 고려할 필요가 있다.

격리 상황으로 인하여 개인의 자유로운 이동과 신체의 자유를 일시적으로 제한, 박탈당하는 경험은 개인에게 당혹스러운 일이며, 이는 자기 조절을 어렵게 하는 요인이 된다. 부정적인 예상이나 미래에 대한 불확실성은 우울감을 불러일으킨다.

이러한 상황은 힐링 서비스가 과거 어느 때보다 필요한 여건이 되고 있다.

3. 블루오션 시장, 힐링 비즈니스의 성장

> 일과 오락이 규칙적으로 교대하면서 서로 조화가 이루어진다면
> 생활은 즐거운 것이 된다.
> 그러나 어떤 특정한 일이나 오락만으로는 그렇게 될 수 없다.
> - 톨스토이

힐링 비즈니스의 발전

해외에서는 멘탈 케어, 명상 및 요가, 스파 등의 힐링 관련 비즈니스가 지속적으로 성장하고 있으며, 힐링 비즈니스가 하나의 산업분야로 정착한 단계이다.

힐링 문화가 산업으로 발전하여 의료, 소비재, 서비스, 문화와 결합된 다양한 형태의 힐링산업 영역이 형성되었는데, 미국과 유럽에서는 스파, 휴양관광 형태로 힐링산업의 대중화를 이룩하였으며, 일본의 경우 1990년대 후반부터 릴랙세이션 열풍으로 힐링 관련 산업이 본격화되었다.

미국의 경우, 힐링산업은 웰니스산업(Wellness Industry)이라는 명칭으로 연간 15%의 성장률을 보이며 빠르게 성장하고 있는 추세이다. 건강한 삶을 추구하는 '웰니스 라이프스타일'은 미국 내에서 꾸준히 확산되어 왔으나, 최근 베이비부머의 은퇴, 건강에 높은 가치를 두는 밀레니얼세대의 부상으로 더욱 주목받고 있다.

 미국에서 가장 주목받는 웰니스 분야 중 하나는 바로 직장 웰니스(Workplace Wellness) 분야이다. 기업 내에서 '직장 웰니스 프로그램'을 직원에게 제공하기 위한 관심이 높아지고 있다. 이는 직원들이 받는 스트레스가 결국 업무 효율성을 낮춰 기업의 비용을 증가시킨다는 조사 결과 등이 나오면서 '직장 구성원의 건강'이 기업 경영 이슈로 떠올랐기 때문이다. 실제로 미국에서 구글(Google)은 사내 식당 메뉴를 건강에 유익한 정도에 따라 녹색, 노란색, 빨간색으로 분류해 운영하며, 펩시(Pepsi)는 '핏포라이프(Fit for Life)' 워크숍을 실시한다. 직원의 건강 밸런스를 점검해주고 스스로 건강증진 계획을 수립하도록 교육하고 있다. 또한 건강 전담 코칭을 통해 지속적으로 건강 상태를 관리해준다.

 이렇게 직장 내 웰니스가 강조된 이유는 첫째, 개인의 삶에서 직장이 차지하는 비중이 높기 때문에 직원의 건강 문제가 직장에서 야기될 확률이 높다는 점이다. 긴 근로시간, 잦은 야근이나 회식, 성과 중심 인사제도 등이 스트레스를 높이고 건강을 해칠 수 있다는 지적은 꽤 자주 언급된다. 둘째, 흔히 말하는 '요즘 세대'는 조직 성과만큼이나 개인의 건강과 행복이 균형을 이루는 삶을 매우 중시한다. 이전 세대와는 다른 가치관을 가지고 있다는 뜻이다. 따라서 기업들도 이를 고려하지 않을 수 없게 됐다. 셋째, 성과 중심에서 사람 중심으로 경영 관점이 변했다는 점이다. 언제부터인가 '지속가능한 경영'이 강조되면서 시간의 압박으로 얻어낸 결과보다 적절한 휴식을 이어가면서 나온 창의적인 생각이 더 중요하다는 인식이 높아졌다.

따라서 기업 차원에서 구성원들의 건강을 관리해주는 프로그램을 제공하거나, 건강 상식을 높여주는 교육을 실시하거나, 직장 내에서 요가 수업을 진행하는 등의 직장 웰니스는 앞으로도 관심을 모을 것으로 전망된다.

독일의 경우에도 건강에 대한 관심이 높아지면서 웰니스 시장이 갈수록 커지고 있으며, 의료적 목적을 접목시킨 웰니스 여행(메디컬 웰니스)에 대한 수요도 커지고 있다. 건강식 부문에서는 최신 트렌드가 기능성 식품, 저칼로리 식품, 그리고 유기농 식품이며, 스포츠산업은 조깅 혹은 노딕 워킹(Nordic-Walking)과 같은 지구력운동 붐에 많은 이득을 보고 있다. 독일에는 치유마을로 알려진 '바트 뵈 리스 호펜'이 유명하다. 숲을 이용한 치유 도시로, 치료나 휴양을 목적으로 하는 방문자 수만 하루 약 4,000명에 이른다. 마을 전체가 하나의 공원처럼 설계된 이곳은 머무는 것 자체로 지친 몸과 마음을 풀어준다.

일본의 경우 힐링 비즈니스를 흔히 '릴랙세이션(relaxation)'이라고 지칭한다. 1990년대 후반부터 힐링 비즈니스와 같은 개념의 릴랙세이션 시장이 팽창하기 시작하였고, 릴랙세이션 음료, 마사지를 위한 릴랙스 살롱, 산소 발생기, 산소 bar 등 힐링 관련 상품이 대중화되었다.

일본 릴랙세이션 서비스 사례로 캡슐형 스파 서비스업체 '코리토리 스테이션(Koritori Station)'을 들 수 있다. 이 업체는 '아쿠아 캡슐'이라는 캡슐 모양의 욕조를 개발해 이를 사업화했다. 따뜻한

물이 채워져 있는 이 캡슐 안에 누우면 물이 파동을 이용해 온몸을 마사지해준다. 뚜껑에 있는 샤워꼭지에서 떨어지는 물의 마찰에 의한 마사지 효과도 얻을 수 있다. 특히 얇은 방수천을 입고 들어가기 때문에 옷을 입은 채 이용할 수 있어 편리하다. 이용 가격은 30분 기준으로 1,500엔(약 2만 원) 수준이며, 이 회사는 여기에 오감을 만족시키는 릴랙세이션 서비스를 접목했다. 긴장을 완화시키고 머리를 맑게 해 주는 아로마 테라피와 헤드폰을 통해 뇌파를 자극하는 명상음악을 비즈니스에 활용하고 있다.

한편, 국내 힐링산업은 본격적인 시장형성 단계로 볼 수 있다. 힐링 트렌드의 활성화를 배경으로 힐링과 관련 상품이 결합한 형태의 힐링산업이 나타나기 시작했다. 최근 힐링 니즈에 대응한 힐링 브랜드 활용 및 힐링 상품 출시가 시작됨으로써 힐링산업이 본격적으로 발전하는 단계로 진입하고 있다. 의료, 식품, 패션, 화장품, 문화, 관광 등 광범위한 산업에 걸쳐 힐링 상품 개발·출시가 가속화되고 있다.

게으른 경제

Today I don't feel like doing anything
(오늘은 나 아무것도 하고 싶지 않아)
I just wanna lay in my bed
(그냥 침대에 누워 있을래)
-중략-
Cause today I swear I'm not doing anything
(왜냐면 난 오늘 결단코 아무것도 안 할 거니까)
Turn the t.v. on
(텔레비전을 켜고)
Throw my hand in my pants
(바지 속에 손을 넣고 긁적거릴 거야)
Nobody's gon' tell me I can't, nah
(아무도 나한테 그러지 말라고 못해, 결코)

    브루노 마스의 곡. 데뷔 앨범 Doo-Wops & Hooligans의 5번 트랙이다.
    가사 내용을 한마디로 말하자면 아무것도 안 하고 싶다는 것. 가사에 공감하는 사람이 많았던지 2011년에 빌보드 핫 100에서 4위를 기록했다.
    "아무것도 안 하고 싶다. 이미 아무것도 안 하고 있지만 더 격렬하고 적극적으로 아무것도 안 하고 싶다." 유해진이 출연한 TV 광고에 등장하는 이 문구는 온라인에서 게으름을 강조하고 싶을 때 유희적으로 쓰이는 표현이다.

미국에서는 2014년 무렵부터 '게으른 경제(Lazy Economy)'라는 용어가 쓰였다. 당시 게으른 경제의 대표적 예가 실리콘밸리 출신의 배송대행 서비스 '십(Shyp)'이다. 보내고 싶은 물건의 사진을 찍어 앱에 올리면, 직원이 고객 집으로 상자와 테이프, 포장용 에어캡 등을 가져와 물건을 포장한 뒤 가져가는 서비스이다. 우체국으로 물건을 들고 가 긴 줄을 설 필요가 없다는 편리함 때문에 십은 미국 주요 도시에서 많은 호응을 얻었다. 게으름뱅이 경제의 대표주자 격인 모바일 앱 기반 음식 배달 서비스는 전 세계적으로 급성장하는 추세이다.

중국에서도 유사하게 란런(懶人, 게으름뱅이)경제가 화두가 되고 있다. 중국 최대 전자상거래업체 알리바바가 운영하는 신선매장 '허마셴셩(盒馬鮮生)'이 새우껍질을 손님 대신 발라주는 직원 채용

▶ 새우껍질을 손님 대신 발라주는 직원 채용 공고 ('허마셴셩')

공고를 냈다. 이처럼 중국에서는 게으름뱅이의 필요를 충족해주는 경제가 빠르게 활성화되고 있다고 한다. 대표적인 란런 상품으로는 로봇청소기, 식기세척기, 자동창문청소기, 양말세탁기, 즉석 훠궈 같은 가정간편식이 꼽힌다. 음식 배달, 마트 배송 등 O2O(Online to Offline, 온라인과 오프라인 결합형) 서비스도 란런경제의 범주에 속한다.

우리 한국도 이러한 흐름에서 예외가 아니다. 이제 앱으로 주문하지 못할 음식은 없을 정도다. 치킨, 피자, 짜장면 외에도 구운 삼겹살, 김치찌개, 회, 샐러드, 케이크, 커피, 팥빙수 등도 집으로 가져다준다. 업체들은 자체적으로 배달망을 갖추지 않아도 배달 서비스를 제공하는 데 문제가 없다.

'즉시배달' 서비스는 음식 밖으로도 확산되는 추세다. 생활에 당장 필요한 식품이나 생활용품의 새벽배송 요청을 놓쳤다 해도 집 밖으로 나갈 필요가 없다. CU, GS리테일, 세븐일레븐 등 편의점들이 최근 일부 지역에서 배송 서비스를 개시해 우유, 도시락, 라면, 과자 등 식품을 배달해주고 있다. 화장품도 즉시 배달된다.

집안일의 고충을 덜어주는 가전제품시장은 국내에서도 날로 커지고 있다. 국내 로봇청소기 판매량이 급상승했다. 에어프라이어의 인기도 식을 줄 모른다. 요리책이 베스트셀러 상위권에 오르기도 한다.

집안일에 많은 시간을 들이기 싫어하는 '게으름뱅이'를 위해 최근에는 빨래대행 서비스도 등장했다. 고객은 앱으로 세탁물 수거 시간을 예약한 뒤 현관문 밖에 세탁물을 내놓기만 하면 된다. 일반 빨래를 맡기는 고객의 경우 속옷까지 내놓는다고 한다. 이제는 집 안 청소를 대신해주는 파출부 아주머니도 전화가 아닌 앱으로 예약할 수 있다. 아예 이런 서비스들을 한데 모아둔 '장터'도 등장했다. 청소, 세탁 등 가사노동을 대신하는 '대리주부', '미소', '홈마스터' 등 홈클리닝 업체들의 경쟁이 매우 치열하다. 홈마스터는 가사 전문 도우미의 사진과 경력 등을 공개하고, 청소 교육을 시키면서 믿을 만한 전문가를 이용자가 직접 선택할 수 있게 했다.

책을 '귀로 듣는' 오디오북도 게으른 경제로 해석된다. 중국의 1등 오디오북 플랫폼 업체의 이름이 아예 '란런팅수(懶人聽書, 게으름뱅이의 책 듣기)'다. 이 업체는 '책으로부터 두 눈을 해방시켜 세상을 듣는다'는 슬로건을 앞세우고 있다.

국내에서도 오디오북시장이 기지개를 켜고 있다. 국내 1위 팟캐스트 플랫폼 '팟빵' 내에 1,000여 개 오디오북 채널이 운영되고 있다. 오디오북 분야도 동화책에서 소설, 역사, 인문학, 자기계발, 경제·경영 분야로 넓어지고 있고 출판사들도 적극적으로 뛰어드는 분위기다. 오디오북을 왕성하게 제작하는 커뮤니케이션북스는 유명 배우들이 한국 근현대 단편소설들을 읽어주는 '100인의 배우, 우리 문학을 읽다'를 선보였는데, 7만 원짜리 세트를 1만 개 이상 판매했다. 시청하는 동안 다른 일을 할 수 없는 동영상 콘텐츠와 달리 오디오북은 상당히 밀도 높은 콘텐츠를 체험하면서 동시에 운전이나 운동, 집안일을 할 수 있다는 장점을 가진다.

코로나19 상황에서 디지털 생활양식의 확산으로 전자책과 오디오북의 성장세가 두드러졌다.

소문난 독서가로 알려진 배우 김혜수는 한 오디오북 광고에서

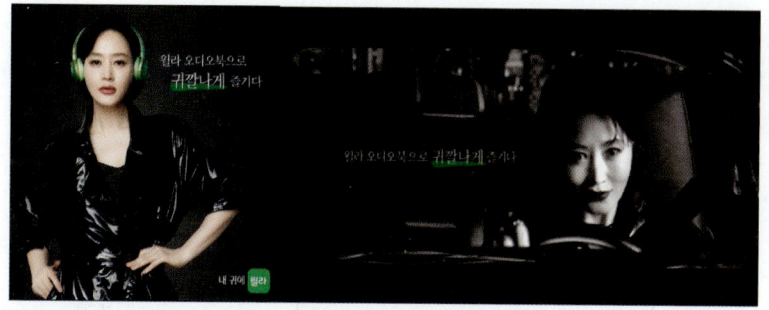

▶ 오디오북의 특성을 강조하는 브랜드 광고 (윌라 홈페이지)

"세상에서 가장 한심한 핑계가 뭔 줄 알아? 책 읽을 시간이 없다는 핑계"라고 일갈하며 독서를 음악처럼 들을 것을 권한다. 이 광고는 "책이 연기를 시작했다"며 전문 성우의 목소리와 음향 효과로 한층 깊어진 독서 생활을 경험하라고 전한다. 종이책 한 권도 안 되는 가격에 무제한으로 오디오북을 즐기라고 하는데, 첫 달 무료 이용 후 다음 달부터 9,900원을 내면 오디오북을 무제한 들을 수 있는 구독 서비스 광고다. 국내 서비스를 시작한 한 글로벌 오디오북 업체는 최근 로맨스 웹소설을 멀티캐스트 요약형 오디오북으로 서비스한다. 여러 명의 낭독자가 책의 줄인 내용을 연기하는 방식이다.

그렇다면 게으른 경제 시대를 살아가는 게으름뱅이는 '시간이 남아도는데도 제 몸 움직이기 귀찮아 쓸데없이 돈 써가며 필요를 충족하는' 사람들인가?

요즘 스타트업계에서는 '본 투 비 모바일(Born to be Mobile)'이라는 용어를 많이 쓴다. 모바일 스마트폰에 익숙한 세대는 기술이 주는 혜택을 최대한 이용하고, 그렇게 확보한 시간에 가치 있는 일을 하겠다고 생각하는 것이다. 비용보다 시간에 가치를 더 두는 소비자인 것이다. 어느 사이엔가 스마트폰과 인터넷 등 이동통신 요금이 기본 생활비 항목으로 자리 잡은 것처럼, 앞으로는 생활의 수고를 덜어주는 각종 O2O 비용이 기본 생활비로 간주될 것이다.

간편과 편의로 무장한 게으른 경제는 앞으로 일상생활의 모습도 바꿔놓을 것으로 보인다. 가정간편식 보급으로 집에서 직접 요리하는 사람이 줄어들어 주택시장에서 주방 면적이 작아지는 것과 마찬가지로, 빨래를 외부에 위탁함으로써 집 안에서 세탁기, 건조기, 의류관리기를 없애 주거 쾌적성을 높일 수 있다. 오로지 오디오북만 찾아 들으면서 휴식을 취하는 라이프스타일이 대세가 될 것이다.

게으른 경제도 예외 없이 새로운 사회문제를 일으킨다. 특히 뭐든지 집으로 빠르게 가져다주는 서비스가 확대되면서 고객의 사생활 보호 문제와 배송기사 처우, 교통안전 문제가 대두되고 있다. 하지만 게으른 경제는 앞으로 더욱 커질 것으로 전망된다. 편리한 기술과 상품·서비스를 체험한 소비자는 다시는 불편한 시대로 돌아가지 않을 뿐 아니라, 더 편리한 것을 추구한다. 앞으로는 주유소에 간 김에 세탁물을 맡기는 등 소비자의 의사결정과정(Consumer Decision Journey)에 부합하는 새로운 서비스가 각광받을 것이다.

지친 현대인, 편하고 싶은 사람들

사회 전 분야에서 경쟁보다 안정, 아무것도 신경 쓰지 않는 편함을 찾는 사람들이 증가하고 있다. HS애드 빅데이터 인사이트 리포트는 이들을 컴포터리안(Comfortable+ian, 발음 편의상 Comfortarian으로 표기)으로 명명하고 있다.

컴포터리안의 소비 경향은 패션, 식음료, 집 등 여러 분야에서 일관된 측면이 있다. 남에게 보이기보단 '내가 편한' 재화와 서비스를 구매한다는 점인데, 편한 패션과 먹기 편한 HMR, 집에서 모든 것을 해결하는 집순(돌)이가 대표적이다.

패션 측면에서는 운동화와 백팩, 단화와 에코백, 이지웨어 등 편안함과 건강을 추구하는 트렌드가 주목받고 있다. 남에게 보이기 위한 불편한 패션보다 '나'의 편안함을 위한 패션을 선택하는 것이다. 컴포터리안은 하나의 신조어로 자리 잡은 '원마일룩(1마일 정도 외출하기 좋은 가벼운 평상복)'을 입거나, 편하고 유행을 타지 않는 놈코어룩에 열광한다. 반면 보기에는 예쁘지만 고통과 불편함을 초래했던 '하이힐'에 대한 부정 감성은 증가하는 추세라고 한다. 이 때문에 출퇴근할 때에는 정장에 백팩, 운동화 등을 믹스매치해 실용성과 편의성을 동시에 추구하는 이들이 늘어났다.

시간을 절약하고 빠르게 준비할 수 있는 HMR(Home Meal Replacement, 가정 간편식)에 대한 선호도 높아지고 있다. 일반적으로 자취생이나 혼밥족이 HMR을 이용할 것으로 여겨지지만, 영양과 취향을 고려한 HMR이 다양하게 등장함에 따라 다이어터나 주부, 직장인의 반응도 좋은 편이다. 과거에 '엄마가 차린 집밥'이

미덕으로 여겨졌다면, 이제는 '나도 차릴 수 있는 한 상'이 대세가 된 것이다. 특히 일주일에 한 번 밥해 먹기 힘든 1인 가구나 맞벌이 부부에게는 직접 재료를 사서 조리하는 것보다 HMR 식품이 경제적이라는 인식이 확대되었다. 최근의 HMR 식품은 어쩔 수 없이 먹는 음식이 아닌 '맛있어서 먹는 든든한 한 끼'로 자리 잡았다. 레시피를 보고 조리만 하면 되는 밀키트 역시 많은 컴포터리안에게 사랑받는 서비스다.

최근에는 여가를 이용해 집에 머무르며 편안함과 행복을 느끼는 사람들이 늘고 있다. 일명 '집돌이, 집순이'인데, 이 표현은 특정 집단을 일컫는 신조어처럼 여겨지며 증가하는 추세를 보이다가 일반명사가 된 케이스이다. 집에서의 휴식이 현대인의 바쁜 삶에 필수적인 쉼표로 여겨지면서, 집순이와 집돌이에 대한 긍정 감성도 증가했다. 여기서 주목해야 할 것은 컴포터리안인 집순(돌)이의 소비와 취미 활동의 변화이다. 이들은 과거에 침대 프레임이나 수면바지 등 몸이 편한 제품을 구매하고 수동적인 영화나 드라마 감상, 독서 등을 즐겼다. 하지만 최근에는 마음의 편함을 위해 생화나 조명, 바디워시 등을 구매하고 홈카페와 홈스타일링 등 능동적인 모습을 보인다. 이러한 변화의 이유는 일반적으로 생각하는 집의 개념이 '잠자는 공간'에서 '뭐든지 해결할 수 있는 공간'으로 확대된 점에서 찾을 수 있을 것이다.

이러한 컴포터리안 트렌드는 현대인의 라이프스타일에도 큰 영향을 미치고 있다. 대표적으로 여행과 노동 서비스, 출판 분야 등에서의 변화가 두드러진다. '복세편살(복잡한 세상 편하게 살어리랏다)'이라는 신조어와 '대충티콘'이 대변하듯, 사람들은 적당히 편하고 즐길 수 있는 삶을 추구하기 시작했다.

여행 분야에서는 시작부터 끝까지 고생하는 자유여행, 관광 대신 휴양과 투어에 대한 관심이 높아졌다. 특히 편하게 짜인 코스가 존재하거나 가이드 설명이 포함된 현지 투어 등에 대한 선호도가 높아졌다. 여행지에서의 안전 이슈와 전문 지식에 대한 필요성 증가와 함께, 여러 여행사에서 현지 가이드 투어 상품을 판매해 좋은 반응을 얻고 있다. 호캉스와 한 달 살기, 갭이어(Gap year) 역시 느긋한 휴식을 통해 자신의 삶에 대한 보상과 재충전을 추구한다는 점에서 컴포터리안과 방향을 같이 한다.

가사 노동을 대신해주는 대행 서비스 역시 컴포터리안의 뜨거운 지지를 받고 있다. 여기에는 단시간 서비스 예약 앱 등 진입장벽이 크게 낮아진 것도 한몫했다. 회사에서 업무에 치이는 직장인들은 주말에 가사 노동을 하는 대신 대행 서비스에 맡기고 자신의 여가를 즐긴다. 저렴한 비용으로 이용할 수 있는 홈 클리닝과 세탁대행, 온라인 세탁 등이 대표적인 예이다. 펫시터나 반려동물 산책 아르바이트 등 현대인의 라이프스타일 변화에 따라 이색 대행 서비스도 속속 등장하고 있다.

〈죽고 싶지만 떡볶이는 먹고 싶어〉, 〈하마터면 열심히 살 뻔했다〉, 〈곰돌이 푸, 서두르지 않아도 괜찮아〉. 이 세 권의 책은 2018년 출판 시장을 휩쓴 베스트셀러다. 열심히, 빠르게, 치열하게 살고 싶지 않은 컴포터리안의 마음을 대변하고 지지한다는 점이 공통적이다. 있는 그대로, 남을 신경 쓰지 않고, 편안한 삶을 이야기한다. 출판계뿐만 아니라 예능, 드라마, 영화 등에서도 이어지는 추세다. 가까운 서점에서, 영화관에서, VOD에서 다양한 '치유

▶ '충전이 필요해' ⓒPixabay

계' 작품을 쉽게 만날 수 있다.

이에 '충전사회'라는 개념이 주목받고 있다. 배터리만 충전이 필요한 것이 아니다. 현대인들도 충전이 필요하다. 충전사회는 빠르게 변화하는 사회 및 경제 상황에 지친 심신을 회복하고 치유해주는 트렌드의 확장이다. 충전사회 개념의 등장 배경에는 4차 산업혁명 시대로 전환하고 있는 가운데 로봇의 부상에 따르는 실직의 두려움, 부의 양극화 심화로 인한 상대적 박탈감 증대 등 노력해도 결실을 보장받지 못하는 현상에 대응하여 경제적 풍요보다 정신적 행복을 추구하고자 하는 니즈가 반영되었다고 할 수 있다.

구체적으로 충전사회의 모습을 살펴보면, 디지털 중독에서의 해방, 보다 더 간편한 영양 섭취, 명상산업의 발전 등 단순한 느림에서 적극적이 건강회복 경향 강화를 들 수 있다.

첫째는 디지털 디톡스(Digital Detox)이다. 디지털 디톡스란 '디지털'과 '해독'의 결합어로 디지털 중독으로부터 벗어나 심신을 치유하는 것을 의미한다. 실제로 최근 2030세대를 중심으로 이를 실천하려는 사람들이 증가하고 있다. 스마트폰 알람을 차단하거나 사용시간을 줄이는 등 디지털로부터 적극적으로 벗어나려는 시도를 하고 있다. 여러 기업에서 디지털 기기를 제한하는 앱을 개발하고 있는 것도 이러한 소비자들의 요구를 반영한 것이다.

디지털 중독의 문제를 해결하기 위해 기관이나 단체보다는 오히려 이용자 스스로 디지털 디톡스 운동을 시작했다. 초기에는 인터넷과 스마트폰의 이용 중독을 예방하는 차원에서 전개되었다. 이후 기념일을 정하고 앱을 만들어 인터넷과 스마트폰 이용 자제를 유도하는 방식이 주를 이루었다. 미국에서 2002년 설립된 '리부트(Reboot)'나 캐나다에서 1989년 문화운동의 개념으로 탄생한 '애드버스터(Adbuster)' 등이 대표적인 사례라고 할 수 있다. 이들은 '디지털 없는 국경일'을 지정한다든지, 혹은 디지털 디톡스 주간(Digital Detox Week)을 만들어 디지털 기기의 이용 자제 운동을 벌여왔다.

다음으로는 슈퍼 웰빙(Super Well-being)이다. 이는 단순한 체중 조절 및 건강 유지를 넘어 독소 제거 및 에너지 강화까지 초점을 맞추는 식단 조절을 말한다. 이는 슈퍼 푸드(Super Food)의 수요 증가에서 확인해볼 수 있다. 슈퍼 푸드란 영양이 풍부하고 면역력을 증가시켜준다고 알려진 식품군으로 코코넛, 아보카도, 연어, 블루베리, 토마토, 아몬드, 시금치 등이 대표적이다. 건강한 먹거리에 대한 관심이 높아지면서 주목을 받고 있으며, 노화 방지에도 효과가 있어 인기가 점차 높아지고 있다.

마지막으로, 명상산업의 발전이다. 사회 및 경제의 빠른 변화에 지친 심신의 회복에 중점을 둔 명상 관련 산업이 발전하고 있다. 명상은 눈을 감고 깊이 생각해 마음의 평안을 얻는 것을 말한다. 이는 전통적으로 동양의 종교수행법이나 성서의 묵상과 같은 것을 의미했지만, 현대에 와서는 심신 안정을 위한 심리치료로 영역이 넓어졌다. 또한, 명상이 뇌의 대뇌피질을 자극해 집중력을 높인다는 연구 결과로 명상에 대한 관심은 더욱 커지고 있다.

스낵컬처 시대 휴가의 의미와 콘텐츠 소비

한자로 휴가는 '쉴 휴(休)'와 '겨를 가(暇)'가 결합된 단어이다. 휴(休)라는 글자는 사람이 나무에 기댄 모습을 형상화하고 있고, 가(暇)라는 글자는 뜻을 나타내는 日(날, 하루)에 음을 나타내는 叚(함께 있다)로 이루어져 있다. 즉, 어원으로는 '하루 편안히 집에 있다'는 뜻으로 해석될 수 있다. 일본어도 같은 글자를 사용하고 있고, 중국어로는 글자를 조금 바꿔서 休假(xiujia) 또는 放假(fangjia)라고 한다. 모두 일상에서 벗어나 여유를 가진다는 시간적 의미가 담겨 있다.

휴가를 뜻하는 외래어로 바캉스란 단어도 있다. 바캉스는 프랑스어 바카티오(vacatio)에서 유래한 것이라 한다. 영어로는 vacation에 해당하는데 이는 vacant, vacancy라는 인접 단어에서 알 수 있듯 직장이나 학교가 텅 빈 상태라는 공간적 의미가 상대적으로 강조된 개념이다.

즉, 휴가란 일상의 시간과 장소로부터 떠남을 의미한다. 출발지는 일상이지만 목적지는 따로 없다. 우리가 흔히 일과시간이라 부르는 그 시간에 쉼을 목적으로 다른 공간에 있다면 그것이 바로 휴가인 셈이다. 일과시간을 집에서 보낸 이라면 집을 떠나는 것이 휴가이자 바캉스이겠지만, 일과시간을 직장이나 학교에서 보낸 이라면 그곳을 떠나 집에 머무르는 것도 휴가이자 바캉스가 될 수 있다. 시쳇말로 '방콕'이라 부르는 머무르는 휴가도 진짜 방콕으로 떠나는 휴가만큼이나 개념적으로는 대등하다.

떠나는 휴가는 곧 여행이나 관광이란 개념과 연결된다. 이들 행위의 궁극적 목적은 새로운 경험의 체득일 것이다. 평소와는 다른 자연과 문화, 그 속에서 살아가는 사람들을 보면서 얻는 새로운 시청각적 경험, 평소와는 다른 음식을 대하며 얻는 새로운 미각적·후각적 경험 등이 있을 것이다. 휴가를 되도록 멀리 떠나거나 안 가본 데로 향하는 것은 경험의 새로움이 중요하기 때문이다.

하지만 경험의 새로움만 지나치게 추구하다보면 경험의 또 다른 가치인 진정성을 놓칠 우려가 있다. '경험경제(The Experience Economy)'란 개념으로 일찍이 경험의 가치와 중요성을 이야기한 파인과 길모어(Pine II & Gilmore)는 이후 그 경험의 핵심이 '진정성(authenticity)'이라는 추가 해석을 내놓았다. 이 진정성이란 말은 우리 국어사전에 없는 철학적 어휘인데, 문학이나 종교에서 특정 대상에 대한 자아의 진실하고 신실한 마음 정도로 이해할 수 있다. 즉, 휴가를 통해 마주한 새로운 대상으로부터 얻는 경험은 휴가 본연의 목적을 상실해서는 곤란하다. 쉼이 휴가의 전부는 아니지만 휴가의 주된 목적 가운데 하나이다. 휴가를 다녀온 뒤 또 다른 쉼을 필요로 하는 이른바 휴가 증후군은 '떠나는 휴가'에 대한 과도한 집착과 욕심의 산물이다.

사실 많은 이들이 이런저런 사정으로 '머무르는 휴가'를 보낸다. 일부 떠나는 휴가자는 머무르는 휴가자를 불쌍히 보기도 한다. 하지만 앞서 살핀 바와 같이 떠남과 머무름은 개념적으로 동등하다. 오히려 휴가의 진정성 관점에서는 증후군을 남기지 않는 머무르는 휴가가 보다 우위일지도 모른다. 그래서인지 최근에는 적극적 의지로 머무르는 휴가를 택하는 이들이 점차 늘어나는 듯하다. 고가도로 건설이 한때 발전의 상징이었지만 이제는 고가도로 철거가 발전의 상징이듯 말이다.

떠나는 휴가자가 여행객, 관광객이 된다면 머무르는 휴가자의 대부분은 콘텐츠 소비자가 된다. 이른바 '빈지 워칭(binge-watching)' 또는 '빈지 뷰잉(beinge-viewing)'이다. 2013년 넷플릭스가 처음 자체 제작한 드라마 '하우스 오브 카드'의 첫 시즌 13편을 일시에 선보이면서 빈지 워칭의 개념이 알려지기 시작했다. 빈지 워칭 현상은 구독 경제의 등장으로 확산하고 있다. 콘텐츠를 폭식하는, 우리말로는 '몰아보기'에 해당하는 휴가철 연속 대량 콘텐츠 소비 현상이 전 세계적으로 유행이라 한다. 콘텐츠 몰아보기는 IPTV나 OTT 서비스를 통해 언제 어느 때나 원하는 영화나 드라마를 볼 수 있게 된 기술적 배경과 무관하지 않다. 2020년을 강타한 코로나19 사태는 이러한 콘텐츠 소비경향을 더욱 강력하게 추동하고 있다. 코로나19 팬데믹으로 외출을 자제하고 집에 머무르는 시간이 늘어나면서 넷플릭스 이용이 폭증하게 된 것이다. 언택트(Untact, 비접촉) 시대가 가져온 새로운 시대의 콘텐츠 소비 패러다임이다.

▶ 언택트 시대에는 콘텐츠 이용으로 힐링 ⓒgettyimagesbank

4. 힐링 사회의 미래와 조건

노동 뒤의 휴식이야말로 가장 편안하고 순수한 기쁨이다.
- 임마누엘 칸트

여가와 행복사회학

3월 20일은 세계 행복의 날이다. UN 자문기구인 지속가능개발해법네트워크(SDSN)의 2021년 행복조사 결과에 따르면, 우리나라의 2020년 행복 순위는 조사 대상 95개 국가 중에서 50위를 차지했고, 최근 3년간(2018~2020년) 합산 순위에서는 149개 국가 중에서 62위를 차지했다.

행복 순위 1위는 4년째 핀란드가 차지했다. 그 뒤로 아이슬란드, 덴마크, 스위스, 네덜란드, 스웨덴, 독일, 노르웨이, 뉴질랜드, 오스트리아가 10위 안에 들었다. 트럼프 대통령의 재선을 두고 분열과 대립이 심했던 미국은 14위, 코로나로 국가 기능이 상당 기간 마비됐던 이탈리아는 25위를 기록했다. 동아시아 국가 중에선 대만이 19위로 순위가 가장 높았고, 일본은 40위, 중국은 52위, 홍콩은 66위에 올랐다.

2012년부터 매년 같은 항목으로 조사하고 있는데, 조사 항목은 매년 해당 국가의 1인당 국내총생산(GDP), 기대수명, 사회적 지지, 관용, 내 삶을 선택할 자유, 부정부패 등 6개 항목이다. 대한민국은 기대수명과 GDP에서는 비교적 상위권을 차지하지만, 나머지는 하위권이다. 특히 내 삶을 선택할 '자유' 부분은 최하위권에 머물러 있다. 우리 사회의 지난 3년간(2018~2020년) 내 삶을 선택할 자유 평균 순위는 148개 국가 중 128위였다. 우리 바로 위에는 아프리카의 짐바브웨, 콩고, 세네갈 등이 있고, 바로 아래에는 이란, 이라크, 예멘 등이 있다. 대한민국의 행복 평균 순위를 결정적으로 낮추고 있는 부분이 바로 '내 삶을 선택할 자유'라는 항목이다.

흔히, 여가(餘暇)를 일이나 공부하는 시간에서 벗어난 자유로운 시간으로 정의하는데, 여가라는 말부터 바로 세울 필요가 있다. 레저(leisure)의 사전적 정의에 따르면 단순히 노는 시간, 즐기는 시간이 아니라 '보람된 일을 할 수 있는 자유 시간'을 의미한다. 레저를 일과 생산을 위한 남는 시간, 망중한의 여가(spare time)로 번역해 쓴 것은 일제의 통치하인 1924년이다. 우리는 이 오역된 말을 그대로 수입하여 지금껏 틀리게 쓰고 있다. 분명 보람된 일을 위한 자유시간이면 이건 여가라기보다 진짜 우리 삶의 본가(本暇)이며 여유(餘裕)라는 말이 더 적합할 것이다.

서구인들에게 일하는 목적을 물으면 행복한 레저를 얻기 위해서라고 한다. 1일 3분법에서, 즉 24시간 중 8시간은 노동시간, 8시간은 수면시간 등 생활에 필요한 시간이라면 나머지 8시간은 바로 레저시간이 되는 셈이다. 이 시간이야말로 풍요로운 여유의 시간이요, 사람의 시간으로 정의할 수 있다.

대체로 레저생활은 3가지 유형으로 구분가능하다. 우선, 일상적 레저시간으로 TV, 영화, 연주, 음악 감상, 게임, 놀이, 스포츠, 독서, 잡담, 대화 등이 있을 수 있고, 주말 레저시간으로 등산, 여행, 낚시, 캠핑, 각종 클럽활동모임 등이 있으며 휴가시간으로 연 1회 또는 2회 이상 휴가, 1~2주 또는 4주 이상의 바캉스 등이 있다. 이 같은 유형의 레저생활은 이미 의식주와 같이 사람에게 감정과 정서의 밥처럼 필요불가결한 인간 본능이요, 사회 본능이라고 할 수 있다. 그래서 레저는 사람에게 매우 중요하며 장차 우리 삶 속에서 점점 중요해질 것이라는 전망이다.

하지만 아직도 우리의 레저시간은 오락이나 스트레스를 해소하는 것이며 먹고, 마시고, 쉽게만 살려고 하는 레저관이 다분하다. "나는 소비한다, 고로 나는 존재한다"는 식으로 과소비와 낭비를 하거나, 휴가는 무조건 꼭 어디를 가야 하고, 또 무조건 밖으로 나가되 산, 바다, 명소와 같은 전통적인 장소에 몰리는 인파며 여기에다 대중교통의 이용보다 자가용을 끌고 가는 행렬 등의 부조리는 레저가 아니라 탈진이며, 휴식이 아니라 노동의 연장인 셈이다.

주거지와 도심을 전전긍긍하는 '현대적 유목민'에 대한 프랑스식 모토는 "자동차-지하철-일-술집-잠자리"로 표현된다. 사람지향형이어야 할 도시가 '차량지향형 도시'가 되면서, 사람과 자동차, 산업의 과밀은 '레저생태학(Leisure Ecology)'의 지형을 바꾸어 놓았으며, 도시 면적의 1/2~1/3이 도로나 주차장이 되고 말았다. 그래서 여기서(here) 잃은 것을 거기서(there) 찾으려고 도시를 떠나는 탈도시현상이 일어나기 시작했다.

도시인들은 일에서 얻지 못하는 정서적 욕구가 레저란 이름의 소비, 식욕과 성욕의 원색적인 충동으로 소진되든지, 과시적이고 표피적이고 반사회적 표현방식으로 분출되는 사례가 많다. 그들은 대체로 일에 포로가 되고 컴퓨터 시대에 시간 기근이라는 시간의 수인(囚人)이 되어 바쁘게 뛴 결과 삶의 양은 얻었지만 '삶의 질'은 형편없이 떨어지고 말았다. 그래서 그들은 경제적 여유에서는 다소 해방되었지만 '정신적 여유'의 빈곤이란 새로운 정신적 보릿고개로 고통을 받고 있다. 산업혁명으로부터 온 레저붐은 고도 산업사회에서 역설적으로 레저가 박탈되는 묘한 아이러니에 빠진 셈이다.

레저에 있어 제1차적 의미는 마음의 태도 내지는 영혼의 조건으로 레저 상태는 시끄러움이나 수다스러움이 아니라 내적 잠잠함, 고요한 상태를 의미한다. 작게, 좁게 보는 미세한 환경에서 생각을 크게, 넓게, 높게 하는 깨달음, 인식범위의 확대가 일어난다. 육체노동으로부터 해방되어 레저를 즐길 수 있게 되면 사람들은 자연스럽게 자신의 존재에 대한 철학적 물음을 묻게 된다.

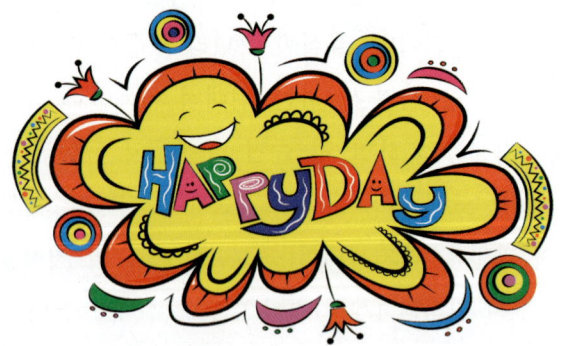

▶ 여가는 '자유의 정신'을 북돋워 행복에 이르게 한다. ⓒPixabay

이 존재의 상태나 내재적인 만족의 경지에서 볼 때 레저는 자유의 시간(free time)이라기보다 자유의 정신(free spirit)이다.

산업혁명 이후 '일'이 인간의 삶을 지배하도록 허용해 온 것은 미친 짓이며 우리 스스로가 자신의 시간을 지배하기를 바라는 우리는 느리게 살 자유를 원한다고 외쳤다. 그 실천 중의 하나가 슬로시티 운동이다. 유독 인간만이 자연이 정해준 시간에서 벗어나 있다. 자연 본래의 속도를 찾는 게 행복이다.

누군가는 "모든 노동은 기계가 대신하고, 인간은 유희에만 전념하는 시대가 올 것"이라 예측한다. 아직 그런 세상은 먼 미래의 유토피아처럼 보인다. 하지만 최근 놀이에 대한 관념이 바뀌고 있는 것만큼은 분명하다. 일을 더 잘하기 위해서는 잘 쉬고 잘 놀아야 한다는 인식이 상식으로 굳어지고 있으니 말이다. '노잼'이 타도의 대상이 된 시대다.

놀이가 생산적 에너지의 원천이자 상상력을 자극하는 행위임을 인정하는 세상이 됐다. 동서고금을 막론하고 놀이는 모든 문화의 원형이다. '사라짐'은 놀이의 가장 원초적 형태로, 다양하게 변주되어 향유되고 있다. 이를테면 '무궁화꽃이 피었습니다'나 '숨바꼭질' 등이 그러하다. '무궁화꽃이 피었습니다'에서 아이들은 술래가 돌아보기 전까지 자세나 위치를 바꾸고, 술래가 돌아보는 찰나 움직임을 멈춘다. 놀이를 하는 동안 아이들은 술래에게 가까이 접근하기 위해 영민하게, 때로는 대담하게 생각의 나래를 펼친다. 숨바꼭질을 하는 아이들도 어떻게 하면 들키지 않고 오래 숨어 있을지에 대해 나름대로 창의력을 발휘한다. 속임수임을 알면서도 매번 보는 이들을 흥분시키는 마술은 사라짐 놀이의 최상급이라 할 수 있다. 마술이 시시하지 않으려면 크리에이티브가 발현돼야 함은 당연하다.

요한 호이징가(Johan Huizinga)가 〈호모 루덴스〉에서 인간의 속성을 '놀이하는 인간'으로 규정한 것은 1938년의 일이다. 그는 놀이가 시간을 낭비하는 것이라는 그간의 통념을 뒤집고, 문화적 창조력의 근원임을 주장했다. 그로부터 거의 한 세기 가까이 돼서야 인류는 스스로가 놀이를 통해 성장해 왔음을 자인했다. 놀이는 재미와 동의어인 동시에 심리학적으로는 창의력과 동의어이다. 그래서인지 자신의 삶에서 재미를 잘 찾는 사람과 그렇지 못한 사람은 창의성에서 큰 차이를 보인다. 예컨대, 테슬라의 엘론 머스크가 2024년까지 화성에 사람을 보내겠다는 프로젝트를 진행하고 있는 모습을 보고 있노라면, 성공 여부와 무관하게 적어도 그가 상상력을 발휘하며 재미있게 살고 있다는 생각이 든다. 그리고 대부분의 과학적 성취는 수학과 물리학을 놀이처럼 즐긴 몇몇 괴짜들 덕분이다.

흥미로운 점은 한국인이 놀이에 특화된 측면이 있다는 것이다. 셋만 모이면 화투판을 까는 우리는 자고로 잘 '놀아 왔다'. 호모 루덴스의 전형이라 하겠다. 감자를 캐다가 부르던 노동요, 약장수와 사물놀이패, 각종 민속놀이, 샤머니즘까지가 한국인의 유전적 형질에 포함된 놀이의 흔적이다. BTS를 위시한 K-Pop이나 대중예술 분야의 한류 열풍도 그런 DNA 덕분일 것이다. 확실히 "노세 노세 젊어 노세"를 외쳤던 조상들은 선견지명이 있었던 것이다. 산업혁명 이후 신성한 노동을 해치는 빌런 취급을 받던 놀이는 이제 시간이 갈수록 더욱 주목받을 것이다.

행복한 생활의 의미

일상생활에서 시간과 돈의 부족 현상이 만성화되고 있는 가운데, 이런 현상이 현대인의 소비생활에도 적지 않은 영향을 끼치고 있다. 사회 전반적으로 경제적인 여유가 없는 삶이 지속되고 있다. 일상적으로 돈이 부족하다는 것을 체감하고 있는 소비자들은 교육비와 생활비 등 꼭 써야 하는 비용이 점점 많아지고, 물가가 비싸다고 생각한다. 의식주 등 기본적인 소비생활에 부담감을 느끼는 소비자들이 많다. 이와 함께 미래가 불확실하다고 느끼는 부분도 돈의 부족함을 느끼게 만드는 중요한 요인이다. 그 다음으로는 사고 싶은 것이 많고, 경험하고 싶은 것이 많은데 하지 못할 때 돈의 필요성을 체감하는 사람들도 적지 않다. 주로 젊은 세대들이 자신이 사고 싶고 경험하고 싶은 것들을 구입하거나, 즐기지 못하는 경우 경제적인 여유가 없다는 것을 안타까워한다.

소비자들이 부족하다고 느끼는 것은 비단 '돈'만이 아니다. 많은 사람들이 일상생활에서 '시간' 부족 현상을 체감하고 있다. 시간 부족 현상 역시 만성화되고 있다. 특히 젊은 세대가 시간이 부족하다는 것을 '매우 자주' 경험한다. 또한 평소 돈이 부족하다는 것을 많이 느낄수록 시간 부족도 '매우 자주' 경험한다. 경제적인 여유가 많을수록 시간적인 여유도 많은 반면 경제적으로 어려움을 많이 느낄수록 시간적으로도 어려움을 겪게 되는 상황들이 많이 발생하는 것이다.

평소 시간이 부족하다고 느끼는 소비자들은 그중에서도 '여가 시간'에 대한 갈증이 큰 것으로 분석된다. 가장 부족한 시간의 유형은 잠을 자거나, 식사를 하는 등 최소한의 생활을 유지하기 위해 필요한 '필수시간'과 학업과 직장생활 등 사회적인 의무를 위해 활동하는 '의무시간'보다는 개인이 자유로운 활동을 할 수 있는 '여가시간'이다. 실제로 최근 여가시간에 대한 갈증이 점점 커지고 있다. 또한 일과 삶의 균형을 뜻하는 '워라밸'이 사회적으로 중요한 가치로 부각되고 있는 흐름 속에서 정작 본인은 그렇게 살지 못하는 현실을 비교해 상대적 박탈감을 느끼는 경우가 많을 것이다.

현대인의 삶 속에서 물질적 가치보다 자신을 위한 시간을 중요하게 여기고, 시간에 대한 가치와 민감성이 높아진 시간민감성의 시대가 본격적으로 도래하고 있음이다.

역설적으로 현대인들은 물질이 풍요로운 시대를 살고 있으면서도 시간 부족이라는 새로운 빈곤 문제가 부상하고 있음이다. 과거 어느 때보다 사람들은 시간에 대한 기회비용을 보다 가치 있고 민감하게 받아들이고 있다. '시간이 금이다'라는 말이 매우 당연스럽게 여겨지고 있다는 것이다.

일상생활에서 시간부족 인식이 높아지면서 자신을 위한 여가시간을 확보하기 위한 청소, 요리 등 가사를 대행하는 제품 및 서비스 소비에서 행복감을 만끽하는 경우가 많다. 이는 곧 삶에서 물질적 가치보다 자신을 위한 시간을 중요하게 여기기 시작했다는 의미이기도 하다.

또한, 한국사회에서 노동에 대한 인식이 바뀌면서 좋은 직장의 기준도 일과 삶의 균형을 의미하는 워라밸(Work and Life Balance)이 중심이 되고 있다. 적당히 벌고 아주 잘 살기를 희망하는 워라뺄세대에게 일과 여가활동의 균형을 유지하는 것만큼 중요한 것은 없다.

흔히 행복한 생활을 구성하는 요인은 '규칙적으로 즐거움을 경험하는 것(the pleasant life)', '만족스런 활동에 고도로 몰입하는 경험을 갖는 것(the engaged life)', '보다 큰 세계와 관계를 맺고 있다는 인식을 경험하는 것(the meaningful life)', '균형 있는 생활을 하는 것(the balanced life)'을 포함하게 된다. 각각을 정리한 내용은 다음과 같다.

- 즐거운 삶(the pleasant life)
  - 규칙적으로 즐거움을 경험하는 것으로, 쾌락이론(Hedonism theory)에 기반
  - 행복은 원초적이고 주관적 느낌으로 기쁨을 최대화하고 고통을 최소화하는 것
  - 즐거운 사건이나 행동을 의도적으로 만들어 생활 속에서 습관화함으로써 가능
- 충실한 삶(the engaged life)
  - 자신이 원하는 것을 얻는 것으로, 욕망이론(Desire theory)에 기반
  - 기쁨이 아닌 만족감에 초점
  - 진정한 행복을 찾고 싶다면 자신이 참여하는 활동에서 의미를 찾아야 함. 또한 행복은 우리가 마지막에 느끼는 감정이지 어떤 활동에 참여하고 있을 때 느끼는 감정이 아니고 참여로부터 오는 결과적 감정

- 행복은 활동을 통해 얻게 되는 몰입경험으로부터 오는 감정 상태
- 인간의 삶에서 즐거움에 넘쳐 행위 자체에 완전히 몰두한 최적의 경험 상태에서 행복을 경험할 수 있으며, 이는 재미를 수반한 활동을 통해 가능
- 의미 있는 삶(the meaningful life)
  - 가치 있는 어떤 것을 추구하면서 얻게 되는데, 객관주의(Objective List theory)에 기반
  - 행복은 특정한, 그리고 좀 더 객관적인 요소들로 구성되는데, 예컨대, 경력, 성취, 우정, 질병 및 고통으로부터의 자유, 아름다움, 교육, 사랑 등의 가치로부터 찾을 수 있음
  - 의미 있는 삶을 위해서는 자신의 뛰어난 장점(Signature Strengths)이 무엇인지를 찾아야 하며 자신의 일과 가족, 놀이와 일상의 다른 부분을 어떻게 적용시켜야 하는지 알아야 함
  - 자기 자신의 삶에 무엇이 '좋은 삶'을 만드는지, 어떤 것이 중요한지 생각하고 분석
  - 공동체의 유익성이나 이타성을 통한 만족에서부터 경험할 수 있음
- 균형 잡힌 삶(the balanced life)
  - 앞의 3가지 행복이론들의 종합으로 어느 한쪽으로 치우치지 않고 균형을 잡아야 더 행복하고 좋은 삶이라는 균형이론(balance theory)에 근거
  - 인간은 다양한 영역을 통해 인간발달의 완전한 욕구체계를

충족할 수 있는데, 이때 균형 잡힌 역할체계를 이룬 사람
이 행복하다는 가정
- 인생의 최고 가치를 돈보다는 여가, 가족, 종교를 중시하는
사람의 행복도가 높다는 연구결과를 통해 뒷받침

'나홀로족'의 증가와 함께 공고해지는 '1인 체제'

일상생활에서 다양한 활동들을 혼자서 하는 '1인 체제' 현상이 사회 전반에 걸쳐 보다 공고해지고 있다. 최근 혼자서 하는 경우가 예전보다 많아졌다고 느끼는 활동으로는 혼자서 밥을 먹는, '혼밥'이다. 혼자서 '쇼핑'을 하고, '운동'을 하고, '산책'을 하는 경우가 예전보다 많아졌다고 느끼는 사람들도 상당히 많은 편이며, 혼자 '미용실'에 가고, '영화'를 보고, '커피전문점'을 찾는 경우가 많아졌다. 전반적으로 여성 및 젊은 층을 중심으로 혼자서 하는 활동이 많아지고 있다.

사회 전반적으로 '나홀로 활동'의 비중이 커지고 있는 모습은 일상생활에서 쉽게 체감할 수 있다. 가장 보편적인 나홀로 활동인 '혼밥'을 매우 익숙하게 느끼고 있다. 평소 식당을 10번 방문할 때 평균적으로 3.2회는 혼자 가서 식사를 하고 있으며, 점심시간을 기준으로는 일주일에 3회 이상 '자주' 혼밥을 하는 사람들이 10명 중 4명에 이를 정도다. 이미 우리 사회의 일상적인 풍경이다.

혼자서 밥을 먹는 가장 큰 이유는 누군가와 함께 먹을 수 있는 상황이 되지 않기 때문이다. 다른 사람들과 함께 밥을 먹는 것이 번거롭고, 밥을 먹을 때만큼은 주변의 눈치를 보고 싶지 않다는 이유로도 혼밥을 하는 경우가 적지 않지만, 근본적으로는 서로 바쁜 일상과 다른 생활패턴 속에서 어쩔 수 없이 혼자서 끼니를 해결해야 하는 상황들이 많다. 평소 원하지 않는 사람들과 식사를 해야 하는 경우가 결코 적지 않은 것도 차라리 혼밥을 원하는 이유로 볼 수 있다.

혼자서 영화를 보거나, 술을 마시는 사람들도 쉽게 찾아볼 수 있다. 혼자서 영화관에 가는 것이 매우 흔한 현상으로 인식되며, 혼자서 술을 마시는 경우도 흔하다. 혼밥뿐만 아니라 '혼영'과 '혼술' 역시도 일생생활에서 쉽게 볼 수 있는 자연스러운 활동이 된 것이다. 혼자 영화를 보거나, 술을 마시는 가장 중요한 이유는 혼자서 조용히 시간을 즐기고 싶다는 것으로, 혼자 밥을 먹는 것에 비해 훨씬 자발적인 성격이 강하다. 타인에 의해 방해를 받지 않고, 영화감상 및 음주를 즐기고 싶어 하는 사람들이 생각 이상으로 많다.

'나홀로 활동'은 비단 혼자서 밥을 먹고, 영화를 보고, 술을 마시는 정도에만 그치지 않고, 소비활동과 인간관계에 이르기까지 사회 전반에 걸쳐 확대되는 모습이 뚜렷하다. 이른바 '1인 체제'

▶ '혼자 놀기'를 즐기는 사람들 (유튜브 갈무리)

현상이 점점 공고해지고 있다. 자신이 원하는 시간과 장소에서 원하는 계획하에 쇼핑을 하고 싶다는 생각이 크기 때문인 것으로 보인다. 또한 혼자서 옷을 살 때 더 꼼꼼하게 따져서 사게 되고, 돈을 덜 쓴다고 느끼는 것도 혼자 쇼핑을 하는 이유다. 함께 쇼핑을 가는 사람에 대해 신경을 쓸 필요가 없이 자신이 원하는 대로 마음껏 쇼핑을 즐길 수 있다는 것이야말로 나홀로 쇼핑을 선호하는 이유인 것이다. 한편 전반적으로 쇼핑시에는 가급적 직원과의 대면접촉을 피하고자 하는 성향이 크다. 대다수가 의류매장에서 옷을 고를 때 점원이 말을 거는 것이 불편하다고 생각하는 것이다.

이렇게 다양한 활동들을 '혼자서' 하려는 태도가 전반적으로 강해진 데는 인간관계에 대한 '피로감'도 어느 정도 영향을 끼친 것으로 보인다. 평소 인간관계가 촉발하는 피로감이야말로 사람들로 하여금 개인적인 시간을 보장받고 싶어 하고, 다양한 활동을 혼자서 즐기고 싶어 하는 태도를 강하게 만든다고 볼 수 있다. 젊은 세대일수록 평소 인간관계에 대한 부담감을 많이 느끼는 경향이 뚜렷하다. 또한 주변 사람들이 어떻게 사는지 별로 궁금해하지 않는 사람들도 많은 편이다. 특히 회사 내 인간관계에 피로감을 느끼는 사람들이 많을 것이라는 예상도 충분히 가능하다.

형식적인 인간관계에 피로감을 많이 느끼는 현대인들은 그렇기 때문에 자신만의 시간을 갖고자, '나만의 공간'인 집에 머무르려는 욕구가 강할 수밖에 없다. 사회생활이 많은 현대인들에게 집은 타인들을 피할 수 있는 안락한 도피처다. 집이 지친 일상을 달래는 쉼터이자, 피곤한 인간관계로부터의 도피처 역할을 하는 것이다. 집에 돌아오면 가족들과 함께 이야기하고, 대부분의 시간을 함께 보낸다는 사람들만큼이나 가족들과 떨어져 혼자 있을 때 마음이 편한 경우가 많다고 말하는 사람들을 쉽게 찾아볼 수 있다.

혼자만의 시간, 자발적 고독의 가치

불과 한 세대 이전만 해도 다른 사람에게 연락할 방법이 없어 공중전화를 찾아다녔다. 하지만 지금은 기다리거나 애써 노력하지 않아도 타인과 끊임없이 대화할 수 있다. 문제는 원하지 않을 때조차 타인과 연결상태로 있게 된다는 점이다. 그래서 현대인들은 부쩍 '자발적 고독'을 필요로 하고 있다.

초(超)연결 시대를 살아가는 현대인들에게 '고독'은 어떤 가치를 가지는가.

사람은 사회적 동물이라서 타인과의 소통, 공감, 이해, 유대감이 행복의 큰 부분을 차지한다. 하지만 정보와 인간관계가 과잉되면 점점 자신이 원하는 방향으로 통제할 수 없게 된다. 삶에 끌려가는 느낌이 들고, 불안해지고, 답답해진다. 자신의 안으로 스며들 수 있는, 집중할 수 있는 시간을 찾게 되는데, 'tmi', '관태기' 등 현대인의 자발적 고립에 대한 욕구를 표현하는 신조어도 등장했다. 전자는 너무 많은 정보에 대한 거부감을 드러내는 말이고, 후자는 얕고 넓은 인간관계에 권태를 느낀다는 의미이다. 이러한 자발적 고독은 타인에 의한 '고립'이나 '단절'과는 구분된다.

남에 의해서 강제적으로 혼자 고립되면 외롭고 소외감을 느낄 것이고, 이는 불행에 가깝다. 하지만 스스로 선택한 자발적 고독은 불필요한 것들을 정리하고, 내가 하고 싶은 것을 마음껏 할 시간을 준다. 이는 행복에 가깝다. 자발적 고독과 고립은 비슷한 모습으로 보이지만 정반대의 의미를 가지는 것이다. 하지만 자발적으로 확보한 고독의 시간이 부정적으로 작용할 수도 있는데, 자

첫 '반추사고' 또는 '침투사고'에 빠지지 않도록 경계해야 한다. 과거에 저질렀던 후회스러운 일들을 끊임없이 반추하거나, 미래에 대한 불안과 회의가 머릿속에 침투해 들어오면 힐링을 위한 자발적 고독의 시간이 되레 고통으로 변할 것이다. 처음 의도한 것처럼 혼자만의 시간을 통해 휴식과 치유를 얻으려면 건설적이고 긍정이 넘치는 '성찰적 사고'를 취해야 한다.

혼자 고독을 즐긴다는 이야기를 들으면 항상 홀로 있는 외톨이의 모습을 떠올리기 쉽다. 하지만 실제로는 그렇지 않은데, 하루의 일과 중 일정 시간을 혼자 보내며 심리적 안정을 확보한다면 오히려 대인관계에도 도움이 된다. 자신의 내면을 들여다볼 줄 알고, 정신적으로 여유가 있는 사람이 타인을 더 잘 헤아리고 배려하는 사고력을 갖게 되기 때문이다.

자발적 고독을 즐기기에 가장 효과적인 활동은 무엇일까? 특별한 비용이나 노력을 요하지 않는, '명상'을 하는 게 가장 도움이 된다. 쉽게 말해 '멍 때리는 것'이 가장 좋다는 말이다. 아무 것도 생각하지 않는 멍한 상태, 몽상에 빠져 둥둥 떠다니는 상태가 가장 생산적인 상태이기 때문이다. 우리 뇌에는 아무런 인지 작용을 하지 않는 휴식 상태에서 활성화되는 부위가 있다. 바로 전전두엽, 측두엽, 두정엽인데, 의학

▶ 인간관계의 피로감에서 탈피, 나홀로 활동을 즐기는 사람들이 늘고 있다. ©Pixabay

용어로는 이 부위를 '디폴트 모드 네트워크', 줄여서 DMN이라고 부른다. 이 부위는 기억을 저장하는 뇌의 활동을 도와준다. 뿐만 아니라 뇌과학계에서는 DMN이 활성화되면 창의성이 생겨나며 특정 수행 능력이 향상된다는 연구 결과가 꾸준히 발표되어 왔다. 미국 코넬대학교의 연구팀의 실험이 대표적인 사례이다. 연구팀은 사람들에게 유명인사와 평범한 일반인의 얼굴 사진들을 차례대로 보여주었다. 그리고 현재 보고 있는 사진이 바로 전 단계에서 보았던 사진과 동일 인물인지 맞히게 했다. 'n-back' 테스트라고 불리는 이 테스트의 결과, 대부분의 실험 참가자들은 DMN이 활성화됐을 때 유명인의 얼굴을 빠르고 정확하게 일치시켰다. 멍하게 있을수록 집중력과 작업 수행이 날렵해진다는 사실을 밝힌 것이다.

멍 때리기 이외에도 혼자만의 고독을 활용하는 좋은 방식은 바로 '유도된 심상(guided imagery)'을 즐기는 것이다. 상상을 통해서 심신을 이완시키고 고요한 몰입상태를 유도하는 건데, 가령 오후 2시쯤 창문으로 환하고 따듯한 햇살이 비추는 장면, 흔들의자에 편안하고 아늑하게 앉아 있는 모습, 바닷가에서 산책하면서 청량한 공기를 쐬고 있는 느낌을 상상하는 것이다. 스트레스를 조절하고 마음을 정리하는 등 강력한 치유효과를 낼 수 있다고 한다.

너무 많은 정보와 쉴 새 없이 많은 사람들과 마주쳐야 하는 현대 사회다. 바쁘게 살아가는 와중에도 반드시 필요한 것을 꼽자면 스스로에게 '나는 지금 건강한가?'라고 자문해 보는 것인데, 매일 짧은 시간이라도 좋다.

일과 삶의 균형, 워라밸

일과 삶의 균형이란 일과 일 이외의 영역, 예컨대 가족, 여가, 자기계발 등에 시간과 심리적·신체적 에너지를 적절히 분배함으로써 삶을 스스로 통제하고 조절할 수 있으며, 이를 통해 삶에 대해 만족스러워하는 상태를 의미한다(김정운 외, 2005).

현대 사회에서 일-여가 관계 연구의 대표적인 모델은 크게 두 가지로 구분해볼 수 있다. 우선 미국의 사회학자 윌렌스키(Harold Wilensky)는 일-여가 관계를 전이모델과 보상모델로 구분하고 있다. 전이모델은 여가행동이 일 경험에 의해 영향을 받는 것으로, 근로자들은 그들의 일이나 임무와 관련된 활동과 유사한 특성을 갖는 여가활동에 참여한다는 이론이다. 반면, 보상모델은 일에서는 만족할 수 없었던 욕구를 만족시킬 수 있는 다른 분야의 여가활동에 참여한다는 것이다. 윌렌스키의 영향을 받은 파커(Stanley Parker)는 일-여가 관계를 확장모델, 대립모델, 중립모델로 구분한다. 확장모델은 일과 여가가 명확히 구분되지 않으며, 자발적으로 선택한 여가활동의 행동체제는 직장체제와 유사하다. 대립모델은 일과 여가가 분명하게 구분되고, 자발적으로 선택한 여가활동의 행동체제는 일 경험과는 전혀 다르다. 중립모델은 일과 여가 사이의 인과관계가 확인되지 않는 영역이다(Rojek, 2004).

고대 사회에서 일(work)은 슬픔, 고통, 상처의 의미를 담고 있었다. 일과 여가의 의미는 사회의 계급적 구조에 뿌리를 박고 있었다. 노예 계급은 일을 하는 계급이고, 귀족 계급은 여가를 누리는 계급이었다.

근대 종교개혁기에 이르러 일의 의미에 상당한 변화가 발생했다. 종교개혁은 노동을 통한 부의 축적을 정당화시켰다. 막스 베버는 프로테스탄티즘 정신이 근대의 자본주의 경제활동을 장려하고 있다고 보았다. 거기에서 일은 그 자체로 가치 있는 것으로 생각하게 되었다. 그러나 그것은 일의 의미 변화를 가져왔을 뿐 여가의 의미에 변화를 가져온 것은 아니다. 여가는 여전히 노동 주체와 분리된 특권 계층의 전유물이었다.

마르크스는 과학기술의 발달이 노동을 최대한 줄일 수 있으며, 그로 인한 사회적 생산력의 발전은 필요노동시간을 단축하고 노동자들에게 여가시간을 확대시켜 줄 수 있다고 보았다. 그러나 자본주의의 발전은 노동자들을 해방시키는 것이 아니라 목적을 잃은 단순 노동으로 몰아넣었다. 노동자들의 입장에서 보면 마르크스가 주장하는 자본주의 사회 역시 일-여가 관계에서 대립적 관계에 머물러 있게 된다. 그래서 마르크스는 노동자들의 자유와 해방, 여가의 확대를 주장한 것이었다.

이런 관점에서 볼 때, 고대 사회로부터 현대 자본주의 사회에 이르기까지 노동자들은 일-여가 관계에서 대립모델에 머물러 있을 수밖에 없었다. 다만 소수의 귀족층, 자본가들에게만 확장모델이 적용될 수 있었을 것이다.

그런데 최근 4차 산업혁명은 일-여가 관계의 새로운 전환점을 마련해주고 있다. 직업적인 일의 의미는 축소될 가능성이 크며 그 대안으로 '좋은 노동'의 중요성이 커질 가능성이 있다. 일-여가 관계의 확장모델은 이 지점에 이르러서야 가능할 것으로 보인다. 고대 사회로부터 현대에 이르기까지 일의 의미는 각 시대의 사회·경제적 요건의 변화에 따라 변천되어 왔다. 그 과정에서 일과 여가는 일-여가의 대립모델로부터 확장모델로의 변화를 추구해 왔다고 볼 수 있다. 이제 우리 사회는 그런 확장모델로의 변화를 추구할 수 있는 가장 중요한 변곡점에 와 있다(권오상, 2020).

대부분의 직장인들은 한국사회의 노동시간이 너무 많고, 사람들이 일에만 매몰되어 사는 것 같다고 느끼고 있으며, 이로 인해 '일과 삶의 균형'을 뜻하는 '워라밸'이 잘 실현되지 못한다고 생각하고 있다. 직장인 대다수는 평소 퇴근 이후 '개인시간'을 잘 누리지 못하는 삶을 살고 있다.

직장인들의 하루 평균 근무시간(점심시간 제외)은 현재의 법정근로시간(기본 주 40시간, 일 8시간)과 비슷한 경우가 가장 많으나, 여전히 야근을 달고 사는 직장인들도 상당히 많은 편이다. 본인의

▶ 워라밸은 삶을 스스로 통제하고 조절하여 삶에 만족스러워하는 상태를 의미한다.
ⓒPixabay

근무시간이 길다고 느끼는 직장인들이 적지 않다.

전반적으로 한국사회의 노동강도가 세고, 사람들이 일에만 매몰되어 사는 것 같다는 인식이 지배적이다. '삶의 질' 개선을 위해서는 노동시간의 단축이 반드시 필요하다. 다른 한편으로 직장인 대부분은 임금수준에 비해 노동시간이 과하다는 인식을 가지고 있다. 일은 일대로 하면서 충분한 보상은 받지 못한다는 생각으로, 직장생활에 대한 불만이 많을 수밖에 없는 노동환경을 시사한다.

전반적으로 노동시간이 많은 만큼 평소 직장생활을 하면서 느끼는 감정이 대부분 '부정적'인 것도 어쩌면 당연하다고 하겠다. 직장인들이 직장생활을 하면서 가장 많이 느끼는 감정은 피곤함이다. 또한 답답하고, 지겹고, 재미가 없으며, 무기력하고, 귀찮다는 감정도 많이 느끼고 있다. 한국사회의 직장인들에게 회사는 결코 긍정적인 에너지를 주는 공간이 아니라는 것을 보여준다.

이런 노동환경에서라면, '일과 삶의 균형'을 뜻하는 '워라밸'은 좀처럼 이루어지기 어려운 목표일 수밖에 없을 것이다. 한국인의 삶이 워라밸에 가깝다고 생각하는 직장인은 소수에 불과하다. 일과 삶의 균형이 잘 잡혀 있는 직장인들은 그리 많지 않다.

'일과 삶의 균형'이 잘 갖춰진 일상생활을 영위하고 싶은 마음이야 누구나 가지고 있는 공통적인 바람이다. 워라밸이 정착될 경우 개인의 삶과 일의 효율성 측면에서 긍정적인 효과가 있을 것이라는 기대감도 크다. 워라밸이 정착되면, 삶에 대한 애착도 커질 것이며, 일의 효율성도 훨씬 높아질 것이다.

하지만 이런 바람과는 달리 현실적으로 워라밸은 한국사회에서 이뤄지기가 어려울 것이라는 평가가 지배적이다. 직장인 대다수가 우리나라는 '일과 삶의 균형'을 기대하기가 어려운 사회라고 생각하는 것으로, 젊은 세대일수록 부정적인 전망이 강하다. 워라밸은 결국 남의 이야기일 뿐이라고 생각했으며, 그저 배부른 소리에 불과하다는 주장에 동의하는 사람들이 많다. 워라밸이 결코 이뤄지기 힘든 이상향에 가깝다고 생각하는 직장인들이 많은 것이다.

한국사회에서 '워라밸'이 잘 이뤄지기 어려운 이유로는 개인보다는 '일'을 중요시하는 사회적 분위기와 넉넉하지 않은 주머니 사정이 절대적이다. 물론 과도한 노동시간 역시 빼놓을 수 없는 워라밸의 방해 요소다. 낮은 임금 수준과 지나친 경쟁, 고용에 대한 불안감, 위계질서가 강한 직장문화, 미래준비에 대한 불안감, 성과 중심의 능력평가 등 우리나라의 전반적인 사회 분위기가 워라밸과는 거리가 먼 삶을 만들고 있다.

실제로 워라밸 개념이 도입되어 노동환경 개선을 위한 다양한 정책이 추진되었으나, 여전히 장시간 노동과 낮은 휴가소진율로 워라밸 불균형 현상이 존재하고 있다. 노동시간 최장국가인 한국은 노동환경을 개선하기 위하여 정부 차원에서 '주 5일제', '주 52시간 근무제' 등을 도입하였으나 현재 효과는 미비한 상태이다. 2017년 기준 한국 근로자들은 연간 2,024시간의 노동시간을 소화하고 있다. 이는 OECD 국가의 평균 노동시간인 1,746시간보다 278시간을 초과하였으며, 법정노동시간 기준으로 보면 35일, 즉 한 달 반을 더 일했음을 의미한다.

이와 같은 노동과다현상을 개선하고자 2004년 주 6일 근무에서 주 5일 근무가 시행되었고, 2018년부터 주당 법정근로시간을 68시간에서 52시간으로 단축하는 일명 '주 52시간 근무제'를 사업체 규모별로 단계적으로 도입되고 있다. 하지만 우리나라 기업의 70%를 차지하는 5인 미만 사업체는 제외되고 있어서 모든 사업체를 대상으로 근무시간을 강제하고 있지는 못한 실정이다.

문화체육관광부의 2020년 국민여가활동조사 결과에 따르면, 여가시간이 늘어나고 있으며 비대면 여가활동 및 혼자서 하는 여가활동이 크게 증가하는 특성을 보인다.

여가 유형을 보면, '휴식활동'과 '취미오락활동'이 대부분을 차지한다. '사회 및 기타활동', '스포츠 참여활동'은 저조한 수준이다.

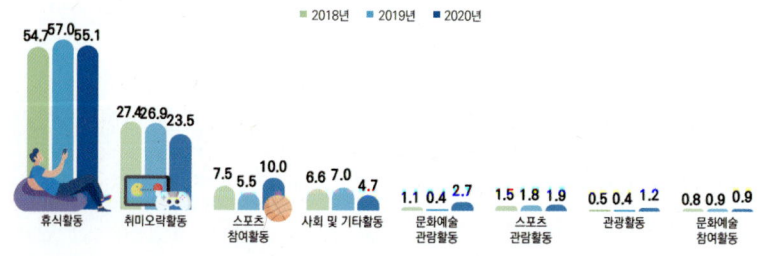

▶ 가장 많이 참여한 여가활동 (단위 : %, 1순위 기준, 2020 국민여가활동조사)

세부 여가활동으로는 'TV 시청'이 가장 높게 나타났으나 이는 매년 감소하는 추세이다. '산책 및 걷기'가 증가하는 점에 주목할 만하다. 실제 만족도 조사결과, '산책 및 걷기'활동의 만족도가 높게 나타나고 있다.

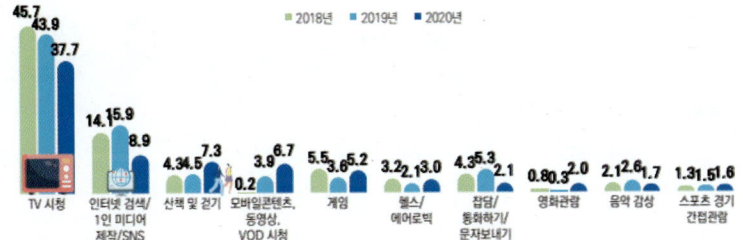

▶ 주 여가활동 (단위 : %, 1순위 기준, 2020 국민여가활동조사)

여가활동의 목적은 '개인의 즐거움을 위해'가 가장 높으며, 다음으로 '마음의 안정과 휴식을 위해', '스트레스 해소를 위해' 등이 높은 비율을 보였다.

▶ 우리 국민의 여가활동 목적 (단위 : %, 2020 국민여가활동조사)

자신의 여가생활에 대한 만족도를 물었을 때, 52.5%가 자신의 여가생활에 대해 만족하고 있다고 응답했다.

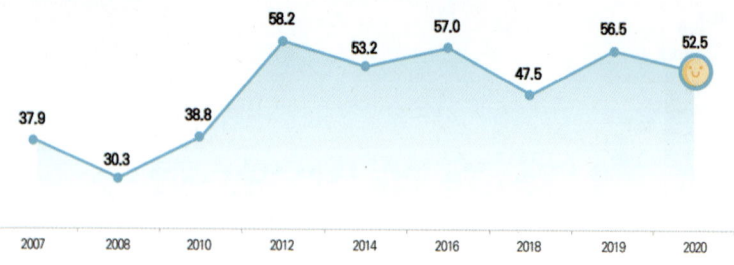
▶ 우리 국민의 여가생활 만족도 (단위 : %, 2020 국민여가활동조사)

자신의 여가생활에 대해 만족하지 않는 경우 주로 '시간이 부족하여', '경제적 부담 때문에' 등의 이유로 불만족하는 것으로 나타났다.

▶ 여가생활 불만족 이유 (단위 : %, 2020 국민여가활동조사)

일과 삶의 융합(조화), 워라인

최근 '워라밸(work-life balance, 일과 삶의 균형)' 대신에 '워라인(work-life integration, 일과 삶의 통합)'이 주목받고 있다. 업무와 삶을 구분하는 것보다 일과 삶을 융합하는 것이 개인과 조직 모두에 유익하다는 것이다.

워라인이 주목받는 이유는 Y세대와 Z세대의 차이에서 출발한다. 이들의 공통적 특징은 업무에 대한 '의미', '의욕'과 같은 요소를 중요시하고, 배우고 성장하려는 욕구가 강하다는 것이다. 한마디로, 끊임없는 자기계발과 성장 욕구가 이들의 특징이라고 할 수 있다. 특히, 일과 삶의 균형을 맞추는 '워라밸'을 추구하던 Y세대에 비해, 카페에서 공부하고 메일도 쓰고 친구랑 수다 떨며 자란 Z세대는 일과 삶이 통합되어 시너지를 내는 '워라인'을 기대한다. 이들이 추구하고자 하는 '워라인'은 일에서 느끼는 성취와 성장이 삶의 동력이 되고, 다시 행복한 삶이 고성과를 창출하는 상호보완적 삶의 형태를 말한다.

Z세대가 아니더라도 직장인의 현명한 자기성장 및 자기계발 전략 역시, '워라인'에 답이 있다. 우리는 하루의 3분의 1을 회사에서 보낸다. 따라서 일과 삶을 분리하기보다는, 현재의 일에서 자신의 경쟁력을 높이고 미래를 찾는 것, 즉 '워라인'이 가장 현명한 인생 전략인 것이다. 워라인을 하게 되면, 자신도 성장하고, 회사의 성장에도 일조하는 윈윈관계를 구축할 수 있다. 또한 회사에서 쌓은 역량을 제2의 인생 설계와도 연계할 수 있다. 특히 '4말5초 시대(40대 말, 50대 초면 퇴직을 준비해야 하는 시대)', 직장인의 인

생 후반 계획 역시 '워라인'에 답이 있는 것이다.

Y세대가 일에 침몰하는 아버지 세대를 보면서 환멸을 느꼈고 일과 삶의 균형을 맞추려 했다면, Z세대는 유튜브를 보며 친구와 채팅을 하고 학교 숙제도 하면서 성장한 세대이고 일과 삶의 균형이 아니라 통합을 추구한다는 것이다. '일에서 느끼는 성취와 성장이 삶의 동력이 되고, 다시 행복한 삶이 고성과를 창출하는 상호보완적 삶의 형태'가 그것이다.

워라인은 오히려 워라밸보다 중요하게 보인다. 일과 삶이 통합되어 즐거움을 느낀다면 피할 이유가 없다. 다만 최선을 다하며 즐겁게 일하는 것이 제일 중요한데, 그러기 위해서는 기본적인 조건이 우선 충족되어야 한다. 최저임금도 받지 못하거나 복지가 엉망진창인데 일에서 만족을 느낄 수는 없기 때문이다.

일에만 매진하던 기성세대의 가장 큰 문제는 퇴직하고 나서 큰 혼란을 맞이한다는 것이다. 회사에서 주어지는 일, 해야만 하는 일을 하던 직장인은 이제 모든 것을 혼자 판단하고 결정하고 행동해야 한다. 그렇다면 무엇을 할 것인가. 회사가 없는 개인은 어떻게 살아가야 하는가. 그나마 저축해 놓은 돈이 있다면 여유롭게 취미생활을 즐기며 살아갈 수 있을 것이다. 다만 취미생활을 풍요롭게 하기 위해서는 어느 정도 파고들어야 한다. 남들이 한다고 골프나 등산을 적당히 따라다니는 것으로는 충족감을 얻을 수 없다. 취미도 오락도 삶과 통합이 되어야 한다.

단순한 취미가 아니라 일이라면 더욱더 통합이 필요하다. 몸을 쓰는 단순 노동이 아니라면 일과 삶이 통합되어야만 퇴직 이후의 인생을 풍요롭게 운영할 수 있을 것이다. 즉 자생력이 필요하다.

공직이나 회사원 등 조직에 속해 있는 것이 아니라면 개인의 전문성이 대단히 중요하다. 농사 같은 전통적인 일과 유튜버처럼 첨단의 직종 모두에서 전문성이 요구됨에 따라 일상적으로 자신의 전문성을 키워야 한다.

그런 점에서 단순한 취미나 오락을 넘어서는 치열함이 요구된다. 요즘 말로는 덕질이다. 맛집을 좋아한다면 메뉴의 종류와 재료, 요리법까지 파고들어야 하고, 스포츠를 좋아한다면 해설이 가능할 정도로 심취하는 것이 좋다. 이제는 취미와 오락 같은 일상의 즐거움이 자신의 일로 전환될 가능성이 커지고 있다. 중년 이후의 세컨드, 써드 잡을 원한다면 무엇보다 자신이 즐거운 일을 찾아야 한다.

최근 설문조사들을 살펴보면, 가치와 취향을 존중하는 사회 분위기가 확산되면서 좋아하는 분야에 심취해 그와 관련된 것에 과감히 투자하는 이른바 '덕질'이 새로운 소비문화로 자리 잡고 있음을 확인할 수 있다. 옥션의 2019년 조사결과, 온라인 고객 10명 중 9명은 덕질 경험이 있는 것으로 조사되었다. 과거 덕질은 사회에 잘 어울리지 못하는 사람들이 하는 행동패턴으로 여겨졌으나, 이 설문조사에 따르면, 전체 응답자 중 96%가 '어떤 분야에 푹 빠져 덕질을 한 경험이 있다'고 응답했다. '덕질을 바라보는 당신의 생각'을 묻는 질문에도 77%가 긍정적이라고 답했다. 이는 개개인의 취향에 대한 신념이 높아진 만큼 타인의 취향도 존중하는 소비문화가 자리 잡고 있는 것으로 분석된다. 또한, 참여고객 중 절반 가까이가 덕질에 과감하게 지갑을 여는 소비 형태를 보였다. '덕질을 위한 월평균 지출 비용'으로 '20만원 내외부터 50만

원 이상'의 비율이 전체의 41%를 차지하고 있으며, '덕질을 위한 1회 최대 예산 한도'를 묻는 질문에는 22%가 '비용 상관없다'는 의견을 꼽았다. 덕질이 이제는 어엿한 소비트렌드의 중심이 된 것이다.

유튜브 세대의 워라밸, 갓생 살기

1990년대 중반 이후 출생한 제트(Z)세대 사이에서 '갓생 살기'가 유행이다.

'갓생'은 신(갓, God)과 인생(人生)이 합쳐진 신조어다. MZ세대는 '훌륭한', '모범이 되는' 등의 의미로 '갓'을 접두어처럼 쓴다. 말하자면 '갓생'은 훌륭한 인생, 모범이 되는 인생이다. MZ세대에게 '갓생'은 현실 생활에 집중해 성실하게 사는 삶을 뜻한다. 비슷하게는 '소확성(소소하지만 확실한 성취)', '루틴(routine, 규칙적으로 하는 일의 통상적인 순서와 방법)'을 즐기는 삶이다. 코로나19로 일상과 경제가 무너지면서 불확실성과 좌절감이 크게 다가오지만 성실함과 꾸준함으로 작은 일에 열심히 도전하고 성공의 행복을 맛보자는 뜻이다.

온라인 커뮤니티와 유튜브에 올라온 '갓생 살기' 실천 방법들은 의외로 평범하다. 여름방학이면 꼭 만들어야 했던 하루일과표를 보는 것 같다. 공통점이 있다. 일찍 자고, 일찍 일어나기! 대표적인 '갓생러(갓생+er)'로 〈나의 하루는 4시 30분에 시작된다〉의 저자 김유진 씨를 꼽는 이유이기도 하다. 미국 2개 주에서 변호사 자격증을 취득한 변호사이자 파워 인플루언서인 그는 '하루를 두 배로 사는 습관'으로 새벽 기상을 추천한다. "일찍 일어난 만큼 깨어 있는 시간이 많아졌으니 해야 할 일에 지장을 주지 않고도 하고 싶은 일을 할 수 있다. 갑자기 저녁 약속이 생기거나 야근을 하느라 일정이 변동돼도 포기할 것들이 없다. 아침을 어떻게 활용하는지에 따라 그날 할 수 있는 일과 나에게 주어지는 기회는 달라진다." 훌륭한 인생이든, 소소한 인생이든 누구에게나 하루는 아침부터 시작된다. 그 아침을 어떻게 보내느냐가 하루의 모습을 바꾼다는 것이다.

'갓생러'들은 물질적 풍요나 명예가 따르는 삶을 추구하는 것이 아니다. 낭비하는 시간을 최소화하고, 일상적인 생활습관을 실천한 뒤, 스스로 작게나마 성취감을 느끼는 삶이 갓생이다. 이들의 일과는 거창하지 않다. '일어나자마자 이불 정리하기', '하루에 물 다섯 잔 마시기', '밥 먹고 바로 눕지 않기' 등 기성세대가 "이런 것도 목표냐"고 의아해할 만한 실천이 갓생의 기본 요소다. 소소하지만 확실한 성취감, 즉 '소확성'이다.

갓생러들은 공부나 일, 운동과 같이 자기계발을 위한 생산적인 일도 중요하지만, 지친 마음을 돌보는 일도 중요하게 여긴다. '예쁜 접시에 디저트 담아서 먹기', '좋아하는 노래를 들으며 3줄 일기 쓰기'와 같은 항목이 갓생의 구성 요소에 빠지지 않는 이유다.

이들은 홀로 갓생을 살고 만족하는 것에 그치지 않고 친구들과 서로 갓생을 감시하거나 독려하기도 한다. 이들은 계획한 것을 마

▶ '소확성'에 집중하는 갓생 살기가 유행이다. (유튜브 갈무리)

칠 때마다 종이에 스티커를 붙이는 '해빗 트래커(습관 추적기)' 양식을 이용해 기록하거나, 자기관리 애플리케이션을 이용해 일과를 기록하고 공유한다. 목표를 달성하면 보증금을 돌려받는 앱 '챌린저스', 하루의 할 일을 설정하고 친구들과 공유한 다음 서로 응원을 남길 수 있는 앱 '투두 메이트' 등이 이들 사이에서 인기다.

갓생 살기는 '밸런스'를 중시한다. 단순히 커리어를 위해 자기계발에 전념하는 것과 달리 계획을 세우되 '지킬 수 없음'을 인지한다. 2020년 이후 명상이나 러닝(달리기), 루틴과 리츄얼(나만의 의식) 등 나 자신을 다스리는 라이프스타일이 대두된 것과 마찬가지로 갓생 살기도 내 삶의 기준과 질서를 찾기 위함이다.

갓생 살기에는 '프로젝트'라는 표현이 함께 쓰이는 경우가 많다. 소셜미디어를 통해 연결된 누군가의 삶을 관찰하고 '멋지다'는 영감을 얻는 데서 그치는 게 아니라 그 삶에서 자극을 받아 나도 그 삶을 따라해 보는 '모방'을 추구한다. 남의 갓생 살기 프로젝트를 보고 내가 움직이는 구조다.

그래서 갓생 살기 트렌드에는 '평범함'이 눈에 띈다. 대단히 유별나거나 애초에 범접할 수 없는 영역이 아니다. 아침에 일찍 일어나고, 목표치만큼 책을 읽거나 운동을 한다. 갓생을 살기 위한 내 일상을 보여주니 나와 연결된 평범한 타인이 '힘이 난다'고 댓글을 단다. '갓'생이지만 갓'생'에 좀 더 초점이 맞춰져 있는 것이라 하겠다.

힐링 콘셉트의 허상에 대한 비판

사실 '힐링'은 '치유를 통해 어려움을 조금만 참고 견디면 좋은 시절이 올 것'이라는 '낭만적인 치유'의 의미가 강했다. 또 힐링이 '아프니까 청춘이다'라는 식의 '개인적인 정신승리법'과 비슷한 의미를 가지고 있다는 비판도 제기된다.

힐링의 상업화 문제도 지적된다.

템플스테이, 힐링여행, 힐링관광 이외에도 심리상담과 같이 사람들이 '위로'와 '치유'를 키워드로 내세우는 각종 서비스와 상품들을 열심히 구매하는 힐링산업, 치유산업이 번창하고 있는데, 힐링산업이나 치유산업은 결국 돈을 지불하고 '위로'를 사는 것에 다름 아니라는 비판도 있다.

개인적·심리적인 차원에서 논의되는 힐링 담론의 문제는 힐링의 원인을 개인으로 소급함으로써 사회구조가 도외시된다는 데 있다. 힐링이 사회의 문제를 개인화시킨다는 비판이다. 이는 사람들이 원하는 진정한 치유/힐링과는 거리가 멀고, 사람들로 하여금 치유되었다는 느낌/감정을 갖게 하는 데 불과하다. 나아가 이는 사회구조적 문제를 개인적인 문제로 호도하여 결과적으로 사회적 모순의 해결을 어렵게 만든다는 결과를 초래하게 될 수도 있다.

명상이나 휴식 등의 표현이 무분별하게 힐링으로 대체되는 현상이 발생한다. 핵심은 힐링이 단기적으로 현실의 여러 문제에 직면한 사람의 기분을 풀어주고 정신적 안정을 되찾게 함으로써 다시 생활을 지속하는 데 도움을 줄 수는 있을지언정, 사회구조를 근본적으로 바꾸지도 못하고 그렇다고 현실에서 당면한 여러 물질적 문제를 해결하지도 못한다는 점, 즉 희망고문이라는 점이다.

정부와 기업, 특히 대기업에서 볼 때 기존 질서에 대한 구성원들의 순응적인 태도는 매우 바라는바, 구조적인 모순을 지적하기는커녕 오히려 순응해 살아남기 위해 서로 경쟁하고 노심초사하니 얼마나 좋겠는가. 그러므로 정부와 기업은 자기계발 열풍을 독려하고, 책을 사서 나누어주며, 저자들을 초청해 대규모 강연을 열어준다. 경쟁력 있는 소수의 직원을 한껏 띄워주고 상을 듬뿍 안겨준다. 반면 그러지 못한 자들을 능력 없음을 이유로 가차 없이 잘라버린다. 별나라 이야기가 아니라 요즈음 우리가 주변에서 일상적으로 목격하는 현상이다.

자기계발서는 읽어도 피가 되고 살이 되지 않는다. 즉 마음의 양식이 되지 않는 것이다. 무한경쟁시대를 살아가는 데 필요한 하나의 테크닉, 일종의 기술을 가르치는 것으로 그치고 만다. 그나마 그에 과도하게 집착할 경우 자신의 자아를 끊임없이 무엇인가를 해야 한다는 강박감에 사로잡히게 하는 '시달리는 자아'로 만들고 만다. 자기계발의 연장선에서 이해되는 힐링 담론은 사회적 압박으로 인한 고통을 치유해주는 것이 아니라, 그걸 고통으로 받아들이지 않게끔 한다. 고통의 근원적 치유가 아니라 고통이 아니라고 생각해서 눈을 감아버리게 한다는 것이다. 모든 문제를 '나의 탓', '마음의 문제'로 환원시켜 객관적 상황에 눈을 뜨거나 구조적 모순을 자각하지 못하게 한다. 이러한 처방의 방식은 몸과 마음에 고통이 있을 때 진통제를 사용하는 것과 같다. 그러나 진통제는 상처를 근원적으로 치유하는 것이 아니라 아픔을 잠시 눌러놓을 뿐이다. 모든 문제를 자기 마음의 혹은 자신의 문제로 귀결시키는 것은 잠시 자신의 고통을 잊게 하는 자기위로의 한 방법일 뿐이다. 그리고 이러한 힐링에는 문제를 대면하지 않고 회피하는 정신승리와 같은 나약함과 비겁함 그리고 억압이 동반된다. 진정한 힐링 담론은 구조적 문제까지 고민하지 않으면 안 된다.

힐링이란 상업적 목적에 의해 탄생한 마케팅 용어에 불과하다는 점을 지적하는 목소리도 있다. 힐링을 포함한 미국의 긍정 마케팅 실태를 고발한 다큐멘터리 작가 바버리 에렌라이크는 그녀의 책 〈긍정의 배신〉에서 사회적 문제를 개인적이고 개별적인 문제로 치부하는 이 같은 시선은 자칫 사회적 강요로 작용할 수 있으며, 문제의 본질적인 해결은 외면하고 비과학적이고 신비적인 힘에 의존하게 만든다고 지적한다. 사회적 문제 해결을 위한 공동의 노력과 합의보다 문제를 개인에게 전가하여 결국 갈등을 더 깊게 만든다는 주장이다. 그 배후에는 베스트셀러를 노리거나 기업 교육시장 등을 기대하는 상업적인 의도가 있다는 것이다. 어찌 보면 '소중한 나만의 행복'은 지금의 세상, 기업, TV, 미디어가 바라는 최면제 혹은 마약일 따름이다.

▶ 진정한 힐링, 행복은 무엇인가? ⓒPixabay

상처와 힐링에도 개인

적·사회적 차원이 있다. 사회 단위의 힐링은 대체로 요원하며 당장 이뤄지지 않는다. 그러다 보니 사람들은 사적인 차원에서 힐링을 찾는다. 그러나 구조적인 문제가 힐링 상품의 사적인 소비로 해결될 리 없다. 힐링 상품은 소비의 대가로, '힐링받았다'는 순간의 판타지를 선사한다. 마치 최면술에 걸린 사람처럼 힐링받았다고 느낄 때, 소비자들은 치유를 받고 있는 것이 아니라 힐링의 환상을 소비하고 있는 것이다.

힐링 상품에 몰려드는 사람들은 대부분 자신의 내부와 대면하기를 두려워한다. 그것은 마치 괴물의 심연을 들여다보는 것처럼 고통스러운 일이기 때문이다. 그래서 힐링을 찾는 대부분의 사람들은 상처를 들여다보는 대신 회피하고 잊는 편을 택한다. 힐링 상품들은 대부분 일시적으로 이 '회피하기'와 '잊기'를 도와주는 마취제 혹은 진통제 같은 것이다. 그러니 문제는 힐링받은 여행, 힐링받은 음식점, 힐링받은 바닷가의 호텔 등 힐링받은 그 모든 공간에서 돌아오는 순간, 다시 그들을 빤히 쳐다보고 있는 상처와 대면하게 되는 것이다. 해결되지 않은 질환은 계속적인 치유를 요구한다. 힐링이 꼬리에 꼬리를 물고 다른 힐링에 대한 요구로 이어지는 이유가 바로 이것이다. 그러니 온 나라가 힐링 문화, 힐링 산업, 힐링 소비로 가득 차게 되고, 사람들은 입만 열면 힐링 이야기를 한다. 문제는 그 어느 힐링 '시장'에도 진정한 힐링은 없다는 것이다.

문화상품으로서 힐링

현대화, 정보화의 대가로 우리는 피로, 위험을 얻었다.
 사회는 피로한 사람들에게 "능력만 있다면 모든 것이 가능하다"는 환상을 주입하면서 차츰 더 많은 성과를 요구한다. 과거, 자본이 임금으로 노동을 착취했다면, 이제는 모든 것이 가능하다고 믿는 개인이 스스로를 착취한다. 그 착취의 가장 강력한 도구는 '열정'이다. 한병철 교수가 지적한 '피로사회'다.
 위험사회의 힘이 환경오염 수준을 넘어 일상생활로까지 침투한 지는 오래다. 피로사회의 힘은 자살과 고독사, 묻지마 살인 등 전례 없는 사회적 충격을 덤덤한 것으로 만들고 있다. 그런 대한민국에서 개인은 자신의 정체성을 스스로 선택하고 구성해 죽기 살기로 밀고 나가야 한다. 오직 열정에 대한 채근만 있을 뿐, 주변의 위로나 공감은 없다. 그만큼 삭막해졌고, 그만큼 피로해졌으며, 또 그만큼 위험해졌다.
 대한민국은 경쟁이 필연적일뿐더러 점점 더 강해지는 사회, 불평등한 분배가 다양한 정치·사회·문화적 문제를 불러오는 사회, 다시 말해서 위험사회이자 피로사회다. 그럼에도 사람들은 문제의 원인을 자신에게 물을 수밖에 없다. 혁명이 아니고서는 환경을 바꿀 수 없어서다. 사람들이 불안해하고 기력이 고갈될 수밖에 없는 이유다.
 책임을 자신에게 돌리려고 마음먹은 사람들, 각오를 다잡고 자기계발에 몰두해 보지만 스트레스만 쌓일 뿐 해결되는 것은 없다. 자책이 이어진다. 자책은 사회에 대한 적의와 분노로 쌓이다가 현실도피나 독설 또는 폭력으로 모습을 바꾼다. 치유, 즉 '힐링(Healing)'에 대한 요구가 제기되는 지점이다.

안타깝지만 사회구조적인 면에서 정의하자면, 힐링은 '스스로 저항해 환경을 바꿀 수 없는 개인이 자신의 테두리 안에서 피로와 위험에 지친 스스로를 달래려는 몸부림'이다. 힐링의 사회구조적 의미가 우울함에도 불구하고, 숨 가쁘게 돌아가는 사회로부터 자신을 따로 떼 내어 자신과 주변을 객관적으로 돌아볼 수 있는 기회를 가지는 것만으로도 피로와 위험은 상당 부분 경감될 수 있다. 뿐만 아니라 잊고 살았던 개성과 인간성, 더 나아가 인간관계의 복원도 기대할 수 있다. 이처럼 사회로부터의 '잠시간 이탈'이 확산된다면, "자아 피로는 자아의 잉여와 반복에서 비롯되는 피로이지만, 치유적 피로는 '줄어든 자아의 늘어남'으로서의 피로, 건강하고 세상을 신뢰하는 피로"라고 했던 한병철 교수의 말대로, 사회 전체의 피로와 위험을 줄이는 자극으로 작용할 수도 있을 것이다.

환경이 아닌 자기 내면의 변화에 일차적 초점을 맞추고, 그럼으로써 주변, 더 나아가 사회 전체의 피로와 위험을 줄이는 데도 작용할 수 있는 소비, 이것이 힐링이라는 개념이 산업으로까지 성장한 배경이다.

문화 유행으로서 힐링이 우리 시대 마음의 치유가 필요한 사람들에게 진정 도움이 될 것인가? 힐링 영화, 힐링 콘서트, 힐링 뮤지컬은 힐링을 상품 형식으로 판매하는 전형적인 문화 마케팅의 산물이다. 어떤 점에서 힐링이란 문화 트렌드는 기만적이다. 힐링의 원인을 상품 코드로 전환시켜 아픈 마음을 상품으로 치유받

으라고 권유하기 때문이다. 힐링 문화는 힐링이 필요해진 원인을 제거하길 원치 않는다. 원인을 제거할 의지도 없고 그럴 필요도 없다. 힐링 문화가 지속되려면 그 원인이 제거되면 안 되기 때문이다. 힐링의 문화 트렌드는 역설적으로 고통받는 사람이 많아지길 원한다. 힐링은 그런 점에서 감정을 상품으로 판매하는 자본의 착취 기제다. 우리 시대의 힐링 문화에는 힐링이 없다. 힐링에는 말과 상품만 존재한다.

힐링은 분명코 오늘날 시대를 반영하는 사회문화적 용어라고 할 수 있겠다. 정서적 치유(emotional healing), 신앙 요법(faith healing), 정신 요법(mind-healing), 자연 치유(eco-healing), 미술치료(art-therapy, art-healing), 음악치료(music-healing)와 같은 오래된 용어 외에도 최근에는 힐링 푸드, 힐링 레시피, 힐링 무비, 힐링 뮤직, 힐링 트래킹, 힐링 센터 등 힐링을 붙인 신조어들이 종교, 스포츠, 레크리에이션에 이르는 전방위적인 일상과 더불어 방송, 광고, 출판, 대중문화, 예술 등 모든 미디어와 문화의 영역에서 우후죽순 생겨나고 있다.

오늘날 힐링 콘텐츠는 단순한 트렌드 차원을 넘어서 가히 자본주의가 만들어낸 '문화상품'으로 자리매김하고 있다. 오늘의 힐링 콘텐츠는 경쟁사회로부터 낙오된 우리에게 더 이상 도전의 삶 자체를 포기하라는 언명이자, 낙오의 상처를 치유하자는 협잡의 청유형 메시지이며, 그것을 시장 속에 집어넣어 약육강식의 지배질서를 공고히 하려는 자본주의가 낳은 문화상품이라는 것이다(김성호, 2013).

힐링 콘텐츠는 오늘날의 사회를 '병든 사회' 혹은 '피로사회'(한병철) 또는 소위 '멘붕(멘탈 붕괴)의 시대'로 규정한다. 엄청난 속도로 전개되는 현대를 따라잡지 못한 채 살아가고 있는 우리 모두에게, 자본주의 지배질서는 낙오자라고 먼저 인정하라고 종용한다. 그러면 그 낙오로부터 오는 상처를 치유할 수 있다고 가르친다. 경쟁으로부터 잠시 떨어져 나와 '멈추면 비로소 보이는 것들'(혜민)을 발견하라고 꾸짖는다. 상처받은 자신을 먼저 치유하라고 충고한다. 현대를 살면서 정신적으로나 육체적으로 상처받고, 스트레스받은 존재임을 겸허히 인정하고 자신을 성찰함으로써 스스로를 치유하는 일은 건강한 사회의 구성원으로 주체적 삶을 살고자 하는 우리 모두에게 절대적으로 필요한 일이다.

사람들은 정보의 쓰나미에서 한 걸음 물러나 '잠시 쉬고 싶다'는 욕망도 콘텐츠를 소비하며 해소한다. 유튜브에선 일상적인 소음이 담긴 ASMR 영상이 이런 오아시스 역할을 하고 있다. '멍 때리기', '꿀잠', '스트레스 해소'란 꼬리표(해시태그)를 단 영상들은 수백만의 조회 수를 기록한다. 별생각 없이 흘려들을 수 있으면서 귀에 자극을 주지 않는 소리가 특징이다.

다만 우리의 상처를 치유하고 정신적 결핍을 메우는 것을 도와주는 이러한 힐링 콘텐츠들을, 현대 자본주의가 조악한 문화상품으로 거듭 재생산해내면서 지배질서를 공고히 하는 데 적극 나서고 있다는 것을 상기해야 한다. 이 시대의 훌륭한 멘토들의 힐링 메시지는 패키지화되고 변질되어 문화상품으로 둔갑한다. 그래서 힐링이란 문화 트렌드는 기만적이다. 힐링 문화는 힐링이 필요해진 원인을 제거하길 원치 않기 때문이며 힐링 문화가 지속되려면 그 원인이 제거되면 안 되기 때문이다. 치유와 위로의 힐링을 실

▶ 인기 콘텐츠 상품으로 부상한 '힐링' (유튜브 갈무리)

천하는 힐링 콘텐츠는 이 시대에 상처받고 있는 사람들을 더욱더 필요로 한다. 상품의 수요자가 절대적으로 필요하기 때문이다.

관광의 경우가 대표적이다. 힐링 관광은 신자유주의적 위로문화이자 치유문화로 이해된다. 힐링 관광은 피로사회의 문화적 귀결이자, 신자유주의의 병리학적 귀결로 간주되며, 자본의 노동지배의 결과로서 힐링 관광 현상이 등장한 것으로 이해된다. 힐링 관광은 '치유'와 '위로'를 관광상품화하는 것이다. 무한경쟁사회에서 피로와 소진, 탈진에 처한 개인들은 위로와 치유를 필요로 한다. 그래서 위로와 치유도 상품화되고, 개인들은 이를 구매한다. 힐링 관광은 관광에서 치유와 힐링이 상품화된 것이라고 할 수 있다. 관광 여행 그 자체로 이미 치유적이고, 일상에서 힘들고 지칠 때 관광 여행은 작은 위안이 된다. 그럼에도 힐링 관광이 등장하는 것은 피로와 치유를 상품화한 것에 다름 아니다. 힐링 관광을 포함하여 다양한 힐링 현상의 배후에는 마케팅의 논리가 감추어져 있음을 인정해야 한다.

힐링 비즈니스 블루오션

힐링 비즈니스에 관한 블루오션 사례 탐색 및 전망

1. 콘텐츠 힐링 비즈니스

때때로 손에서 일을 놓고 휴식을 취해야 한다.
잠시 일에서 벗어나 거리를 두고 보면
자기 삶의 조화로운 균형이 어떻게 깨져 있는지 분명히 보인다.
- 레오나르도 다 빈치

번잡한 세속을 벗어나 대자연에서 해방감을 맛보고 있는 이를 넋 놓고 부러워하거나, 침샘을 자극하는 소리와 현란한 비주얼에 기꺼이 현혹돼 야식의 욕망에 굴복하며 요리 프로그램에 눈과 귀를 활짝 연다. 〈나는 자연인이다〉, 〈바퀴 달린 집〉, 〈윤스테이〉, 〈어쩌다 사장〉을 시청하고 있는 나는 정작 도시인이다. 〈맛남의 광장〉, 〈삼시세끼〉에서 선보이는 음식을 보고 있는 우리는 요리는 하지 않고 주문을 한다.

현실의 결핍은 행동을 촉구하기보다는 대리만족으로 갈음된다. TV는 어느새 내 귀에 대고 속삭인다. "괜찮아, 괜찮아, 괜찮아…" 토닥토닥해 줄 때마다 위안을 얻지만, 그도 잠시 종국엔 생기를 잃고 풀썩 주저앉는다. '여우의 신포도'처럼 무언가를 하지 않는 나의 무위(無爲)에 언제부턴가 내가 시청한 프로그램들은 그럴듯한 알리바이가 돼주고 있었다.

미디어에서 '힐링'이라는 단어가 여기저기서 사용된 것은 SBS 〈힐링캠프〉의 방영을 전후해서이다. 2011년 7월부터 2016년 2월까지 인기리에 방송된 〈힐링캠프〉는 연예인과 유명인들이 출연해 자기의 이야기를 마음껏 할 수 있는 거의 유일한 토크쇼였다. 인기가 높아지자 연예인뿐 아니라 정치인까지 출연했다. 자신이 몸담은 직업세계의 소신뿐만 아니라 여가관, 라이프스타일, 취향까지 엿볼 수 있었다. '힐링'이라는 제목이 붙은 것은 아마도 출연진들이 이야기를 하면서 감정적 해우소의 역할을 하는 프로그램의 특성을 반영한 것이 아닐까 싶다.

최근 TV 등 각종 미디어들은 힐링 트렌드를 강요하듯 부추기고 있다. 〈꽃보다 청춘〉, 〈뭉쳐야 뜬다〉, 〈배틀 트립〉, 〈섬총사〉, 〈삼시세끼〉, 〈효리네 민박〉 등을 보면 여행 한 번 안 가는 게 이상하게 여겨질 정도다. 여행을 가기 위해 회사를 그만두는 일이 이제는 기이하게 여겨지지도 않고 귀촌, 귀농도 특별하게 생각되지 않는다. 각종 문화사업과 미디어에서 '치유'의 '위로'를 연결한 서비스와 상품으로 소비되는 힐링은 특별히 아픈 사람만이 아닌 일반적으로 모두가 향유하는 문화가 되었다.

신자유주의 경쟁 이데올로기 속에서 지치고 좌절하는 사람들은 신체적 건강뿐 아니라 정신적 힐링을 필요로 한다. 일상의 소재를 통해 공감을 원하고 일상에서 겪는 스트레스와 부정적인 감정을 해소할 수 있는 콘텐츠에 대한 요구의 증가는 피로사회인 한국의 현실을 방증한다. 그러나 지금의 텔레비전 힐링 담론은 사회의 부조리나 불평등과 같은 사회적 모순을 인식하고 '구조의 정상성'에 의문을 제기하기보다는 신자유주의 논리와 가치에 준하여 자신을 평가하고 '개인의 정상성' 회복에 집중되어 있다. 텔레비전 힐링 담론의 핵심 발화주체들을 살펴보면, 이들은 경쟁주의 이데올로기의 물적 토대는 건드리지 않는다. 그들의 메시지는 경쟁에서의 낙오와 실패를 '개인'과 '마음의 문제'로 돌리고 지속적으로 자신을 향한 '집중'과 '성찰'을 강조하여 자기통치 전략을 확산시키는 데 기여한다.

치유와 자기계발 담론이 관련된 서적으로 주목되기 시작한 힐링 멘토들은 승려·목사·사제 등 종교인이나 교수로, 마음·영혼·자기성찰·자유로움·자유 및 평등·치유·용서와 같은 추상적인 개념을 강조한다. 힐링 멘토들은 자신의 경쟁가치를 높이고 내면을 관리하여 '일시적인 무력함'에서 소생되어 다시금 경쟁에 뛰어들 수 있는 개인이 되도록 추동한다는 점에서 힐링 담론 재생산에 중요한 영향력을 미치는 주체인 것이다. 텔레비전 힐링 담론 역시 문제의 근원적인 원인보다 자신 스스로의 변화를 강조하며 정서적인 치유에 집중된다.

힐링과 자기계발을 강조하는 인문학 도서들

삶의 정체성 상실, 불안, 위기의식, 피로, 스트레스, 우울증, 강박증, 존재의 객체화, 인간관계의 위기, 자기존재감의 혼돈 등과 같은 삶의 가치 혼란과 정신적 갈등 속에서 오늘날 인문학은 성찰적 삶의 기술을 제시하고 삶의 치유제가 되고 있다.

인간은 왜 사는지, 잘 산다는 것은 무엇을 의미하는지, 행복의 본질은 무엇인지, 죽음을 어떻게 받아들여야 할지 등이 많은 이들이 관심 갖는 인문학적 주제들인데, 이 주제들은 자기인식과 자기성찰을 통해 스트레스나 사회적 긴장감 등으로 피폐해진 삶을 보다 의미 있고 진지하게 영유하도록 하는 철학실천적인 경향과 학문영역들을 포괄하며, 이를 통틀어 '힐링 인문학'이라고 표현할 수 있을 것이다.

'힐링'과 '치유'를 콘셉트로 하는 책들은 이미 베스트셀러 반열에 올랐다. 김난도의 〈아프니까 청춘이다〉와 혜민 스님의 〈멈추면 비로소 보이는 것들〉은 초단기간에 밀리언셀러가 된 힐링 서적들이다. 법륜 스님의 〈스님의 주례사〉, 정목 스님의 〈달팽이가 느려도 늦지 않다〉, 불필 스님의 〈영원에서 영원으로〉도 나오자마자 베스트셀러 대열에 합류했다.

인문학은 우리 각자가 자신을 자각하고 발전시키도록 '성찰적 삶의 기술'을 유도한다. 개인의 삶의 행복이나 자기 자신의 의미체험이 매우 중요하며, 자기 자신의 감정에 대한 깨어 있는 의식적 관계 맺음이 '자기강화'로 이끌 수 있게 해준다.

힐링과 더불어 출판계의 많은 스테디셀러는 '자기계발'이라는 콘셉트를 갖고 있다. 신자유주의 사회체제에서 자기계발서의 환상은 인적자원 개발을 통한 개인의 경쟁력 향상과 맞물려 필연적으로 자본이 추구하는 상품화의 수단으로 전락하고 있다는 비판이다. 경쟁사회에서의 낙오를 순전히 개인의 책임으로, 그리고 남들에 비해 무엇인가 근본적 요소가 결여된 존재로 인정하게 만드는 자기계발서의 특징들은 선택을 강요당하는 개인들에게 끊임없이 불안감과 무력감을 조성하는 함정에 빠뜨리고 만다는 것이다. 자기계발과 힐링은 보완적 관계이다. 인간이 자기계발에 매진하다 보면 힐링을 필요로 한다. 힐링 인문학이 필요하다는 것이다.

자기계발서의 특징을 몇 가지 살펴보면 다음과 같다.

첫째, 신자유주의 체제의 약육강식 경쟁을 당연한 것으로 받아들이고, 그 체제에서 살아남는 것을 최대의 성공으로, 더 나아가 자랑이자 미덕으로 여긴다. 욕망을 극대화하고, 경쟁에서 승리하라고 북돋운다. 사회구조적 모순 등은 관심 밖의 영역이다. 대다수가 실패하고 극소수만이 성공할 수 있는 사회구조라고 해도 말이다.

둘째, 성공하는 자와 실패하는 자, 성공적인 삶과 실패한 삶이 분명히 나뉜다. 욕망을 극대화하고 경쟁에서 승리해 세속적인 목표를 이루면 성공한 인생이고, 그렇지 못하면 실패한 인생으로 간주한다. 그런데 성공과 실패는 순전히 개인의 책임이다.

셋째, 끊임없이 독자에게 불안감을 조성하고 무엇인가에 대해 의심하도록 조장한다. "독자들을 불완전한 존재로, 미, 건강, 부, 취업, 애정, 혹은 특정 분야의 기술적 지식 등 어떤 근본적 요소가 결여된 존재로 정의"한다.

　이런 점들로 볼 때 자기계발서 저자들은 신자유주의의 나팔수들이라고 비판된다. 그들은 공적인 영역, 사회구조적인 측면에는 그다지 관심이 없다. 사람들이 신자유주의에 적응하든지 죽든지 양자택일을 강요할 뿐이다. 그들은 정글의 법칙이 적용되는 경쟁에서 승리하는 것만이 성공이자 의미 있는 것으로 간주한다. 성공과 실패는 거의 전적으로 자신들이 제시하는 방법을 따르느냐 그렇지 않느냐로 좌우된다고 주장하고 있다. 이에 많은 이들이 미혹당하게 되는 것이다.

시청자의 마음을 어루만지는 힐링 프로그램의 인기

가만히 10분간 멍을 때리며 바라보게 되는 프로그램이 있다. 공중파 EBS가 지난해 9월부터 매주 월~목요일 밤에 방영하는 프로그램 '가만히 10분, 멍TV'다.

장어 굽기·닭튀김 등 요리부터 초승달·대나무숲·연못 속 물고기 같은 자연, 63빌딩·광안대교·서울역·광화문 등 도시 풍경까지, 일상에서 흔히 볼 수 있는 모습을 아무런 설명이나 장면 전환 없이 있는 그대로 쭉 보여준다.

도시 일상부터 기차가 달리고 폭포에서 물이 쏟아지는 자연 풍경까지 있는 그대로 10분간 보여준다. 자막도, 내레이션도, 특수효과음도, 심지어 장면 전환도 없다.

멍TV는 공식 홈페이지에서 "시청자가 마치 그곳에 머무는 것처럼 평화와 사색의 시간을 보낼 수 있는, 시청자의 마음을 달래주는 프로그램"이라고 소개되고 있다.

▶ '티멍'하게 하는 방송 프로그램 〈가만히 10분, 멍TV〉 (EBS 홈페이지)

'힐링'을 소재로 한 다양한 방송 프로그램들이 등장하고, 웰빙 혹은 테라피란 또 다른 이름으로 의학정보를 다루는 프로그램은 건강이 경쟁력의 필수임을 어필한다. 음식을 요리하거나 먹는 내용을 다루는 쿡방이나 먹방을 통해 '정서적 허기'를 달래기도 한다. 문화적 트렌드로서 공감과 소통은 모든 콘텐츠 영역에서 중요한 키워드가 되었다. 종합편성 채널 등장 이후 늘어난 단순한 토크 위주의 프로그램 역시 자기 고백, 자기 노출 위주의 오락적 요소를 가미하며 다양한 방식으로 무한경쟁에 지친 이들의 심신을 위로하고 격려할 수 있는 '공감'을 시도한다.

그렇다면, 대중들이 휴식에 초점을 맞추는 힐링 예능에 관심을 갖게 된 원인은 무엇일까?

관찰 유형 프로그램은 소박하고 여유로운 삶을 지향하는 '킨포크 트렌드(Kinfolk Trend)'를 즐기는 사람들이 증가함에 따라 힐링 예능의 인기가 상승하면서 하나의 트렌드로 자리 잡았다. 킨포크 트렌드란 '친척, 친족 등 가까운 사람'이라는 뜻을 가진 영어인 킨포크(kinfolk)와 같이 가까운 사람들과 함께 어울리며 느리고 여유로운 자연 속의 소박한 삶을 지향하는 현상을 말한다. 2011년 미국 포틀랜드에서 작가, 화가, 사진가, 농부, 요리사 등 40여 명의 지역주민이 자신들의 일상을 기록하여 창간한 계간지인 〈킨포크(KINFOLK)〉가 시발점인 것으로 알려져 있다. 〈킨포크〉에는 포틀랜드 지역의 생활상이 담겨 있다. 이들은 직접 수확한 유기농 식재료로 요리를 만들고 음식을 나눠 먹기도 한다.

킨포크 스타일은 자신만의 소소한 라이프스타일을 즐기며 지인들과 공유하는 것이다. 킨포크 스타일이 주목받는 이유는 바쁘고

외로운 현대인들이 자연 친화적인 삶과 개인의 감성으로 돌아가고 싶다는 꿈을 꾸기 시작했기 때문이다. 1인 가구가 급증하면서 모르는 사람이더라도 함께 식사를 하기 위한 일명 '소셜 다이닝'이 각광받는 시대이기도 하다. 1인 가구의 삶을 보여주는 TV프로그램〈나 혼자 산다〉또는 내 정보를 시청자와 SNS를 통해 공유하는〈마이 리틀 텔레비전〉, 그리고 시골에서 세 끼 식사를 차려 내는〈삼시세끼〉등의 프로그램이 인기 높은 이유도 이런 삶의 방식과 비슷한 맥락에서 이해할 수 있을 것으로 보인다.

킨포크의 함의는 자유, 감성, 심플함이다. 평범한 일상 속에서 소소한 행복을 찾아 자기가 키운 애완동물의 귀여운 사진, 자신이 즐겨 먹는 레시피 공유, 자연과 함께 생활하고 여유를 즐기는 모습 등에 감성을 더한 후, SNS처럼 소통이 가능한 도구를 이용하여 주위 사람과 공유한다. 이런 방식을 통해서 자기의 일상을 한층 더 풍요롭게 만들 수 있다. 공유하는 과정이 곧 소통하는 방식이라고 할 수 있다.

발리 1호점에 이어 스페인의 작은 섬에 위치한 가라치코 마을에 2호점을 오픈한 예능 프로그램〈윤식당〉시즌2는 낯설지만 이국적인 아름다움을 간직한 스페인의 풍광과 윤여정, 정유미가 정성껏 만든 한식 요리들로 다채로운 볼거리를 선사했다. 여기에 조용하고 한적한 소도시에서 소소한 일상을 보내며 현지 주민들과 '이웃'이 되어가는 윤여정, 이서진, 정유미, 박서준의 모습은 한번쯤은 복잡한 도시를 벗어나 지친 몸과 마음을 한 템포 쉬어 갈 수 있는 여유를 꿈꾸는 시청자들의 마음속 판타지를 자극하며 역대 tvN 예능 시청률 최고 수치인 19.4%까지 기록하는 등 인기리에 방영되었다.

　미디어가 힐링을 대하는 주된 방법은 공감을 일으키는 것이다. 〈힐링캠프〉와 같은 토크쇼가 대표적인 예다. 출연자들은 자신이 성공할 때까지의 인생역정을 풀어놓는다. 이때 그가 삶의 즐겁고 좋은 부분에 대해서만 얘기한다면 그 사람은 힐링을 위한 공감의 대상이 될 수 없다. 잘나 보이는 유명인에게도 다른 사람들처럼 불행한 과거가 있었고 인생의 역경이 있었다고 이야기함으로써 그는 타인의 공감을 얻고 힐링의 대상이 된다.

　시즌2까지 제작된 JTBC의 〈효리네 민박〉은 화면을 통해 가수 이효리 부부의 소박하고 여유로운 삶을 보여준다. 그리고 대중들에게 '힐링'이라는 정서를 효과적으로 전달한다. 기존의 여타 예능 프로그램과 〈효리네 민박〉의 대표적인 차이는 이 프로그램에서는 '재미'를 1순위로 강조하지 않는다는 점이다. 이전의 예능 프로그램들이 즐거움과 흥분을 유도하는 자극적인 설정을 소재로 구성되었다면, 〈효리네 민박〉은 시대의 사회, 문화적인 변화에 따라 대중들이 가장 필요로 하는 요소인 '위로'와 '치유'의 감정을 느끼도록 하는 것에 더욱 집중한다. 〈효리네 민박〉은 이효리-이상순 부부가 그들의 집에서 일반인 여행객들을 대상으로 2주간 민박집을 운영하고, 톱가수 아이유가 직원으로 참여하며 벌어지는 일들을 담은 리얼리티 예능이다. 집을 떠나 다른 낯선 곳에서 먹고 자고, 새로운 경험을 하기 위해 사람들은 여행을 선택한다. 하지만 여행을 가면 돈이 많이 든다. 돈 때문에 여행을 포기한 사람들도 있다. 그러나 〈효리네 민박〉은 돈이 없어도 마음의 여유만 있다면 경험할 수 있다.

〈효리네 민박〉의 이야기는 '소통형' 민박 운영을 위주로 내용을 이어간다. 일반인 출연자의 연령대, 직업이 각기 다르기에 사회의 다양한 집단을 대표하기도 한다. 출연자가 프로그램에서 이야기하는 고민과 생각은 대중의 마음이기도 하고 동시에 사회의 문제들을 반영한다. 고정 출연진과 일반인 출연자가 소통하는 과정 역시 대중들과 소통하는 양식이라고 할 수 있다. 현대인들은 바쁜 생활 속에서 항상 고독하고 타인과 진정으로 소통하는 기회와 자리가 적다. 시청자들이 출연자들끼리 서로 대화하는 장면을 보면서 소통의 힘을 느끼게 되고 간접적으로 공유를 하는 방식으로 공감과 힐링의 정서를 얻을 수 있게 된다.

보충적인 플롯으로서 동물, 음식, 자연에서 보내는 여유는 실제적으로 이효리 부부의 생활방식이 지닌 힐링이다. 프로그램에서

▶ 힐링 예능으로 인기를 끈 프로그램 〈효리네 민박〉 (홈페이지)

동물가족들을 의인화하고 마치 사람들이 대화하는 것처럼 설정하여 자막을 통해 사람들과 교류하는 귀여운 모습으로 나타내는 것은 외로움을 느끼는 도시 사람에게 위로를 준다.

자연이 민박집을 둘러싸고 있으면서 그곳에서 나온 소리는 배경음악만큼이나 이 프로그램을 관통한다. 시청자들은 프로그램을 보는 동시에 자연의 소리를 들으면서 자연 안에 있는 것처럼 평안함을 느끼게 된다. 출연자의 시선을 따라 평소에 볼 수 없는 '제주'의 색다른 모습들, 외진 곳이기에 주민이 아니면 알기 어려운 곳들을 볼 수 있다는 점은 휴가를 가는 것처럼 여행을 즐기는 느낌을 받게 된다. 시청자들은 도시에서 제주로 와 잠시 쉬어 가고 싶은 일반인 출연자와 같은 심정으로, 출연자가 자연에서 느끼는 여유와 힐링을 시청자들도 화면을 통해 간접적으로 느낄 수 있다. 고요하고 소박한 삶, 자급자족하는 생활, 친환경 레시피, 함께 시간을 즐기는 사람들과 반려동물 그리고 민박 손님과 추억을 남기는 마음, 따뜻해지는 사진들까지 모두 프로그램에 반영되는 내용이고 이효리의 킨포크 생활 스타일을 보여주는 것이다. 시청자들은 이러한 킨포크의 요소를 담고 있는 콘텐츠를 소비하며 간접적으로 킨포크를 접하는 방식을 통해 힐링이라는 요소를 느낄 수 있다.

이 프로그램은 일반인 출연자와 스타 출연진의 소통을 통해 현재 사회 문제들을 반영하여 출연자의 생각을 보여주고 시청자들의 공감을 불러일으켜 마치 시청자들이 화면 안에서 직접 소통하는 듯한 힐링 효과를 창출해낸다. 또한 현대인들이 추구하는 이상적인 생활을 보여줌으로써 킨포크를 삶에 반영시킨 여유 있는 생활가치를 시청자들이 자발적으로 찾아가는 과정을 보여주고, 이를 통해 치유의 감정을 느끼도록 한다. 리얼리티 프로그램의 상호 소통 효과는 대중들과 교류하는 동시에 어느 수준 이상의 공감을 전달하고, 이는 곧 힐링 효과로 이어진다. 힐링은 심리적·육체적으로 '치유한다'는 의미를 지녀 사람의 정서를 긍정적인 방향으로 유도한다. 이러한 텔레비전 텍스트는 사람들의 일상 생활에 밀착되어 있고 사회문화적 영향력 또한 크기 때문에, 대중들의 삶에 대한 사상과 욕구에 영향을 미친다.

　최근 여행, 캠핑하라고 부추기는 예능 프로그램이 많아지고 있는데, BTS마저 힐링하라고 강력하게 권유한다.

　현대인들은 무엇이든지 빨리, 그리고 효율적으로 하는 것에 익

▶ 시즌2에 이어 스핀오프까지 방영된 〈바퀴 달린 집〉, 아이돌의 리얼리티를 통해 힐링 라이프를 보여주는 〈인더숲 BTS편〉

숙해져 있다. 미디어 또한 빠르게 흘러가는 것에 길들었기에, 우리가 바라보며 살아가는 세상도 더 빨리빨리 돌아가야 할 것 같은 생각이 든다. 이러한 현실을 완전하게 비튼 방송 프로그램이 있는데, 이름에서도 짐작할 수 있는 〈슬로우(Slow)TV〉이다.

평소 시청률이 낮은 NRK(노르웨이 공영방송)가 금요일 프라임타임에 다음과 같은 무모한 편성을 하게 된다. 2009년, 동서횡단 520km 구간(베르겐~오슬로)의 철도여행을 7시간 4분간 무삭제 방송하는, 그동안 보지 못했던 기획이다. 4대의 카메라로 기차 정면에 고정하거나 옆면에 달아 철길 주변 경관을 찍도록 설치하고 기차가 출발한다. 기차가 지나는 자연경관이 나오고 160개 터널을 지나 중간중간 준비해 놓은 아카이브 영상(철도 역사 관련 자료화면)을 넣고 음악도 추가하는 것이 프로그램 제작의 전부이다. 이 방송 프로그램을 노르웨이 전체인구 500만 명 중 120만 명이 시청했다는 것은 놀라운 수치가 아닐 수 없다. 수천 명이 소셜미

▶ NRK에서 방영한 열차여행 'Minutt For Minutt'의 한 장면

디어를 통해 프로그램에 대해 이야기하기 시작하였는데, "76년 평생 최고 프로그램이었다. 마지막 역에 기차가 들어설 때 나도 모르게 짐 챙기려고 일어서다 커튼봉에 부딪혔다. 그제야 내가 거실에서 TV를 보고 있다는 사실을 깨달았다"라는 시청자 의견은 이 프로그램이 왜 인기를 얻었는지를 보여주는 대목이다.

이 프로그램이 인기를 얻자, 다양한 아이디어들이 속출했는데, 기차여행보다 훨씬 긴 시간이 소요되는 노르웨이 해안을 따라 운행하는 유람선을 찍자는 것이 대표적이다. 배경음악이나 그래픽에 대한 의견 등 다양한 아이디어가 시청자들로부터 샘솟기 시작하였다.

실제로 1년 동안의 기획을 거쳐 〈슬로우TV〉팀 23명은 유람선에 탑승하게 된다. 연안선 여행을 생방송으로 기획하고 실행에 옮긴다. 유람선 출발을 앞두고 인파가 몰려들어 국기를 흔들며 환호를 보내고, 등대에 올라 보는 사람, 보트 타고 따라오며 피켓 퍼포먼스하는 사람 등 다양한 사람들의 모습이 방송화면에 담기게 된다. 134시간 42분 생방송으로 기네스북에 최장 다큐멘터리로 기록되었다. 방송이 방영된 2011년 6월 36%라는 최고 시청률을 기록하고 320만 명이 시청하는 기록을 세운다. 이후 연어낚시(18시간), 새 관찰(14시간), 뜨개질(9시간), 벽난로나 숲 속에서 장작불을 때는 모습(8시간) 등을 계속해서 기획하며 현재 1년에 두 차례 정도 방영하고 있다.

팝아트에 관심이 있는 사람이라면, 앤디 워홀의 영화 〈sleep〉, 〈Eat〉 등을 떠올릴 수도 있을 것이다. 〈sleep〉은 1963년에 만들어진 앤디 워홀의 첫 영화로, 시인인 존 조르노가 잠자는 모습을 장장 5시간 동안 보여준다. 〈Eat〉에서는 누군가 계속해서 먹고 있는 장면을 보여주고, 〈Empire〉에서는 엠파이어 빌딩의 8시간을 그대로 보여주기도 한다. 반복되는 일상의 한 장면을 그대로 담은 그의 영화는 극도의 지루함과 예술성 사이에서 아슬아슬한 줄타기를 한다. 〈슬로우TV〉는 워홀의 1960년대 영화가 가진 양식을 텔레비전 속으로 가져온 형태이다. 그렇다면 사람들은 어째서 이 지루한 방송을 시청하고, 열광하는 것일까?

첫째는, 제작자의 앵글과 관점에서 편집된 영상을 수동적으로 시청하던 행태에 싫증을 느끼기 시작했다는 점이다. 이제 사람들은 남의 시선으로 세상을 내다보는 것이 아니라 자신의 눈으로 세상을 해석하는 방식으로 소통하고 참여하길 희망하고 있다.

둘째는, 가끔은 느려지고 싶은 욕구가 있다는 사실이다. 몸이 세상의 변화속도를 따라가지 못할 때 사람들은 지치고 병이 생기는 법이다. 잠시 멈춰서면 보이는 것들이 생기고 효율성의 굴레를 벗어던질 때 창의적인 발상도 가능할 것이다.

〈슬로우TV〉와 같은 방송은 어떤 특정 장면을 선택하지 않고, 모든 순간은 선택되거나 버려지지 않는다. 느린 속도('느림')가 주는 기나긴 시간 속에서, 우리에게는 생각의 틈이 주어진다. 시청자들은 화면 내에서 각기 다른 것을 보게 된다. 누군가의 해석과 해설 없이 스스로 그 안에서 재미를 찾아내고, 함께 호흡하게 되는 것이다. 자극적인 일탈이 아니라, 오랜 시간, 느린 호흡으로 전개되는 일상의 힘, 그것에서 출발하는 공감의 힘은 사람들에게 충분히 매력적으로 다가갈 수 있다.

먹방 열풍, 그리고 푸디즘에 대한 경계

최근 TV와 같은 매체는 물론, 유튜브 등 개인미디어에서 가장 주목받는 주제는 바로 '먹방'이다. 먹방은 먹는 방송의 줄임말로 아프리카TV에서 음식을 먹기만 하면서 찍는 방송이 유명해져서 생긴 신조어이다. 해외에서의 명칭도 'Mukbang(먹방)'이라고 그대로 쓰이고 있다.

음식 프로그램을 포함해 각종 방송과 영화에는 먹는 장면이 빠지지 않고 등장한다. 복스럽게 음식을 잘 먹는 연예인이 관찰예능에 출연해서 갑자기 언론의 스포트라이트를 받기도 한다. 음식광고를 촬영하는 것은 덤이다.

'먹방' 초창기에는 진행자가 맛있게 먹는 장면들이 방송의 주를 이루었다면, 시간이 지나면서 먹방은 나름대로 진화를 거듭해 왔다. 최근 지상파, 케이블, 종편 채널에서 방영되고 있는 먹방 콘텐츠들은 음식을 단순히 먹는 장면을 넘어서 식당의 유래에 대해 살펴보고 특정 지역에 찾아가 현지에서 구한 재료로 음식을 만들어 먹고, 반찬 만드는 비법을 전수하는 포맷 등으로 제작되고 있다. 뿐만 아니라 국내를 넘어 해외로 나가 한식을 주 메뉴로 식당을 운영(tvN의 〈윤식당〉)하고, 골목상권을 살린다는 취지로 식당 자영업자를 돕는 포맷으로 '먹방' 콘텐츠를 제작하는가 하면(SBS의 〈백종원의 골목식당〉), 숟가락 하나 들고 남의 집에 가서 밥을 얻어먹으면서, 모여 앉아 고민을 상담하고 시청자들에게 위로를 건네는 프로그램(JTBC의 〈한끼줍쇼〉) 등 다양한 포맷으로 먹방 포맷이 진화하고 있다.

▶ Mukbang(먹방)으로 힐링(?)하는 시대 (유튜브 갈무리)

　먹방이나 쿡방 프로그램이 사람들에게 인기가 있는 이유는 다양하겠지만, 다음과 같은 해석들이 가능하다. 우선 1인 가구가 증가하는 추세를 들 수 있다. 이들은 무엇이든 혼자 해야 하는데, 혼자 먹기 위해 밥을 하는 것이 간단한 문제가 아닌 상황 때문에 이러한 먹방이나 쿡방 프로그램을 시청하면서 혼자 밥을 먹는 고독함을 해소한다고 할 수 있다. 다음으로는 사회경제적 환경변화로 인해 나타나는 현상으로도 설명할 수 있다. 현대 사회는 가족의 해체 현상이 심화되고 있는데, 가장 뚜렷하게 나타나는 모습은 온 가족이 모여 저녁식사를 하는 모습을 보기 어렵다는 것이다. 이러한 과정에서 사람들이 기존에 정서적으로 의존하는 데에 대한 결핍이 생기면서 먹방이나 쿡방을 보는 것이 정에 대한 욕망을 충족시켜주는 역할을 하고 있다고 볼 수 있다. 소비트렌드 변화로 인해 나타나는 현상으로 설명할 수도 있다. 여러 가지 경제적 어려움으로 개인의 지갑은 닫혀 있지만 나를 위한 '위안' 소비로 맛있는 즐거움을 채울 수 있는 음식에 대한 소비를 통해 욕구불만을 해소할 수 있다는 것도 이유로 볼 수 있는 것이다. 이러한 욕구는 직접 먹지 않더라도 보기만 해도 즐거운 먹방, 쿡방이 대리충족을 시켜주고 있기 때문에 인기를 끌고 있다고 할 수 있다.

그러나 "먹방 열풍은 소비 지상주의의 극치를 보여준다. 먹기 위해 사는 이들은 삶의 의미를 엉뚱한 곳, 즉 함께 살아가는 '사람'이 아니라 '접시' 위에서 찾아 헤맨다"는 영국 언론인 겸 문화 비평가 스티븐 풀(Steven Poole)의 일갈처럼 먹방에 대한 비판과 비평도 최근 제기되고 있다.

넷플릭스의 다큐멘터리 〈칼보다 포크〉, 〈몸을 죽이는 자본의 밥상〉은 먹방 유행에 대해 돌아보게 한다. 우리가 즐겨 먹고, 또 먹방의 주요 메뉴이기도 한 패스트푸드는 전 세계적인 프랜차이즈 상품이다. 맥도날드의 대표 메뉴 '빅맥'은 최저임금 대비 빅맥 가격을 뜻하는 '빅맥 지수'로까지 만들어질 만큼 전 세계에 널리

▶ 다큐멘터리 〈칼보다 포크〉, 〈몸을 죽이는 자본의 밥상〉 포스터 ⓒ넷플릭스

퍼져 있다. 그리고 이는 글로벌 자본의 영향력이 세계 곳곳에 미치고 있다는 의미이기도 하다. 패스트푸드의 원조이자 천국인 미국에서는 비만과 당뇨가 심각한 사회 문제임을 지적하고 있다.

〈칼보다 포크〉에서는 비만의 원인으로 햄버거의 주재료인 가공육을 꼽는다. 가공육으로 만든 식품은 심장병을 유발하고 우리 혈관의 내벽을 손상시킨다. 우리는 물론 패스트푸드가 몸에 좋다고 생각하지는 않는다. 그러나 햄버거 패티, 소시지 등 가공육이 몸에 어떤 영향을 미치는지에 대해서는 깊게 생각하지 않는 편이다.

〈몸을 죽이는 자본의 밥상〉에 따르면, 미국 농무부가 매 5년마다 미국인들을 위한 식단 지침을 작성하는 자리에는 미국육류협회는 물론 맥도날드까지 참여한다. 과연 이런 상황에서 제대로 된 식품 정책이 나올 수 있을까 의문을 갖게 된다.

스티븐 풀은 세계적으로 '먹는 것'에 대한 집착이 있다고 지적하며 이를 '광적인 푸디즘'이라고 정의한다. 흔히 잘 먹는 일에 열광하는 것을 '푸디즘(foodism)'이라고 하는데, 그는 "음식은 더 안전하면서도 남부끄럽지 않은 쾌락의 수단이자 편안하게 길든어진 도취로 향하는 열쇠"라고 일갈한다.

2015년 영국의 시사 주간지 〈이코노미스트〉는 한국의 '먹방(mukbang)' 열풍을 보도하며 "국가 전반의 경제 불황으로 인한 불행감의 확산, 제대로 된 식사를 할 여건이 되지 않는 이들에게 시각적 즐거움과 대리만족을 제공하는 현상"이라고 지적했다.

먹방 열풍, 푸디즘에 대한 비판 등은 음식에 대한 과도한 관심과 집중이 문제라고 할 수 있다. 음식 자체가 문제가 아니라, 지금의 '광적인 푸디즘'이 먹는 것에 대한 우리의 사유를 제거한 상태에서 작동한다는 것이 문제이다.

　최근에는 '푸드 포르노(음식이 욕망의 대상이 되도록 자극하는 영상)'라는 다소 수위가 센 용어가 등장하고 있다. 마치 포르노물이 성욕을 자극하는 데 집중하듯 푸드 포르노도 식욕을 극대화시키려 요리를 찍으면서도 색감을 화려하게 하고 분위기를 더 과장되게 만든다는 것이다. 음식 사진과 영상의 공유가 요리의 맛에 집중하는 것이 아니라 타인의 식욕을 자극하기 위한 목적으로 사진, 영상을 찍는다는 것이다. 여기에 '음식'은 없고 자극적인 '놀이'만 있다.

　유튜브 등 개인 먹방의 경쟁이 더욱 거세지다 보니, 매운맛 먹방이나 적정량 이상의 음식을 섭취하는 푸드 파이터 먹방, 음식 먹는 속도로 기록을 재는 미션 먹방 등이 비판의 대상으로 떠오르고 있다. 크리에이터들은 더 많은 시청자를 모으기 위해 이 같은 콘셉트의 먹방을 기획한다.

스마트폰 중독과 디톡스

현대를 사는 우리는 '호모 모빌리쿠스(Homo Mobilicus)'다. 언제 어디서든 스마트폰과 함께 있다. 하지만 터치 한 번으로 전 세계 누구나 만날 수 있는 스마트폰은 거꾸로 가까운 사람들과는 멀어지게 만든다. 아이러니한 일이다. 디지털 문명사회에서 인터넷과 스마트폰 등은 흡사 판도라의 상자(pandora's box)와 같다. 인류에게 발전을 가져다줄 것으로 믿었던 디지털 문명이라는 판도라의 상자가 열리는 순간 새로운 위험인 디지털 중독이 세상에 퍼져나가게 된 것이다.

디지털 시대가 제공하는 편리함으로 인해 현대인의 디지털 기기 의존도가 매우 높은 수준에 이르고 있다. 기술의 발전 과정에서 야기되는 다양한 사회문제에도 불구하고 기술 진화로 인한 혜택을 기대하고, 만족해하는 사람들이 매우 많다. 이런 시대의 변화 속에 '디지털 기기'의 활용도는 당연히 높을 수밖에 없다. 디지털 기기가 생활 전반을 지배하고 있으며, 디지털 기기가 없어지면 매우 불편하다는 사람이 다수이다. 물론 지나친 디지털 기기의 사용으로 초래될 문제점을 우려하는 목소리도 상당하다. 특히 '감시사회'에 대한 불안감이 적지 않은데, 디지털 기기에 의해 항상 감시를 당하는 느낌이 든다는 생각을 토로하는 경우도 있다. 주변 사람들과의 소통이 줄어들고 있다. 디지털 기기를 활용하는 일이 많아지면서 가족이나 친구와의 대화시간이 줄었다.

가장 대표적인 디지털 기기라고 할 수 있는 스마트폰에 대한 의존도가 매우 높다. 궁금한 게 있으면 옆 사람에게 물어보기보다는 스마트폰 등으로 검색하고, 다른 사람들과 있을 때도 짬이 생기면 스마트폰을 만지작거린다. 같이 식사를 하는 도중에도 스마트폰을 들여다보는 것이 익숙하다. 스마트폰이나 태블릿이 없으면 짬이 나는 시간에 할 게 없고, 가족이나 친구들과 있는 것보다 스마트폰을 하는 것이 더 재미있을 때가 있다. 이렇게 습관적인 스마트폰의 사용은 일과 공부에 방해요소로 작용한다.

이른바 '퓨빙(phubbing)'이다. 'phone(스마트폰)'과 'snubbing(무시하다)'이 합쳐진 말로, 스마트폰에 빠져 가족, 친구 등 주변인을 무시하는 현상을 의미한다. 오랜만에 만난 친구와 함께 있으면서도 스마트폰으로 인스타그램만 보고 있거나, 연인과 데이트하다가도 친구와 통화를 하는 경우가 바로 퓨빙이라고 할 수 있다. 퓨빙과 같은 스마트폰으로 인한 인간관계 단절의 시그널이 빈번하게 포착되는 상황이다.

이런 상황이다 보니 스마트폰이 없을 경우 그 불안감이 크다. 집이나 직장에 스마트폰을 두고 나오면 괜히 불안해지고, 인터넷을 사용할 수 없는 상황이 되면 괜히 불안하다. 결국 스마트폰이 있으면 다른 일에 방해가 되고, 스마트폰이 없으면 불안도가 클

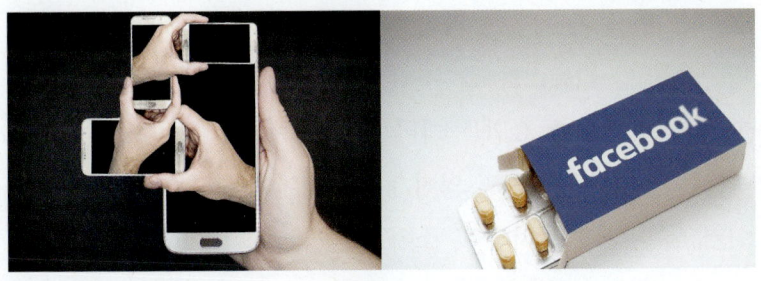

▶ 스마트폰의 편리함은 중독이라는 병폐를 결과했다. ⓒPixabay

만큼 스마트폰의 중독성 및 의존도가 상당하다.

사람들은 휴식을 취할 때, 누군가를 기다릴 때, 차를 타고 이동할 때 스마트폰이나 태블릿 같은 디지털 기기를 사용한다. 누워서 잠들기 전까지는 물론 아침에 눈을 떠서 일어날 때까지도 스마트폰을 손에서 놓는 법이 없다. 일이나 공부를 하는 도중은 물론 화장실에서 볼일을 볼 때, TV를 볼 때도 디지털 기기를 사용한다.

디지털 기기 의존 및 중독 현상으로 인해 가족 간 대화가 부족해지고, 관계가 소홀해지는 문제가 발생한다. '거북목', '터널증후군' 등 신체적 이상 증세도 야기할 수 있다. 디지털 기기를 많이 사용하게 되면서 자연스럽게 대인관계에 소홀해지고, 건강에도 좋지 않은 결과를 초래하는 것이다. 개인정보유출에 대한 불안감과 디지털 기기의 부재에 따른 불안감, 대인관계 능력 및 사회성 저하, 기억력 저하를 촉발하기도 한다.

이렇게 디지털 기기에 대한 의존도가 높고, 다양한 문제점들이 야기되는 상황이다 보니 디지털 기기와 인터넷의 사용을 조금이나마 줄이고자 하는 '디지털 디톡스'에 대한 관심도 많아지고 있다. 디톡스(detox)는 인체 유해 물질을 해독하는 것을 일컫는 말로, 디지털 중독 치유를 위해 디지털 분야에 적용하는 디톡스 요법을 디지털 디톡스라 한다. 흔히 디지털 기기의 사용을 중단하고 휴식하는 처방 요법을 의미하기도 하는데, 이러한 디지털 디톡스는 개인의 자발적인 의지가 선행되어야 한다. 이용시간을 줄이기 위한 앱을 설치하고, 소위 '언플러그드 데이(unplugged day)'를 준수하고, 각종 디지털 기기의 숫자를 줄이는 등의 노력은 아마도 중독, 인간소외, 디지털 집착 등의 문제점을 벗어나기 위한 생활 속 자발적 노력이라고 볼 수 있을 것이다. 미국에서 2002년 설립된 '리부트(Reboot)'나 캐나다에서 1989년 문화운동의 개념으로 탄생한 '애드버스터(Adbuster)' 등이 그 대표적인 사례라고 할 수 있다. 이들은 '디지털 없는 국경일'을 지정한다든지, 혹은 디지털 디톡스 주간(Digital Detox Week)을 만들어 디지털 기기의 이용 자제 운동을 벌여왔다. 무엇보다도 디지털 디톡스는 결국 알고자 하는 욕구와 이를 통해 형성되는 관계들에 대한 과한 욕심을 버리는 것에서 시작되어야 한다. 온라인에서 생산되는 정보에 대해 조금 둔감하거나 사람들과의 관계망에서 조금 멀어진다고 생각될 때 디지털 디톡스의 메커니즘도 작동될 것이다.

게임으로 힐링

한국사회에서 게임은 오랫동안 논란의 대상이었다. 많은 사람들이 즐기는 국민 엔터테인먼트의 하나로 자리 잡은 지 오래지만, 다른 한편으로는 '중독'을 유발하는 유해한 콘텐츠 취급을 받는 감시와 우려의 대상이기도 했다.

그러나 2020년 코로나19가 전 세계에 퍼지면서 분위기는 반전되었다. WHO에서 질병 확산을 막기 위한 거리두기 실천의 한 방법으로서 집에서 게임하기를 권장한 것이다. 이와 관련하여 WHO 총장은 SNS 트위터에 '투게더앳홈(TogetherAtHome)'이라는 태그를 걸고 "우리 모두는 집에서 함께하며, 음악을 듣고 책을 읽거나 게임을 플레이할 수 있다"라고 밝혔다. 새로운 위기 국면에 '집에서' 즐길 수 있는 바람직한 콘텐츠로서 게임이 꼽혔다는 것은 그 사회문화적 위상이 달라졌다는 것을 실감케 한다.

이런 상황 속에서 큰 위기를 맞이하고 있는 타 업종과 다르게, 게임산업은 언택트 시대를 맞이하여 호황을 누리고 있다는 분석들이 나왔다. 특히 일본 게임사 닌텐도가 지난 3월 발매한 '모여봐요 동물의 숲'은 일본뿐만 아니라 전 세계적인 인기를 누렸고, 이 게임을 플레이할 수 있는 기기인 닌텐도 스위치 가격도 폭등하는 등, 국내에서도 '대란'이라는 말이 나올 정도로 열풍이 일었다. 반일 불매 운동 중에서도 '동물의 숲'은 코로나 초반부, 연일 매진 사례를 기록했다. 사람들이 '집콕'함으로써 생긴 코로나 블루를 달래는 역할로 선택된 결과일 가능성이 높다고 하겠다.

'동물의 숲'에는 경쟁이 없다. '동물의 숲'의 특징 중 하나는 일

▶ 힐링 게임 '모여봐요 동물의 숲' (한국닌텐도 홈페이지)

상 공간을 아름답게 가꾸는 조경의 원리와 너무나도 흡사하다는 것이다. 특히 최근 발매된 버전은 무인도로 이주한 플레이어가 무인도를 원하는 대로 가꾸는 것이 스토리의 전부다. 게임 속의 시간은 현실과 똑같이 흐르며, 내 마음대로 집을 짓거나 낚시를 하고 정원을 가꾼다. 무언가 반드시 수행해야 하는 목표나 미션, 경쟁은 전혀 없다. 즉 가상공간에서 조경 활동을 하며 느끼는 즐거움 그 자체만으로도 현실을 대체한 평화로움을 충족시켜 주는 느낌을 준다.

'동물의 숲'의 또 다른 특징은 '혼자가 아닌 같이'를 지향한다는 점이다. 최대 8명까지 멀티 플레이가 가능해, 친구를 섬에 초대하거나, 친구의 섬에 놀러갈 수 있다. 함께 산책하고 함께 얘기하고, 가끔은 내가 꾸민 섬을 자랑하거나 하는 것들이 전부이지만, 플레이어들은 이를 두고 '최고의 휴양지 같은 게임'이라며 빠져든다. 단순하면서도 심심한 게임이 이토록 뜨거운 인기를 끌고 있다는 것은 그만큼 사람들이 자신만의 공간을 만들고 또 가꾸고 싶어 한다는 욕구의 반증일 것이다. 비록 게임 속의 공간일 뿐이지만, 누구나 자신만의 조경 활동을 원하고 있고, 가끔은 또 다른 사람들과 활동과 즐거움을 나누고 싶어 한다는 뜻으로 볼 수 있다. 코로나로 인해 오프라인 관광이 예전보다 어려워지면서, 그럼에도 불구하고 가상의 공간 이동과 나눔을 통해, 치유와 교류의 부족분을 '동물의 숲'이라는 게임에서 일정 부분 충족하는 것이다.

인간은 본질적으로 사회적 동물이기에 홀로 살 수 없다. 또한 치유와 교류의 도구로서 놀이 그리고 문화는 여전히 우리에게 너무나 유의미하다. 이러한 점에서 집콕 생활로 인해 필연적으로 진화 중인 놀이와 문화의 디지털화는 우리나라의 산업 측면에서는 큰 기회가 된다.

언택트 시대에 게임은 오히려 소원해진 사회적 관계 체험을 매개하고, 우울해진 사람들을 위로할 수 있는 역할을 수행한다. '홈 엔터테인먼트'는 전통적으로 가정의 거실에 놓인 TV로 상징되었다. 온 가족이 일과를 마치고 모여 앉아 함께 TV를 시청하는 것은 일상적인 의례의 '따뜻한' 경험 중 하나로 받아들여지기도 했다. 모바일 시대가 가속화되면서 미디어 콘텐츠는 지속적으로 파편화, 개인화된 형태로 소비되는 경향이 강했다. 그러나 크리에이터가 플레이하는 게임을 구경하면서 신나게 댓글을 다는 유튜브 시청자들이나, '동물의 숲'을 플레이하면서 게임 속 캐릭터들과 교류하고 '힐링'을 체험하는 게이머들의 모습은, 사회적 거리두기로 고립되어 있는 현실을 위로하고 디지털 온라인 세계 속에서 독특한 형태의 커뮤니티를 형성할 수 있는 가능성을 보여준다.

또 다른 예로 '펭귄의 섬'은 다양한 종류의 펭귄이 서식하는 섬에서 방치형 플레이를 통해 힐링을 경험할 수 있는 게임이다. 편안한 음악과 잔잔한 파도소리를 감상하면서 섬을 예쁘게 꾸미고, 엉뚱하지만 웃음을 주는 펭귄을 늘려가면서 아름다운 경치와 함께 치유와 휴식을 즐길 수 있다. 남녀노소 누구나 즐길 수 있는 쉬운 조작과 대중성으로 인기를 모으며 글로벌 1천만 다운로드를 돌파하기도 했다.

생업에 종사하는 펭귄을 관리하면서 골드를 벌거나 게임 속 하트를 모으고, 낚시를 하거나 꽃밭을 가꾸고, 땔감을 모으는 등 퀘

▶ 분홍빛으로 물든 섬에서 여유로운 일상을 즐기는 펭귄을 통해 힐링을 경험하게 하는 '펭귄의 섬' 게임

스트 및 업적을 달성하는 소소한 목표를 통해 섬을 꾸며나갈 수 있다. 여기에는 다양한 종류의 펭귄부터 순록, 바다코끼리, 고래 등의 생명체가 등장하고 온천과 꽃밭, 등대 등 꾸미는 요소까지 무궁무진하기 때문에 취향대로 활기 넘치는 섬을 만들 수 있다.

의료·건강 목적의 기능성 게임과 별개로, 심리적 안정과 스트레스 완화를 모토로 내세우는 이른바 '힐링 게임'이 주목받고 있다. '힐링 게임'은 정신적 위안에 호소한다는 점에서 치료적 기능성 게임과 유사한 측면을 보이기도 한다. 그러나 의도성이나 상업성과 같은 요소를 두루 고려한다면 힐링 게임은 기능성 게임의 정의에 완벽하게 부합하진 않는다. 의료용 기능성 게임은 대부분의 경우 치료 및 건강관리 효과를 최우선 목표로 삼지만, 힐링 게임은 상업적 이윤을 간과하지 않는다. '펭귄의 섬'은 대중적으로 힐링 게임의 하나로 알려져 있지만 일반적인 기능성 게임과 달리 광고보기나 랜덤박스 등의 수익 구조를 채택하고 있다. 또한 의료용 기능성 게임은 기능적 효용성을 극대화하기 위해 의학적으로 검증된 메커니즘을 채택한다. 반면 힐링 게임은 의학적인 검증과 실제 효용성을 엄정하게 따지지 않으며 이용자의 심미적 경험에 더 큰 초점을 맞춘다. 이러한 맥락에서 힐링 게임은 의료용 기능성 게임(또는 치료적 기능성 게임)과 일반 상업용 게임 중간에 위치한 새로운 유형의 게임 형태라고 할 수 있다.

힐링 게임의 주된 특징은 상업적인 주류 게임과 달리 경쟁 승리나 목적 달성을 강조하지 않으며 편안하게 즐길 수 있다는 것이다. 따라서 힐링 게임은 전문 상담사나 프로그램 없이 일반 이용자에게 자기조력적 치유 기회를 제공할 수 있다는 점에서 장점을 갖고 있다. 이러한 특징으로 힐링 게임은 현실의 경쟁사회에 지친 젊은 게이머들에게 큰 호응을 얻고 있다.

힐링 게임의 가장 핵심적인 특성은 편안함, 스트레스 해소와 같은 특정한 심미적 경험에 초점을 맞춘다는 것이다. 그리고 이것은 힐링 게임과 일반 상업용 게임을 구별하는 가장 주된 특징이기도 하다. 힐링 게임의 가장 큰 정체성은 정신 문제의 실질적 개선을 의미하는 '치료'가 아닌 '힐링'에 있다. 여기서 '힐링'은 실제적인 '치료'를 가리키는 것이 아니며 치유받고 있다는 느낌, 즉 치유감 혹은 치유적 활용 가능성을 의미한다.

힐링 게임의 특성을 요약하면 다음과 같다(이승제·배상준, 2021). 첫째, 힐링 게임은 치유감의 형성과 전달을 정체성으로 내세우는 상업적 게임이다. 이는 힐링 게임이 이용자의 건강 문제를 실질적으로 해결하는 것을 목표로 하지 않음을 의미한다. 대신 힐링 게임은 위안을 받고 있다는 느낌 그 자체를 중시하며 이를 적극적인 마케팅 요소로 내세운다. 따라서 힐링 게임은 검증된 치료법의 적용과 효용성의 극대화보다 이용자의 게임 경험 또는 정서 변화에 집중한다. 힐링 게임의 핵심은 이용자에게 스트레스로부터 해방될 수 있는 도피처를 제공한다는 것이다. 이를 위해 힐링 게임은 패배와 좌절의 경험을 최대한 배제하는 등 긍정적인 게임 경험을 보장하며, 이용자의 다양한 정서 반응을 이끌어낼 수 있도록 기획된다.

둘째, 힐링 게임은 추상성을 추구하는 경향이 강하다. 이러한 특성은 약한 서사성과 은유적인 여정 묘사, 로우 폴리곤 및 특정 색감 선호 그리고 명시적인 텍스트와 음성지시의 부재 등으로 구체화된다. 힐링 게임의 이러한 특성은 이용자의 다양한 정서를 자극하고 주관적인 해석과 경험을 존중하기 위한 전략이라고 할 수 있다. 힐링 게임의 이야기에 진정한 정답은 없으며 이용자의 정서적 반응과 게임 경험을 통해 도출된 모든 감상이 '정답'이 될 수 있다.

셋째, 힐링 게임은 여유로운 플레이를 지향한다. 힐링 게임은 다른 일반적인 게임에 비해 조작이 쉽고 간단하며 게임 진행 난이도 역시 상대적으로 낮은 편이다. 또한 임무 달성 실패에 따른 불이익이 거의 없기 때문에 이용자가 편안한 분위기 속에서 게임 공간을 탐험하고 감상할 수 있도록 구성되어 있다. 이와 함께 일부 힐링 게임은 무의미한 행동과 의도적인 방치를 권유함으로써 심리적으로 여유로운 상태에서 게임을 즐길 수 있도록 유도하기도 한다.

2. 건강 치유 힐링 비즈니스

> 수면은 피로한 마음의 가장 좋은 약이다.
> - 세르반테스

슬리포노믹스, 수면산업의 부상

'잠이 보약입니다.'

TV 광고에서 많이 듣던 멘트다. 늘 자는 잠이지만 잘 자는 방법이 필요하다.

우리가 매일 자는 잠인데, 많은 전문가는 잠을 보약이라고 말한다. 수면이 우리 몸의 다양한 기능에 영향을 미치기 때문이다. 수면은 신체 회복, 에너지 보존, 호르몬 분비, 기억 저장 등의 역할을 담당한다. 제대로 숙면을 취하지 못하면 신체 여러 기능에 문제가 생긴다. 수면은 총 다섯 단계를 거쳐 진행된다. '수면의 단계'라고 하는데, 얕은 수면에서 시작해 가벼운 수면, 깊은 수면, 서파 수면, 렘수면 순으로 진입한다. 잠을 자는 동안 대개 수면의 단계는 3~4번 반복된다. 이때 잠을 깊이 자야 뇌를 포함한 우리 몸의 모든 장기가 피로를 해소하고, 체내에 유입된 유해 물질이나 손상 세포를 없애고 복구한다. 잠을 제대로 자지 못하면 몸이 회복할 시간을 갖기 어렵다.

수면은 건강 등 인간의 삶과 직접적으로 연결되어 있는 매우 중요한 요소이다. 실제로 사람은 태어나서 인생의 약 3분의 1을 잠을 자는 데 쓰는데, 이는 우리나라 평균 수명을 85세로 가정했을 경우 거의 30년에 달하는 매우 긴 시간이다.

수면은 신체적·정신적 활력의 회복뿐만 아니라 뇌 기능의 활성화 등 다양한 기능을 하기 때문에 건강 등 인간의 삶과 직접적으로 연결되어 있다. 특히 수면부족은 다양한 질환의 위험 및 사망률을 높이고, 삶의 질을 낮추며, 생산성의 손실과 사고의 위험마저 증가시킬 수 있다. 최근 대형버스의 교통사고로 인한 사망사고의 원인이 버스기사들의 수면 부족이라는 것을 볼 때 수면은 개인의 건강과 삶의 질뿐만 아니라 사회적으로 매우 중요한 이슈 중 하나이다.

부족한 '수면시간'과 낮은 '수면의 질'에 잠 못 이루는 현대인들의 고민이 커지고 있다.

숙면에 어려움을 겪는 이유는 '스트레스' 때문이다. 또한 경제적인 문제로 인한 고민과 업무 및 공부를 다 끝내지 못했다는 압박감도 깊은 잠에 들지 못하게 만드는 중요한 원인이다. 잠자기 전에 스마트폰을 사용하다가 잠이 깨면서 숙면하지 못한 경험이 있을 것이다.

숙면하지 못하는 사람들이 증가하고 있는 근본적인 이유는 사회구조적 문제와 개인적인 문제가 복합적으로 작용했기 때문이다. 사회 경쟁의 심화와 실업 및 취업 문제의 악화 등의 사회구조적인 문제와 개인적인 고민과 스트레스에 취약한 성격 등의 개인적 차원의 문제가 원인이다. 사회구조적인 문제와 개인적 차원의 문제가 복합적으로 작용하면서, 현대인들이 좀처럼 잠들지 못하는 밤을 보내고 있는 것이다.

수면시간이 부족하고, 깊은 잠을 자지 못하는 습관은 일상생활에도 좋지 않은 영향을 끼친다. 잠을 자도 잔 것 같지 않고, 아침에 일어나는 것이 힘들다. 낮 동안 피로감을 자주 느끼게 된다.

숙면이야말로 현대인의 피로를 달래주는 최고의 방법이다. 그래서 '잠이 보약이다'라는 말이 회자되는 것이다. 그러나 잠을 잘 이루지 못하는 '수면장애'는 스스로의 의지만으로 해결할 수 없는 문제다. 자신이 마음만 먹으면, 수면장애는 충분히 고칠 수 있는 일이 아니다. 잠을 잘 자지 못하는 것은 일종의 질병이다.

성인의 하루 적정 수면시간은 8시간이지만 실제로는 약 40%가

▶ 숙면 여부가 삶의 질을 결정한다. ⓒPixabay

이보다 적은 7시간 미만의 잠을 자고 있다. 특히 한국은 대표적인 수면 부족 국가 중 하나이다. 필립스의 글로벌 수면 서베이는 2019년 1월 한국인 1,000명을 포함해 호주·브라질·캐나다·프랑스·독일·인도·일본·네덜란드·싱가포르·미국 등 총 12개국 성인 1만 1,006명을 대상으로 설문조사를 진행했다. 설문조사 문항은 필립스 수면 전문가가 개발했고 독립 리서치 연구기관인 KJT그룹이 조사를 진행했다. 이 조사에서 수면이 건강에 미치는 영향을 인지하는 비율은 전체 응답자 중 77%, 한국은 응답자 중 82%로 매우 높았다. 수면·식습관·운동 중 어느 것이 건강에 가장 중요한 요소인지 묻는 질문에 답한 결과다. 반면, 자신의 수면에 대해 '아주 만족한다'고 응답한 비율은 10명 중 1명(10%)에 불과했다. 한국은 4%로 호주·캐나다와 함께 가장 낮은 수치를 기록했다. 이 조사에서 평일 평균 수면시간은 6.8시간, 주말은 하루 7.8시간으로 조사됐다. 한국도 이와 유사하게 평일 평균 6.7시간, 주말은 평균 7.8시간 수면을 취하는 것으로 나타났다. 평일에 부족한 수면을 주말에 몰아서 자는 경향이 뚜렷하게 관찰됐다.

　만성적인 수면 부족 속에 좀처럼 잠들지 못하는 밤이 깊어지고 있는 현대인들은 자연스럽게 수면의 질을 향상시킬 수 있는 방법에 대해 많은 관심을 가지게 된다. 소위 '꿀잠'을 잘 수 있게 해준다는 아이템 및 소재에 대한 관심, 숙면에 도움이 되는 음식에 대한 관심이 크다. 제대로 잠을 잘 수만 있다면 수면 아이템과 음식 등의 구입을 위해 적극적으로 지출하겠다는 의향을 가진 소비자들이 상당히 많은 것이다. 그래서 수면을 유도하고 수면의 질을 높이는 데 도움을 주는 다양한 종류의 수면 아이템과 활동들이 많이 보급되고 있는데, 이 중 가장 널리 이용되는 것은 기능성 베개와 암막 커튼이다. 잠을 자는 환경과 직접적으로 연관이 있는 아이템이 인기다. 또한 허브차를 마시거나, 향초/디퓨저를 사용해서 수면을 유도하기도 하며, 체력 증진을 위한 운동과 수면 유도 음악을 청취하기도 한다.

　이런 인식들을 통해 슬리포노믹스라고 불리는 '수면산업'이 성장하고 있다. '슬리포노믹스(sleeponomics)'는 수면과 관련된 산업 전반을 포함하는 말로 '수면(sleep)'과 '경제학(economics)'의 합성어이다. 수면산업 선도국들은 이미 1990년대부터 수면산업이 활성화되기 시작하였고, 우리나라도 2011년에 국제수면박람회를 최초로 개최하면서 수면산업에 관심을 가지기 시작했다(메디게이트뉴스, 2020). 수면산업협회에 따르면, 수면산업의 범위는 숙면유도 기능성 침구류, 숙면 기능 IT 제품, 숙면 테라피, 수면 클리닉, 수면 보조 의료기기, 숙면유도 및 수면 개선 생활용품 등의 다양한 분야가 포함된다. 과거에는 의학의 한 분야로만 여겨졌던 수면 시장은 최근 침대·베개 등 숙면 제품부터 IoT 기기, 공간 서비스까지 여러 분야 산업과 결합해 새로운 서비스 형태로 제공되며 성장하고 있다. 그중 소비자에게 수면 공간을 제공하여 부족한 잠을 해소할 수 있는 서비스가 성장하고 있다.

　현대인들은 밥보다 잠을 선택하고 있으며, 그만큼 수면을 부정적으로 보지 않고, 수면이 부족하다면 채워야 한다는 인식과 함께 수면에 대한 욕구가 새로운 서비스를 탄생하게 했다. 소비자들의 새로운 욕구로 인해 수면 관련 사업이 점차 다양해지고 있어 미래 성장산업으로서의 가치가 있다.

숙면 위한 기술, 슬립테크

인간에게 수면은 일상생활 중에서 3분의 1을 차지하는 필수적인 활동이며, 삶의 질에 긍정적인 영향을 미치는 중요한 부분이다. 양질의 수면은 개인의 질적인 삶의 필수요소로서 신체 피로의 회복, 면역체계 및 정신기능에 긍정적인 영향을 미치지만 부적절한 수면은 만성 피로, 정신적 불쾌감, 통증 내성의 감소, 기억력의 손상, 불안 및 스트레스를 일으킴으로써 건강과 안녕을 위협할 수 있는 위험요인 중 하나이다. 하지만 우리나라의 평균 수면시간은 OECD 국가 중 최하위권에 있어 수면이 부족한 상황이며, 양뿐만 아니라 질에도 문제가 있다. 수면장애로 일상생활에 어려움을 겪고 있는 환자가 증가하고 있다.

허핑턴포스트 창업자인 아리아나 허핑턴은 숙면 캠페인을 펼치는 것으로 유명하다. 〈수면 혁명(The Sleep Revolution)〉이란 책을 펴내기도 했는데 '숙면이 행복과 성공의 필수 요건'이라는 게 그의 한결같은 주장이다. 그는 특히 경쟁에 살아남기 위해 잠을 자는 시간을 줄이는 걸 경계한다. 수면 부족이 목표를 성취하고, 성공하기 위해 치러야 할 대가처럼 생각하지만 잠을 못 자면 좋은 아이디어나 창의적인 해결책을 제시할 수 없어 오히려 손해라는 게 그의 주장이다.

실제로 수면시간은 무의미한 시간이 아니다. 그동안 뇌의 기억력이 회복되고, 신경학적 독소 제거 활동이 일어난다. 이를 통해 질병을 예방할 수 있다는 것이 최근의 연구 결과다. 적당한 수면을 취하는 것이 눈을 뜨고 보내는 시간의 건강을 지키는 지름길이란 의미다.

과거 수면에 대한 인식이 부족하여 잠을 많이 자면 게으른 사람이라 여기던 것과 달리, 최근 삶의 질을 향상하기 위한 욕구로 수면장애를 치료하려는 사람이 많아지고 있다.

슬리포노믹스(sleeponomics)가 부상함에 따라 다양한 산업 분야에 적용되고 있는 사물인터넷, 빅데이터, 인공지능 등의 기술들이 수면산업에도 접목되어 슬립테크가 등장하게 되었다. '슬립테크(sleep tech)'란 '수면(sleep)'과 '기술(technology)'의 합성어로 첨단기술을 활용하여 수면 관련 데이터를 분석하고 수면을 돕는 기술로 수면 베개, 안대, 잠옷 등 수면 보조제품을 비롯한 다양한 제품에 정보통신(IT), 사물인터넷(IoT), 빅데이터, 헬스케어 기술 등을 접목해 사용자의 수면 상태를 파악하여 수면을 돕는 기술을 말한다. 세계 최대 가전 전시회 CES는 2017년부터 슬립테크관을 따로 설치해 매년 신제품을 소개하고 있다.

슬립테크 기술은 크게 세 가지 유형으로 구분된다(대한민국 정책브리핑 자료).

첫째, 수면분석 시스템이다. 사용자가 자는 동안 수면 상태를 분석할 수 있다. 수면 리듬과 수면 상태, 숙면 시간 등 수면의 질을 기록하고, 문제점을 분석해 수면 패턴에 맞는 전문가 조언 등 솔루션을 제공한다. 보통 스마트폰 앱이나 웨어러블기기(스마트워치 등)를 이용해 수면 중 움직임, 호흡 패턴, 생체 신호를 측정한다.

둘째, 수면 환경 개선이다. 수면 환경을 개선해주는 다양한 제품들이 존재한다. 베개와 마사지기가 결합돼 마사지를 받으면 잠들 수 있게 돕거나, 수면 상태를 파악해 숙면을 유도하는 소리를 내는 기기는 흔한 기술이다. 나아가 수면을 유도하는 혼합 기체를 분사하거나, 당일 몸 컨디션에 맞게 경도를 마음대로 조절할 수 있는 특수 매트리스도 있다.

셋째, 수면 관련 질환 치료이다. 수면장애 치료를 위한 제품들도 나오고 있다. 수면무호흡증 방지를 위해 수면 중 좁아지는 기도를 열어주는 양압기, 코 고는 소리를 감지해 사용자의 머리 부분을 미세 조정하는 코골이 방지 침대, 수면장애 치료용 AI 패치(전자약) 등이 대표적이다.

나아가 슬립테크 제품은 신체 접촉 여부에 따라 크게 '부착형'과 '비부착형'으로 분류할 수 있다(박소현·선섭희, 2021).

'부착형'은 액세서리의 형태로 이루어지며 세부 유형으로 눈, 코, 입, 귀 등 목 위로 접촉되는 '얼굴 부착형'과 몸체에 접촉되는 '바디 부착형', 그리고 '손발 부착형'으로 나눌 수 있다. '얼굴 부착형'은 안대, 헤어밴드 등으로 안대형은 눈에 착용하여 빛을 통해 취침과 기상을 유도한다. 헤어밴드형은 머리에 착용하여 사용하는 것으로 뇌파를 이용한 수면 분석이 가능하다. 정확한 측정을 할 수 있는 특징이 있으며, 골전도 스피커방식을 통해 백색소음을 제공하여 수면을 돕는다. 이는 사용자만 소리를 들을 수 있어 동침자의 수면을 방해하지 않는다.

'바디 부착형'인 목걸이형은 수면하기 전 목에 착용하여 미주신경 자극을 통해 리듬을 개선해준다. '손발 부착형'은 반지, 팔찌 등으로 반지형은 손가락에 착용하여 혈압, 산소농도, 심장박동수, 호흡수, 체온변화, 뒤척임 등을 기록한다. 이상이 있을 시 진동을 통해 피드백을 제공하여 사용자가 인지할 수 있게 한다. 일상생활 속에서도 착용할 수 있는 형태로 활동을 기록하여 일상생활에서 수면의 질이 떨어진 이유를 알 수 있다. 팔찌형은 손목에 착용하여 심전도, 수면 중 무호흡 감지, 수면 상태를 기록하여 알려준다. 반지형과 마찬가지로 일상생활 중에서 착용할 수 있어 일상을 기록하고 수면 방해요인을 분석해준다.

'비부착형'은 수면시 사용하는 디바이스에 수면과 관련된 슬립테크가 반영되었거나 사용자의 수면 환경에 설치, 장식되어 사용할 수 있는 형태로 이루어지며, 세부 유형으로는 '침구류형'인 패드, 필로우, 매트리스와 '오브제형' 성격의 조명, 향 등이 있다. '침구류형'인 패드형은 매트 아래 배치해 사용자의 수면 상태를 측정하고 분석한다. 필로우형은 베고 자거나 안고 자는 형태로 베개의 높낮이를 조절하여 코골이를 완화하고, 수면 유도 음향을 재생하기도 하며 안고 자는 필로우는 팽창과 수축을 통해 호흡 가이드를 해주는 기능도 있다. 매트리스형은 수면 상태를 감지하고 수면 주기를 분석해 온도, 조명, 음악을 조절해주며, 매트리스 속의 공기로 높이를 조절해 코골이를 완화해준다. 주변 기기와 연동을 할 수 있어 맞춤 환경 제어가 가능하다. '오브제형' 성격의 제품인 조명, 향은 침대 주변에 설치 또는 장식하여 사용한다. 조명형은 빛을 통해 방 안의 분위기를 취침 또는 기상을 하도록 바꿔주고, 호흡을 가이드하여 명상을 하도록 해준다. 그리고 스피커를 통해 수면을 위한 음악을 재생한다. 향형은 심신의 이완에 도움을 주는 인센스나 아로마향을 말하며 향과 더불어 빛, 소리 등과 함께 잠을 유도한다.

'부착형'의 경우 몸에 직접 착용하여 사용하는 형태로 안대, 헤

유형	세부 유형 및 품목		사용 방식	주요 기능
부착형	얼굴 부착형	안대	눈	빛을 통한 취침, 기상 유도 수면 유도 음악재생
		헤어밴드	머리	뇌파 분석으로 수면 관찰 백색소음 제공 명상음악 재생
	바디 부착형	목걸이	목	수면 질 향상을 위한 미주신경 자극
	손발 부착형	반지	손	혈압, 산소농도, 심박수, 호흡수, 체온변화, 뒤척인 정도 기록 진동을 통한 피드백 일상생활 기록
		팔찌	손목	심전도, 수면 중 무호흡 감지 수면 상태 기록 일상생활 기록 앱을 통한 피드백 제공
비부착형	침구류형	필로우	베개	수면 호흡 가이드 수면을 위한 소리 제공 가속도계, 오디오 센서, 이산화탄소 센서 장착 맞춤 높낮이 조절
		매트리스	침대	수면 상태 감지 및 수면 주기 분석 수면 환경 모니터링 통한 자동 온도, 조명, 음악 조절 코골이 완화를 위한 공기 펌핑
		패드	매트 아래	센서로 코골이 및 수면 상태 분석 주변 기기와 연동으로 맞춤 환경 제어
	오브제형	조명	침대 주변	빛을 통한 취침, 기상 유도, 호흡 가이드 수면 환경 측정 스티커 통해 수면 유도 음악 재생
		향	침대 주변	빛, 음악, 향기 센서로 뇌를 편안하게 해 잠 유도 명상, 낮잠 모드 탑재

▶ 슬립테크 제품유형 및 사례(박소현·선섭희, 2021)

어밴드, 목걸이, 반지, 팔찌 등의 형태로 이루어지고 있다. '부착형'은 제품이 사용자의 신체 일부에 직접 접촉되어 뇌파, 눈 움직임, 심장박동수, 체온 등과 같은 데이터를 확보할 수 있다. 사용자의 생체 정보나 수면 패턴을 대상으로 하는 기능이 주를 이루며, 반지나 목걸이, 팔찌 같은 경우 액세서리처럼 착용할 수 있으므로 일상생활에 무리가 없다. 특히 사용자 일상생활에서의 수면에 방해되는 요인들을 누적되는 데이터로 파악할 수 있다. 하지만 직접 착용해야 하므로 사용자에 따라 이물감 등을 느껴 수면시 방해요소가 될 수 있다.

'비부착형'의 경우 별도의 물리적인 디바이스를 착용하지 않고 센서를 통해 사용자의 수면 패턴을 측정하고 패턴 분석내용에 따라 빛, 향기, 소리 등으로 수면을 유도하여 수면에 방해되는 요인을 줄이는 기능이 주요 기능이다. 제품은 설치 초기 시점에 세팅하여 놓으면 별도의 관리 없이 매일 자동으로 수면에 대한 여러 부분을 측정할 수 있다는 장점이 있다. 또한, 센서 등이 내장되어 있어 다른 기기와의 연동으로 환경을 제어하는 기능을 제공하여 편리함을 더했다.

슬립테크 제품들의 수면을 위한 기능 유형은 크게 7가지로 분류된다. 7가지 유형 중 수면 패턴 모니터링 기능은 슬립테크를 구현하는 데 기본이 되는 기능으로, 사용자의 수면 상태를 확인하고 알려주기 위한 기능이다. 이 기능이 기반이 되어야 일방적인 기능 제공이 아닌 수면 상태에 따라 다른 기능 제공이 가능하므로 핵심 기능이다. 나머지 6가지 기능은 사용자의 선호에 따라 제품 선택의 기준이 될 수 있는 보조기능이다. 자신의 수면 패턴

구 분	기 능	설 명
주 기 능	수면 패턴 모니터링	수면하는 동안의 심장박동수, 체온, 호흡수, 뒤척인 정도, 코골이 등을 센서를 통해 실시간 모니터링
보 조 기 능	수면 패턴 분석 및 피드백	측정된 데이터를 분석하여 앱을 통해 시각화된 자료 및 피드백 제공
	수면 환경 제어	다양한 IoT 기기(스위치, 플러그, TV, 에어컨, 조명, 가습기 등)와 연동해 사용자 수면 패턴에 따라 환경 제어
	백색소음	스피커를 통해 수면을 유도하는 심장박동 소리나 파도, 빗소리 등의 자연 소리, 백색소음을 제공
	호흡 가이드	빛의 밝기 정도나 바람을 통해 이완 운동 가이드 제공
	향, 아로마 테라피	아로마 테라피를 통해 사용자의 심신 안정
	라이트	멜라토닌 분비를 촉진하거나 억제하는 빛을 통해 생체 리듬을 조절

▶ 슬립테크 제품의 기능요소(박소현·선섭희, 2021)

을 확인할 수 있는 시각화된 자료제공, 환경에 영향을 주는 IoT의 연동을 통한 환경 제어 기능, 스피커를 통해 백색소음을 제공하는 기능, 빛의 밝기나 바람의 세기로 호흡을 가이드해주는 기능, 향을 통해 사용자의 심신 안정에 도움을 주는 기능, 빛을 활용해 멜라토닌 분비를 촉진, 억제하여 생체 리듬을 조절해주는 기능 등이 있다.

슬립테크 기업 캐스퍼의 블루오션 개척기

미국 침대 매트리스 시장은 한때 전형적인 '레드오션'이었다. 1870년 설립된 시몬스를 필두로 썰리, 썰타, 템퍼페딕 등 쟁쟁한 업체들이 즐비했다. 코스트코 같은 대형 유통업체나 이케아 등 가구 전문업체까지 매트리스를 취급하면서 새로운 업체가 끼어들 틈은 없어 보였다.

하지만 2014년 뉴욕에서 창업한 캐스퍼(Casper)는 한 달 만에 1백만 달러 매출을 기록했다. 벤처캐피털로부터 7천만 달러를 투자 유치하면서 창업 2년 만에 기업가치가 1억 달러가 됐다. 그것도 시작은 싱글 사이즈 딱 하나였다. 2015년부터 트윈, 킹, 퀸 사이즈 등을 내놓기 시작했다. 2018년 기준 매출액은 3억 5,800만 달러(약 4,132억 원)에 달했고, 2016~2018년 성장률은 연평균 45.5%를 기록했다. 2019년 기준 기업가치는 11억 달러(1조 2,700억 원)에 달하는 것으로 평가된다.

이미 7개국에 전자상거래 방식으로 진출했고 향후 판매 지역을 20개국까지 확대할 계획이라고 한다. 한국에서도 '직구'를 통해 캐스퍼의 폼 매트리스를 구매하는 소비자들이 있다.

캐스퍼 제품 고객은 미국에서만 140만 명에 달하고, 2회 이상 재구매자가 그중에 20%라는 것이 회사 측 설명이다. 그만큼 충성도 높은 고객이 많다는 얘기다. 2019년 현재 연간 22억 달러 수준으로 추정되는 미국 온라인 매트리스 판매 시장에서 캐스퍼 점유율은 약 17%로 1위를 유지하고 있는 것으로 분석된다.

캐스퍼는 침대 전시장도 하나 없는 온라인 전문업체다. 땅덩이

▶ 박스형 압축포장, 무료 체험의 자신감으로 승부한 캐스퍼 (홈페이지)

가 넓고 대형 매장 임대료가 비교적 저렴한 미국의 경우 침대가 몇십 개씩 전시된 매장에 직접 가서 제품을 구매하는 것이 오래된 소비 패턴이었다.

캐스퍼가 매트리스에 누워 보는 체험 대신에 온라인 판매에 성공한 비결은 '100일간 무료 체험'이라는 품질 자신감이었다. 그리고 설치기사가 필요 없는 박스형 압축포장이 가격을 낮추는 비결이었다. 침대를 주문하면 며칠 만에 집 앞에 커다란 종이박스에 돌돌 말린 폼 매트리스가 도착한다. 캐스퍼는 창업 당시부터 지금까지 100일간 제품을 사용한 뒤 마음에 들지 않으면 전액 환불하는 정책을 고수하고 있다. 무료 배송, 무료 반품 정책도 유지되고 있다.

"위대한 수면은 모든 것을 바꾼다. 우리를 더 친절하고 빠르고 영리하게 만든다. 모두가 잘 자면, 세계가 더 밝아진다." 이 회사의 철학이다. 스스로 '수면 회사(sleep company)'라고 부른다.

공동창업자인 닐 패리쉬가 매트리스 사업을 시작한 계기는 이렇다. 보통 매트리스 매장을 방문하면 장황하게 설명을 시작한다. 열 보존 기술, 체형저장 메모리폼 등 알아듣지도 못하는 기술을 줄줄이 나열했고 스프링 개수까지 자랑한다. 뭐가 좋은지 알 수가 없다. 그래서 닐은 공부했다. 닐은 제대로 된 매트리스를 만들어보자는 생각으로 수면전문의인 아버지의 조언을 듣고 자신의 전공(정형외과)도 살려 8개월간 수백 개의 매트리스와 수면패턴을 연구했다. 고객들이 진짜 원하는 매트리스가 무엇일지에 대해 내린 결론은 등판을 든든하게 받쳐주면서도 탄력 있고 공기순환이 잘 돼 쾌적한 매트리스였다. 든든하게 등판을 지지하는 재질은 메모리폼, 탄력과 공기순환에 초점을 맞추려면 개방형 라텍스. 기존 업체들은 각각 별도로 적용한 제품을 내놓고 있었다. 그래서 캐스퍼는 메모리폼과 개방형 라텍스 모두를 한 매트리스에 적용했다.

기존 매트리스는 부피 때문에 배송회사가 추가비용을 요구했고 반품을 하려 해도 다시 비용을 지불해야 했다. 캐스퍼는 매트리스에 압축기술을 적용해 기능의 손상 없이 소형 냉장고 크기의 박스에 들어갈 수 있게 만들었다. 일반 택배로 주고받을 수 있게 되면서 다른 회사들은 엄두도 못 내는 체험 서비스를 100일간 진행했다.

가격에 대한 심리적 저항선도 고려했다. 캐스퍼는 가격 책정을 위해 많은 조사를 한 결과, 최저 500달러에서 가장 비싼 제품을 950달러 수준에 맞추었다.

통상 매트리스 교체 주기는 10년으로 길기 때문에 기존 회사들은 한번 팔고 나면 끝이었다. 하지만 캐스퍼는 생일인 고객에게는 매트리스 커버를, 애완견을 기르는 고객에게는 자투리 재료로 만든 강아지용 침대를 보냈다. 그랬더니 고객들 사이에 제품을 홍보해주는 전도사(evangelist) 그룹이 생겨났고, 피드백을 해주기도 했다.

캐스퍼는 고객들 가운데 침대에 수면정보 수집장치 설치를 허락한 1만 5천여 명에게 맞춤형 수면가이드를 제공하고, 이 데이터를 이용해 제품을 개선하고 있다. 이렇게 캐스퍼는 침대제조업에서 테크기업으로 도약하고 있다.

한숨 푹~자고 가라는 침대 매장. 매트리스를 혁신해 각광받고 있는 스타트업 캐스퍼가 오프라인 매장을 열었다. 우리가 흔히 보는 침대 매장과는 많이 다르다. 뉴욕에 280평 규모로 문을 연 캐스퍼 슬립 숍(Casper Sleep Shop). 지루한 매트리스 쇼핑을 즐겁고 재미있게 바꾼 실험이다.

캐스퍼 매장에는 (졸졸 따라다니는) 영업담당 점원이 없다. 고객은 매장을 다니며 유유자적 구경하면 되고 궁금한 게 있으면 중간중간 서 있는 상담직원에게 물어보면 된다. 대신 초등학생 과학교실처럼 만들었다. 각 베개에 들어간 쿠션들을 쭉 뽑아 만질 수 있게 했고 이불에 들어간 섬유와 솜을 종류별로 확인할 수 있게 했다. 온도계를 설치해 어느 정도 보온이 가능한지도 보여준다. 각 제품 설명카드에는 전문용어 대신 어떤 사람에게 좋은지, 어떤 효과가 있는지 쉽게 적었다. 고객이 제품에 대해 바로 이해할 수 있도록 말이다.

매장에는 집 모양의 방이 여섯 개 있는데 여기서 잠도 잘 수 있다. 고르는 재미를 위해 방마다 벽지, 조명, 침구를 다르게 꾸몄다. 아이 방에는 나선형의 계단을 설치해 비밀의 공간으로 올라가는 재미를 더했고, 어른 방에는 새소리 등 자연의 소리가 흘러나와 숙면을 취할 수 있게 했다.

보통 온라인 브랜드들이 오프라인 매장을 내면, '오프라인에서 구경하고, 온라인에서 주문하라'는 방식이다. 하지만 캐스퍼는 매장에서 고객이 바로 박스에 싸서 가져갈 수 있도록 했다. 상점 아래 지하실 창고에서 꺼내 바로 가져가면 된다. 배송을 기다릴 필요가 없는 것이다.

매트리스를 사는 과정도 숙면처럼 편안하고 즐겁게, 그래야 최선의 선택을 할 수 있다. 이것이 캐스퍼가 매트리스 쇼핑의 개념을 바꾸려는 이유다.

매트리스를 혁신해 4년 만에 기업가치가 1조 원에 육박하는 캐스퍼가 새로운 실험에 나섰다. 매트리스 시장의 성장 한계에 직면하면서이다. 무엇보다 매트리스는 교체 주기가 길다. 캐스퍼 모델과 비슷한 스타트업들도 우후죽순 생겨났다.

매트리스 시장 과열을 넘어서기 위해 캐스퍼가 선택한 전략은 매트리스를 넘어서는 것이다.

2017년 초 캐스퍼 랩(Labs)을 세웠다. 수면과학자 등 50명 직원을 배치하고 공동창업자 중 한 명이 직접 총괄했다. 더 이상 혁신이 어려울 것 같은 침구제품을 원점에서 다시 보기 시작했다. 이렇게 해서 출시한 낮잠 베개(Nap pillow). 매트리스에 사용된 압축 기술을 이용해 접을 수 있게 했다. 파우치에 들어갈 정도 크기로 말 수 있어 들고 다니니 편하다. 또 책상에 베개를 올리고 옆으로 기대 자도 볼이 눌리거나 목이 불편하지 않게 모양이 쉽게 바뀌도록 만들었다. 100번의 프로토타입을 거친 침대시트도 출시했다. 디테일의 끝이라는 평가를 받는 침실조명 글로우(Glow). 해가 뜨고 지는 속도를 계산해 조명이 서서히 밝아지고 어두워지게 했다. 자연광에 익숙한 신체리듬을 반영한 것이다. 완전히 켜지는 시간과 꺼지는 시간은 앱으로 조정한다. 전등은 충전기와 탈부착도 가능하다. 충전기와 분리되면 전등 밑에서부터 서서히 불이 켜져 밤에 화장실을 갈 때 따로 불을 켜지 않아도 된다. 작동법도 최대한 쉽고 직관적이다. 버튼이나 스위치가 없다. 뒤집으면 ON/OFF, 왼쪽으로 돌리면 어두워지고 오른쪽으로 돌리면 밝아진다.

캐스퍼는 매트리스에서 시작해 수면과 관련한 모든 것을 파는 기업으로 변신하고 있다.

힐링되는 가전제품, 휴식가전

"침대는 가구가 아닙니다. 침대는 과학입니다."

1993년 에이스침대 광고의 멘트. 이 광고 덕에 에이스침대는 독보적인 판매 수익을 올리며, 1990년대 초반 침대시장을 선도했다. 여러 논쟁을 낳기도 했지만, 이른바 휴테크를 선언한 셈이다.

휴테크의 최전선은 가전 분야이다. 힐링생활가전, 휴식가전이 인기를 끌고 있다. 특히 코로나19를 겪으면서 이러한 경향은 심화되었다.

'집콕족'들은 단순히 집에 머무는 것에 그치지 않고, 나른하고 지친 몸에 활력을 불어넣어줄 수 있는 건강가전과 가구 등을 활용해 집을 호텔과 같은 휴식공간으로 꾸미는 경향을 보이고 있다. 300~500만 원대 다소 비싼 안마의자, 10~30만 원대 소형 안마기까지 두루두루 인기다. 여행이나 외식 소비가 줄어든 만큼 이 비용을 휴식가전에 투자해 보다 편안한 '집콕 생활'을 추구하는 것이다.

전동침대(모션베드)가 대표적이다. 의료용에서 가정용으로 변신한 전동침대는 사용자가 자유롭게 자세를 바꿀 수 있다. 또 코골이 방지 등 여러 기능을 넣어 숙면을 원하는 소비자 사이에서 인기가 높아지고 있다. 젊은 1~2인 가구가 늘어나면서 전동 리클라이너 수요도 늘고 있다. 머리 받침과 발 받침을 전동으로 조절하고 몸을 쭉 펼 수 있는 전동 리클라이너는 일반 소파에 비해 가격이 비싸다. 하지만 집에서 최상의 편안함을 추구하는 소비자가 늘면서 리클라이너 시장은 매년 20~30%씩 성장하고 있다.

안마의자 판매도 빠르게 늘고 있다. 세계에서 유일하게 안마의자 시장이 형성된 일본에서는 실버 세대가 핵심 수요층인 데 비해 국내에서는 '케렌시아(스페인어로 스트레스와 피로를 풀며 안정을 취할 수 있는 나만의 공간)' 열풍으로 젊은 층이 많이 구매하고 있다. '효도가전'으로 불리던 과거와 달리 최근 MZ세대가 포함된 20~40대 젊은 소비자들이 새로운 안마의자 고객층으로 떠오르며 휴식가전은 더 이상 노년층의 전유물이 아닌, 현대 사회 남녀노소 누구에게나 필요한 가전제품으로 자리매김했다.

헬스케어 전문기업 세라젬의 '마스터'는 식약처로부터 근육통 완화 효과를 인증받은 의료기기다. 세라젬 척추의료가전 핵심 기술을 기반으로 사용자가 원하는 척추 부위를 찾아서 직접 관리를 받을 수 있는 마스터 모드 등 17가지 업그레이드된 마사지 프로그램으로 주목받았다. 세라젬 마스터는 블루투스 스피커, 음성안내, 사물인터넷(IoT) 애플리케이션을 통한 원격 컨트롤 및 콘텐츠 제공까지 다양한 기능을 새롭게 추가해 집에서 건강을 관리하고 싶은 집콕족들에게는 더없이 좋은 대안이라는 설명이다.

세라젬의 안마의자 '파우제' 역시 큰 관심을 받고 있다. 독일어

▶ 세라젬 마스터와 파우제 (세라젬 홍보자료)

로 '휴식'이라는 뜻의 파우제는 스타일리시 안마의자 제품이다. 파우제는 세련된 프리미엄 라운지 체어 디자인을 채택하고, 최고급 천연 가죽과 패브릭 소재를 적용해 고급스러운 개인 소파의 역할은 물론 마사지가 동시에 가능하다. 파우제는 편안한 휴식과 마사지를 제공하는 안마의자 본연의 기능에도 충실했다. 척추 곡선을 따라 목부터 골반까지 마사지 볼이 이동하는 SL 프레임(프리미엄급 안마의자 모듈)을 탑재해 사용자에게 섬세하고 특별한 마사지를 선사해준다. 세라젬 마스터와 안마의자 파우제는 세련된 디자인과 뛰어난 기능을 포함하고 있기 때문에 집 꾸미기 트렌드와 함께 세련된 건강가전을 찾는 이들에게 큰 인기를 얻고 있다. 집콕이 일상화되면서 안마의자로 단순히 마사지를 받는 것을 넘어 음악을 듣거나, TV로 영화 관람을 하거나, 홈트레이닝 후 스트레칭하는 등 활용 범위가 더 넓어지고 있다.

휴테크 컴마(COM'MA) 안마의자는 기술력, 디자인, 안전 기능 모두를 만족시켜 안마의자 구입시 고려하게 되는 요소를 고루 갖추며 젊은 소비자에 많은 사랑을 받고 있다. 브랜드명에서부터 휴식의 가치를 담아, 지친 현대인들에게 일상의 휴식이 주는 의미를 전하기 위해 쉼표를 형상화한 아이코닉한 디자인을 자랑한다. 넓은 공간감을 부여하는 포근한 크림 화이트 컬러와 숄더 라인에 위치한 포인트 핑크 컬러가 적절하게 믹스 앤 매치되어 감각적인 인테리어를 완성한다. 휴테크만의 독자적인 HBLS(HUTECH Body Leveling massage System)를 적용해 인체 마사지 가능 범위를 세밀하게 구분하여 신체 부위별로 최적화된 초정밀 맞춤 마사지를 제공한다. 또한 부위별, 테마별로 선택할 수 있는 10가지 자동 프로그램을 탑재해 몸 컨디션과 상황에 따라 별도의 설정 없이 버튼 하나로 간편하게 마사지를 즐길 수 있다.

코로나19 여파는 안마의자처럼 휴식을 돕는 제품과 고가 가전에 아낌없이 돈을 쓰는 '플렉스(flex)' 소비 경향을 잉태했다. 플렉스 소비는 명품이나 프리미엄 제품 등을 구입하며 부를 과시하는 소비 행위를 일컫는 말로 불황 속에서 '보복 소비'의 일환으로 주목받고 있다.

특히 주거 공간에 대한 관심과 애착이 커진 MZ세대가 힐링가전 시장에 신고객층으로 등장했다. 코로나19의 여파로 실내에 머

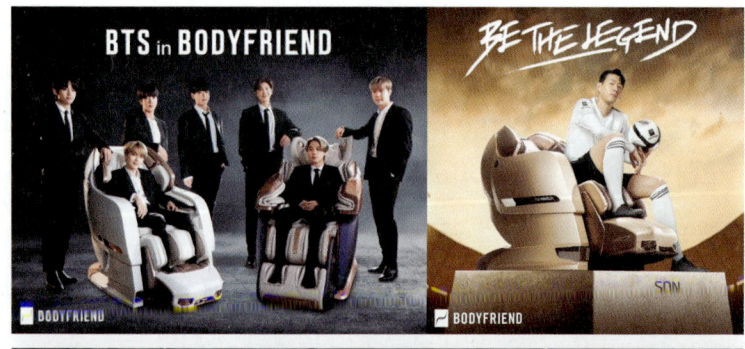

▶ 안마의자가 인기를 끌면서 유명인을 내세운 광고가 증가하고 있다. (각사 자료)

무는 시간이 증가하면서 수면, 식사, 휴식 등 기본적인 기능 외에 업무, 취미생활 등을 누리는 공간으로 집의 의미를 확장시킨 MZ세대는 새로운 라이프스타일에 맞는 新가전을 구매하는 경향을 보여주고 있다. MZ세대를 중심으로 '나'를 위한 소비가 유행처럼 번지면서 단순히 좋은 품질과 가격을 넘어 소비를 통해 정체성을 드러내는 것이 이들의 제품을 선택하는 기준이다.

명상 애플리케이션 서비스

유발 하라리는 〈21세기를 위한 21가지 제언〉에서 '명상'을 권한다.

인간의 마음은 항상 걱정을 한다. 필연적이다. 현대인들은 걱정거리가 아주 많다. 테러, 기후변화, 인공지능, 프라이버시 침해 등. 유발 하라리는 이런 공포에 맞설 유용한 수단을 제안한다. 걱정하는 것을 멈추는 것이 아니라 어떤 것들이 걱정되는지 아는 것이라고 말이다.

그는 21세기의 삶은 마음을 챙기는 명상을 요구한다고 강조한다. 명상은 세계와 자신에 대한 진실을 아는 방법이라고 말한다. 허구의 스토리를 가려내 들어내고 실제만 남기는 도구가 그에겐 바로 명상이었다고 한다.

"숨을 한 번 쉬는 동안 자신을 진정으로 관찰할 수 있다면 모든 것을 관찰할 것이다. 명상은 실제와 허구의 차이를 알게 해준다. 무엇이 진짜인지, 무엇이 우리가 지어내고 만든 이야기인지 알 수 있다. 당신 마음속에 있는 걱정의 99%는 그냥 허구인 이야기일 뿐이다." 2017년 강연에서 그는 이렇게 강조했다.

"(명상 수련을 하기 전까지) 나는 분노를 1만 번은 경험했을 것이다. 하지만 분노가 실제로 어떻게 느껴지는지 관찰해보려고 하지는 않았다. 화가 날 때마다 분노의 감각적 실체보다 분노의 대상(누군가 한 일이나 말)에만 집중했다. … 내가 깨달은 가장 중요한 것은 내 고통의 가장 깊은 원천은 나 자신의 정신패턴에 있다는 사실이었다. 내가 뭔가를 바라는데 그것이 나타나지 않을 때 정신은 고통을 일으키는 것으로 반응한다. 고통은 외부 세계의 객관적 조건이 아니다. 나 자신의 정신이 일으키는 정신적 반응이다. 이것을 깨닫는 것이 더한 고통의 발생을 그치는 첫 걸음이다."

명상 시장 규모가 커지면서 명상 앱들이 인기를 얻고 있다.

다양한 원인으로 심리적 스트레스를 호소하는 사람들이 증가하면서 그들의 마음을 회복하기 위한 방법들이 강구되었고, IT 기술을 접목한 명상 애플리케이션과 관련 콘텐츠들이 신흥시장의 주역으로 떠오르기 시작한 것이다.

명상 애플리케이션의 인기 요인은 언제 어디서나 편안하게 명상시간을 가질 수 있다는 편리성과 명상을 통해 마음의 안정을 얻고 행복해진다는 심리치료 효과가 작용된 것으로 분석된다.

명상 대표 기업들은 헤드스페이스(Headspace), 캄(Calm), 심플해빗(Simple Habit) 등인데, 본사가 모두 미국 캘리포니아 샌프란시스코에 소재하고 있어 미국이 명상 애플리케이션 글로벌 시장 활성화에 앞장서고 있다.

명상 애플리케이션 시장의 시초는 '헤드스페이스(Headspace)'로, 리치 피어슨(Rich Pierson)과 앤디 퍼디컴(Andy Puddicome)이 영국 런던에서 공동 창업했다. 2010년 창업한 헤드스페이스는 신비주의로 인식되던 명상을 스마트폰 속에 집어넣으며 명상이 얼마나 '쿨'한지 보여주고 있다. 배우 제시카 알바, 링크드인 CEO 제프 와이너 등이 7,500만 달러를 투자했고, 허핑턴포스트 창업자 아리아나 허핑턴, 버진그룹 회장 리처드 브랜슨, 오프라 윈프리, 기네스 팰트로 등 유명인 팬들도 많다. 빌 게이츠도 열성 팬이다.

창업자 앤디 퍼디컴은 영국에서 최초로 국가공인을 받은 명상 컨설턴트이다. 미얀마와 티베트에서 10년을 수련했다. 공동창업

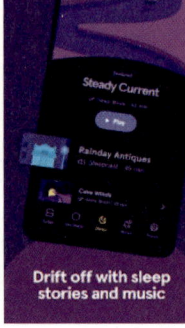

▶ 명상 앱 '헤드스페이스'

자 리치 피어슨은 광고회사에서 일하다 번아웃(Burn out) 증세가 나타났다. 그러던 중 친구 소개로 퍼디컴을 만나게 되었고 명상에 빠졌다.

    스님이 된 퍼디컴이 영국으로 돌아와 지역보건소에서 명상수업을 진행하고 있을 때였다. 퍼디컴의 수업은 매번 수백 명이 몰릴 정도로 인기였다. 그는 명상 수련법을 책자로 만들어 나눠줬는데 수업을 듣지 못한 사람이 책자*라도 구하기 위해 애쓰는 것을 보

---

* 앤디 퍼디컴이 수련법을 정리해 2012년 출간한 책은 베스트셀러가 되었다. 빌 게이츠는 '내가 읽은 최고의 책 중 한 권'이라고 소개하며 누구든 내면의 나에게 더 집중할 것을 권했고, 가디언(The Guardian)은 복잡하지 않은 삶, 명료하게 삶을 살고자 하는 이들이 읽어야 할 책, 타임스(The Times)는 최고의 인생을 살고 싶어 하는 거인들이 읽어야 할 책이라고 소개하며 대중의 관심을 자극했다. 국내에도 번역 출간되어 있다. 〈신의 삶에 명상이 필요할 때-오직 '나'다운 답들이 쌓여 있는 곳, 그 유일한 공간을 찾아서〉, 앤디 퍼디컴 지음 / 안진환 역, 스노우폭스북스, 2020.

고 피어슨은 더 많은 사람들이 명상을 접하도록 온라인 콘텐츠를 함께 만들었다.

두 사람은 이 콘텐츠를 영국 〈가디언(The Guardian)〉에 기고했다. 잠잘 때, 식사할 때, 출퇴근할 때 등 특정 상황에서 명상 수련을 할 수 있는 10분 남짓 짧은 팟캐스트였는데 선풍적 인기를 끌었다. 명상 콘텐츠의 파급력을 확인한 두 사람은 2014년 앱을 만들었다.

초보자도 쉽게 따라할 수 있게 만들었다. 명상을 모르는 사람도 퍼디컴의 목소리에 집중하며 따라하면 된다. 숨을 들이쉬고 내쉬는 것부터 시작해 시선은 어디에 둘지, 또 근육이 이완되는 것을 느껴보도록 차근차근 알려준다. 10일간 기초적인 명상 세션을 사용하고 좋으면 구독하면 된다. 한 달 구독료가 13달러, 연간 96달러이다.

'하루 10분 명상을 위한 서비스'라는 슬로건으로 창의성, 집중력, 행복 등 다양한 테마를 가진 수백 개의 명상 콘텐츠를 제공하고 있다. 방법은 사용자가 설정한 명상 단계에 따라 진행하거나 사용자의 심리 상태나 라이프스타일에 맞는 명상모드를 선택해 명상을 진행할 수 있다.

명상의 효과는 즉각적으로 나오지 않는다. 매일 꾸준히 수련하는 것이 가장 좋은 방법이다. 그래서 헤드스페이스는 게임적인 요소도 도입했다. 매일 일정 시간 명상을 하면 레벨 업이 되어 잠겨 있는 6만 개 이상의 다른 명상 세션에 접속할 수 있다. 얼마 동안 연속으로 명상을 했는지 친구들과 순위를 매길 수도 있다.

명상은 목적을 정하고 하는 것이 아니기 때문에 특정 상황에

즉각 도움이 되지는 않는다. 하지만 헤드스페이스는 문턱을 낮췄다. 불면증에 시달릴 때, 집중력을 끌어올리고 싶을 때, 스트레스가 심할 때 등으로 카테고리를 나눠 자신에 맞는 '처방'을 할 수 있도록 했다. '감정이 격해질 때', '갑작스러운 스트레스'처럼 응급상황에서 잠깐 숨 돌릴 수 있는 2분짜리 세션도 있다.

기업들은 직원복지로 이 앱을 직원들에게 제공하고 있다. 구글, GE, 유니레버, 어도비, 링크드인 등 여러 회사가 구독료를 대신 내주고 있다. 델타항공, 유나이티드항공 등 항공사들은 기내 모니터로 헤드스페이스의 명상 콘텐츠를 제공하고 있고 미국프로농구(NBA)도 프로선수들에게 명상 세션을 제공하고 있다.

'캄(Calm)'은 명상 서비스로 기업가치가 10억 달러가 된 앱이다. 2012년 영국 출신 마이클 액턴 스미스(Michael Acton Smith)와 알렉스 튜(Alex Tew)가 미국 샌프란시스코에 공동 설립한 명상 애플리케이션 스타트업으로 2019년 2월 10억 달러(한화 1조 1,190억 원) 펀드레이징에 성공해 유니콘 기업으로 부상했다.

불안과 스트레스, 불면증을 포함한 현대인들이 겪는 심리적 문제를 진정시키는 것을 목표로 바다, 숲, 산 속 등 자연 친화적인 배경화면과 자연의 소리들이 좋은 반응을 얻었다.

2017년 애플이 선정한 올해의 앱, 2018년 미국에서 가장 빠르게 성장하고 있는 앱으로 선정되며 주목받았다. 연간 구독료가 69.99달러, 평생구독료가 399.99달러(47만 원)로 비싼데도 2019년에만 구독자가 2배 늘었다. 특히 헐리우드에서 인기가 많은데 〈인터스텔라〉 주인공인 매슈 매코너히와 〈300〉의 주인공인 에바 그린이 내레이션을 하고 있고, 유명 아이돌 '원 디렉션'의 해리 스

▶ 명상 앱 '캄'

타일스가 투자했다. NBA 스타 르브론 제임스도 '당신의 마음을 다스리는 법' 강의를 올리기도 했다.

인기 비결은 명상을 수련처럼 하지 않는 데 있다. 가부좌로 오랜 시간 집중하는 수련을 넘어 마음이 편해지는 서비스로 확장했다.

이 앱은 잘 자도록 도와준다. 수면과 명상, 잠과 스마트폰은 어울리지 않는 조합이지만, 가장 인기 있는 카테고리는 수면이다. 잠을 잘 자는 것이 마음이 편해지고 정신 건강을 챙기는 데 가장 중요하다는 판단 때문이다. 그런데 잠을 잘 오게 하는 콘텐츠가 이색적이다. 바람, 물, 숲 등 자연의 소리나 나긋나긋한 목소리로 읽어주는 명언이 아니다. 내레이터가 어른들을 위한 동화책을 읽어줄 뿐 아니라 이런 콘텐츠까지 읽어준다. EU 개인정보보호 규정, 150페이지 넘는 법안을 해설해준다. 듣고 있으면 잠이 솔솔 온다. 테니스 규칙, 코트의 악동이라 불린 테니스 스타 존 매켄로가 테니스 규칙을 설명한다.

음악 카테고리도 다른 서비스와 차별화되는 포인트다. 가수 샘 스미스의 음악을 수면용 1시간 분량으로 편집한 '슬립 믹스', DJ 모비의 '캄' 전용 힐링 음악앨범, DJ 톰 미들턴의 1시간짜리 릴랙스 음악. 기존 음악을 단순히 명상용으로 바꾸는 것 이상의 음악을 만들기 위해 다양한 아티스트와 협력하고 있다.

'마스터 클래스' 카테고리는 명사들의 강의를 듣는 'TED'와 유사하다. 다른 점은 영상을 보는 대신 목소리를 듣는 것이다. NBA 스타 제이슨 키드는 자신의 비결을 멘탈 훈련, 팀에 녹아드는 법, 수면의 중요성 등으로 나눠 설명하고 미국 작가 숀 어쿼는 '행복해질 수 있는 비결'에 대해 강연한다.

아침에 하면 좋은 스트레칭, 집중력에 도움되는 운동법, 저녁에 하는 릴랙스 운동 등의 신체건강과 관련한 콘텐츠도 제공한다. 쉬운 동작은 음성으로 알려주지만, 복잡한 동작이 가미된 스트레칭은 보고 따라할 수 있게 영상도 제공한다.

아마존을 통해 라벤더, 카모마일 등 숙면을 도와주는 향이 가미된 미스트와 베개에 뿌리면 잠이 잘 오는 스프레이 등도 판매하고 있다.

캄이 명상 서비스로 유니콘이 된 비결은 명상 그 자체에 매달리지 않고, 사람들이 명상 서비스를 찾는 이유를 충족시킨 덕분이다. 푹 잘 수 있도록 EU의 150페이지 규정까지 해설하고, 마음이 편안해지도록 가수들과 음악을 만들고, 자존감을 높이는 강의까지 제공한 덕분이다.

'심플해빗(Simple Habit)'은 월스트리트 투자은행에서 헬스케어 분야 애널리스트로 활동했던 한국인 김윤하가 2016년 미국 팔로 알토에 설립한 명상 애플리케이션 스타트업이다.

월 4,500원으로 200개가 넘는 명상 콘텐츠를 자유롭게 이용할 수 있다. 2017년 구글 플레이 베스트 앱, 애플 앱스토어 명상 카테고리에서 1위에 선정되었다.

CEO가 투자은행에서 일했을 때나 처음 창업을 했을 때 매일 20시간씩 고강도로 일하면서 생겼던 스트레스를 명상으로 풀었고, 자신처럼 업무강도가 높은 분야에서 일하는 전문직 종사자들

▶ 명상 앱 '심플해빗'

을 타깃으로 한 명상 애플리케이션을 만들기로 결심, 하버드대학교 심리학자와 구글 명상 프로그램 엔지니어와 협업해 만든 5분, 10분, 20분 단위의 짧은 명상 세션이 큰 인기를 끌었다.

심플해빗의 인기 비결은 한 명이 다양한 콘텐츠를 공급하는 경쟁사들과 달리 플랫폼 형태로 운영해 명상 강사들의 직접 참여가 가능하다는 점이다. 그들은 세션을 제공하고 직접 운영하면서 부가적인 수익을 창출할 수 있고, 고객들은 명상 전문가들이 제안하는 섬세하고 유니크한 세션들을 체험해볼 수 있다.

혜민 스님과 다니엘 튜더가 공동개발한 명상 애플리케이션 '코끼리'는 코로나19가 확산되면서 가입자 수가 배 이상 급증했다. 코끼리 앱은 '편안한 수면이 필요할 때', '외로움을 느낄 때', '마음

▶ 마음챙김 앱 '코끼리'

에 활기가 필요할 때' 등 다양한 상황과 기분에 따라 오디오 콘텐츠를 선택해 청취할 수 있도록 구성되어 있다. 사용자들은 호흡 명상, 바디스캔, 꿀잠 이야기, 수면 음악 등 900여 개의 콘텐츠를 통해 셀프 멘탈 케어가 가능하다. 론칭 1년 6개월 만에 누적 가입자는 40만 명을 돌파했다. 비대면 서비스를 통해 불안과 스트레스를 조절할 수 있다.

자투리 시간에도 휴식을, 명상 버스 사례

미국에는 이색 버스가 있다. 바로 '비타임(Be Time)'이라는 이름의 버스로, 명상 수업을 위한 일명 '명상 버스(Meditation Bus)'다.

명상 센터를 찾기 어려운 바쁜 직장인들이 20~30분 자신의 마음을 다스릴 수 있는 버스다. 최근 이런 명상 버스가 미국에서 인기다.

뉴욕, 샌프란시스코, 디트로이트 등 명상 버스를 운영하는 회사만 서너 곳. 회사가 모여 있는 곳을 다니며 직장인들이 잠시 스트레스에서 벗어날 수 있게 해준다.

7~8평 버스 바닥에는 원목이 깔려 있고 그 위로 방석과 의자가 놓여 있다. 가운데 앉은 명상 코치를 따라 사람들은 조용히 숨을 들이마셨다가 내뱉는다. 버스 안에서 사람들은 15분 정도 강사가 진행하는 명상 수업을 듣게 된다. 눈을 감고 호흡하는 법, 이유 없는 비난에 마음 다스리는 법, 업무 집중력 높이는 법, 불면증에 좋은 명상 등 스트레스를 다스리는 방법이 주된 수업내용이다.

▶ 명상 버스 서비스, 비타임 (홍보자료)

명상 버스가 인기인 이유는 명상 센터를 찾지 않아도 버스가 찾아오기 때문이다.

사람들은 버스 스케줄을 확인하고 인근에 오는 버스를 예약하면 된다. 점심시간 잠시 명상을 하고 다시 업무에 복귀한다. 규칙적으로 수업을 들을 필요 없이 필요할 때만 가면 된다.

가격은 명상 센터의 절반 정도로 한 번 수업에 평균 10달러 내외. 임대료가 들지 않기 때문에 저렴하다.

2015년 가장 먼저 이 버스를 운행하기 시작한 '캄 시티'는 이용객이 계속 늘면서 점심시간 전후 시간대는 내내 만석이라고 한다. 기업, 병원, 학교 측에서 먼저 요청하는 경우도 많아졌다. 회사 건물에 주차해놓으면 직원들이 와서 명상을 하고 간다.

VR 힐링 콘텐츠

힐링, 치유를 목적으로 VR 콘텐츠가 제작되는 사례가 증가하고 있다.

VR 콘텐츠는 HMD 등 몰입형 개인화된 디바이스를 활용하는 특성으로 주위 시선으로부터 자유롭고, 온라인 심리치료와 연동하여 익명성이 보장된다면 좀 더 효과적인 심리치료 방법으로 활용된다. 대학병원들은 가상현실 치료법을 적극적으로 활용하여 외상 후 스트레스 장애나 각종 공포증, 알코올 중독 등에 대한 치료에 적극적으로 활용하고 있다.

특히 시니어들에게 효과적인데, 시니어에게 있어 가장 중요한 문제 중 하나는 정서적 고립과 외로움을 해결하는 것이며, 이에 VR의 진보가 일정 역할을 수행할 것으로 기대된다. 일본, 미국 등에서는 여행, 치료, 경험 재생 등의 측면에서 노년층에게 체험과 치료의 목적으로 다양한 시도가 활발하게 이루어지고 있다. 가족과 자주 접하기 어려운 시니어 및 치매 환자들에게 있어 가상적 접촉과 의사소통은 심리적 · 정서적 치료효과가 있다는 연구결과가 발표되고 있다.

영국은 VR 기술을 통해 기억을 재현해 치매 치료에 도움을 주고자 하는 프로젝트인 '더 웨이백 프로젝트(The Wayback Project)'를 시작했다. 그 첫 번째 작품이 바로 '엘리자베스 2세 여왕의 대관식 편'이다. 치매를 앓고 있는 환자들은 먼저 스마트폰 더 웨이백 애플리케이션을 다운로드받아 영상을 재생한다. 그리고 맞춤형 3D고글을 착용하면 눈앞에 엘리자베스 2세 여왕의 대관식 모

▶ 영국의 'The Wayback Project' (홈페이지)

습을 생생하게 볼 수 있다. VR 기술을 통해 유명하고 긍정적인 순간들을 재현해 마치 그 현장으로 되돌아간 듯한 경험을 제공한다. VR 기기를 통해 과거로 돌아간 치매 환자들은 잊었던 기억들을 다시 떠올리게 되면서 치매 치료에 도움을 받는 것이다.

크라우드 펀딩으로 3만 5,000파운드를 조성해 시작된 프로젝트로, 엘리자베스 2세 여왕의 대관식에 이어, '1966년 런던 월드컵', '1989년 베를린 장벽 붕괴' 등 전 세계 역사의 주요 순간을 VR로 재현해 더 많은 치매 환자들이 잃어버린 기억을 되찾을 수 있도록 한다는 계획이다. 치매 환자들의 잊었던 기억들을 가상현실 기기로 재현해 냄으로써 치매 치료에 도움이 될 것으로 기대된다.

힐링 차원에서 VR 활용은 점차 영역을 넓혀가고 있다.

〈가이디드 메디테이션 VR〉은 지친 마음을 달랠 수 있는 VR 명상 게임으로 최적화된 VR 명상 환경을 제공한다. 앉은 자세, 선

▶ 가이디드 메디테이션 VR 서비스 (홈페이지)

자세, 방 안의 자유로운 움직임까지 모두 지원하기 때문에 일상을 탈피하는 몰입감을 제공한다. 보통은 자리에 앉아 명상을 즐기는 사람이 많지만, 아름다운 경치를 감상하고 싶다면 주위를 돌아다니는 것도 얼마든지 가능하다. 울창한 나무숲, 청정한 개울가, 고요한 동굴, 영험한 기운이 나는 사원, 풀들이 우거진 정글 등 다양한 장소에서 힐링이 가능하다. 차분해지기, 긴장 풀기, 집중력 향상, 활력 증진 등 내 상태에 꼭 맞는 명상이 50가지 이상이다. 지속시간도 2분, 5분, 10분 단위로 구성된다. 명상에 어울리는 음악도 선택할 수 있어 힐링 콘텐츠이다.

〈노던 라이츠(NORTHERN LIGHT)〉는 방 안에서 북극의 오로라를 만날 수 있는 VR 콘텐츠이다. 매끄럽게 담아낸 360도 화면에 피아니스트가 연주한 오리지널 피아노곡이 제공된다. 잔잔한 곡과 함께 2~3분 길이의 영상, 그리고 슬라이드 쇼가 펼쳐진다.

▶ 노던 라이츠 VR 서비스 (홈페이지)

VR 기술과 감상 콘텐츠의 조화를 보여준다.

  VR을 활용한 명상 콘텐츠는 기존 개발 사례를 통해 명상에 도움이 되는 자연 경관 영상을 활용한 시각적·청각적 체감 요소를 활용하고 있으며, VR 디바이스의 착용으로 인한 움직임이 자유롭지 못한 특징으로 육체적 수련보다는 마음을 다스리는 심리적 조절 위주의 명상이 적합한 것으로 평가된다.

  VR 기술의 발전으로 시각, 청각 위주의 콘텐츠에서 오감을 활용하는 기술로 체감 기술이 확대되고 음성인식 기술, 3D사운드 기술, 햅틱상호작용 기술, 3D 인터랙션 기술 등 상호작용 기술의 고도화는 가상세계의 경험을 증폭시킬 것으로 기대된다. 이러한 기술의 활용을 통해 힐링 콘텐츠의 체감 요소를 확대하고 다양한 분야의 활용이 가능할 것이다.

힐링 로봇

사랑스러운 힐링 로봇을 그린 영화 〈빅 히어로(Big Hero, 2014)〉. 영화의 주인공으로 등장하는 테디와 히로 형제는 이모와 함께 살고 있다. 형 테디가 사고를 당해 세상을 떠나고, 히로는 깊은 슬픔에 잠기게 된다. 그때 형이 만든 로봇인 '베이맥스'가 등장한다.

베이맥스는 치료용으로 제작돼 풍성하고 따뜻한 마음을 지닌 힐링 로봇이다. 베이맥스는 형을 잃은 히로를 위해 몸 전체를 스캔해 어디가 아픈지 파악해서 히로의 상처를 치료해주려고 한다.

또 베이맥스는 "아픔이 치료될 때까지 계속 곁에 있겠다"며 히로를 위로해준다. 그 덕분에 히로는 마음의 병을 고치고 생명을 소중히 여기는 아이로 성장해나간다.

▶ 애니메이션 영화 〈빅 히어로〉 포스터
(네이버 영화)

특별한 우정을 쌓아가던 중, 도시가 파괴될 뻔한 위험한 상황에 닥치자 베이맥스는 슈퍼 히어로로 업그레이드돼 도시를 구하러 나선다. 모험을 그려내는 동시에 로봇인 베이맥스와 인간 히로의 우정에 더욱 주목하게 하는 영화다. 베이맥스는 '힐링 로봇'의 이상적인 모습 중 하나를 시사한다.

로봇들이 코로나19 팬데믹 장기화에 따른 우울증을 해소하거나 완화해주는 역할을 하고 있다.

일본의 경우 그루브엑스에서 개발한 껴안고 싶은 휴머노이드 로봇인 러봇(LOVOT), 소니의 강아지 로봇 아이보(AIBO), 유카이엔지니어링(ユカイ工学)의 스트로크에 반응해 꼬리를 움직이는 털북숭이 쿠션로봇인 쿠보(QOOBO) 등 이른바 '힐링 로봇'의 판매가 급증하고 있다.

코로나19 팬데믹 기간 화상회의로 사랑하는 사람들, 친구, 동료들과 연락하는 법을 배웠지만, 대면 접촉 감소가 물리적 신체 접촉의 대체물을 제공하는 로봇 시장을 끌어올리고 있다. 전화나 화상회의로는 실제로 느끼기 힘든 타인의 실존을 확인하려는 것이다.

일본의 로봇 스타트업 GROOVE X가 2019년 12월 출시한 '러봇(LOVOT)'은 주인이 부르는 소리에 달려오고 간지럼을 태우면 웃는 '애완용 로봇'이다. 반려동물처럼 애정을 주고 체온을 나눌 수 있는 반려 로봇 개념이다. 예약 후 석 달을 기다려야 손에 넣을 수 있을 정도로 인기다.

러봇은 주인이 집에 들어왔을 때 현관까지 마중을 나오고 집

▶ GROOVE X의 힐링 로봇 '러봇' (보도자료)

안에서 졸졸 따라다니는 반려 로봇이다. 눈을 맞추거나 포옹을 할 수도 있다.

배터리가 다 떨어져가면 '둥지'라고 부르는 충전소로 스스로 이동해서 배터리 충전을 진행할 수 있으며, 스마트폰 애플리케이션으로 눈동자 색, 목소리와 수면시간 등을 변경할 수 있다. 출하 때 기본적인 성격이 설정돼 있는데, 주인과 함께 사는 생활이 시작된 이후에는 주인과의 접촉 빈도 등에 따라 성격이 변화해간다. '집 지키기 모드'를 사용할 경우 사용자는 애플리케이션으로 러봇을 원격조작해 탑재된 카메라로 집 안을 직접 확인할 수 있다. 러봇이 집 안을 스스로 돌아다니다가 사람을 발견했을 때 사진을 촬영하고 그 사진을 주인에게 바로 송신하는 것도 가능하다.

50개 이상의 센서를 탑재해 주인을 인식하고, 접근하고, 눈을 마주칠 수 있다. 센서들은 또한 몸체 어디가 닿는지 느끼고, 장애물을 피할 수 있게 해 준다. '허그(껴안는) 모드'에 맞춰 팔을 조절할 수 있고, 체온은 인체와 비슷한 37℃ 안팎인데, 무게도 약 4.2kg으로 쉽게 들어올릴 수 있을 만큼 가볍다. 정해진 시간에 '수면'을 위해 스스로 충전소로 돌아오며, 로봇으로서는 최초로 두 대의 로봇을 동시에 세팅한 일부로 작동할 때(듀오 세팅의 일부일 때)에는 다른 로봇이 더 관심을 받으면 질투하는 것처럼 보일 수 있다. 영국의 인기 인형극 주인공 텔레토비 주인공처럼 보이기도 하는 이 로봇은 360도 시야가 확보된 카메라로 집 안을 점검해 이상 발생시 집을 비운 주인에게 원격으로 알려줄 수 있다. 또 주인이 어떻게 지내는지 보여주기 위해 로봇 소유자가 로봇과 몇 번이나 접촉했는지를 따로 떨어져 사는 가족들과 공유할 수

▶ 소니의 강아지 로봇 '아이보'

있다. 또한 러봇이 사람과 접촉한 이력을 기록해 공유하는 것도 가능하기 때문에 고령의 가족에게 러봇을 선물할 경우 건강에 이상 없이 지내고 있는지도 체크할 수 있다.

소니의 강아지 로봇 '아이보'도 비슷한 기능을 갖고 있어 30~40대가 멀리서도 안전을 확인하기 위해 부모를 위해 구매하는 등 인기를 끌고 있다. 최초 모델이 출시된 지 20여 년이 지난 6세대 아이보는 최대 10명의 등록된 얼굴 이미지를 인식할 수 있도록 개선됐다. 소유주들이 원하는 대로 눈의 색상, 남성 또는 여성의 특징을 갖게 하는 등 맞춤형으로 제작된다.

'치료 로봇'으로 만들어진 '쿠보'는 원래 알레르기나 다른 이유로 애완동물을 소유할 수 없는 사람들을 위해 고안된 제품이지만 더 폭넓은 고객층을 확보하고 있다. 코로나19 팬데믹이 장기화되면서 치유 로봇에 대한 수요가 더 늘어나고 있는 것이다.

핵가족화와 개인주의가 팽배해짐에 따라 거동이 불편한 고령자

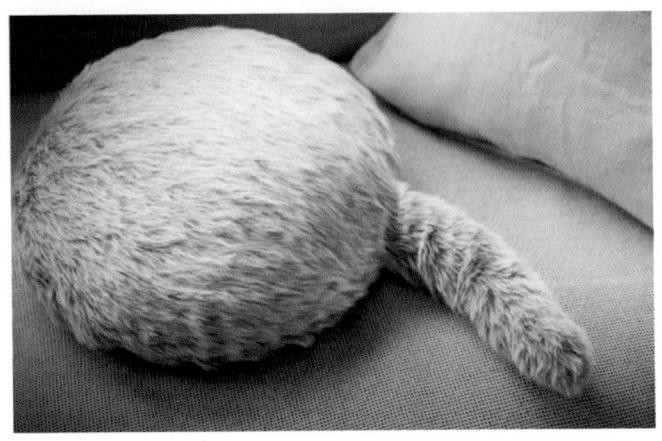
▶ 쿠션에 꼬리가 달려 만지면 흔드는 로봇 '쿠보' (유카이엔지니어링 유튜브)

나 장애인을 돌봐줄 사람을 찾기가 점점 어려워지고 있다. 특히, 평균 수명이 세계 최고 수준에 있고 1인 가구 수도 유난히 많은 일본에서는 간병 수요가 어느 나라보다도 높아, 부족한 간병인을 대신할 로봇의 개발과 실용화가 일찍부터 시도되어 왔다.

일본에서는 '개호(介護, 곁에서 돌보아 줌) 로봇'이라 불리는 노약자용 간병 로봇이 실용화의 전기를 맞고 있다. 간병 로봇 '파로(PARO)'는 일본의 국립연구개발법인인 산업기술종합연구소(AIST)에 의해 1993년부터 약 1천 500만 달러(160억 원)의 개발비가 투입되어 2005년 처음 상용화됐으며, 여러 차례 업그레이드되어 2017년까지 8번째 버전이 출시된 상태이다. 세계 최초로 치유용 로봇으로 기네스북에 등재되었다.

아기 하프물범을 형상화한 파로는 약 57cm의 길이와 2.5kg의 무게이다. 사람이 안으면 따뜻한 정도의 느낌을 주도록 온도가 설정되어 있다. 동물과 어울리면 감정이 안정적이고 환자들에게

▶ 간병 로봇 '파로', 파로와 시간을 보내는 시니어들 (홈페이지)

도 재활 효과를 준다는 이른바 '애니멀 테라피(animal therapy, 동물 매개 치료)' 효과를 노린 것이다. 인간과 공존하는 '멘탈 커미트 (Mental Commit) 로봇'의 본격적인 등장이다. 파로는 손으로 만지거나 이름을 부르면 이에 반응해 소리를 내고 다양한 감정 표현이 가능하며, 주인의 일정한 행동양식 학습이 가능한 지능까지 장착하고 있다. 요양시설 수용자, 입원환자, 간병인 등의 스트레스를 줄여주기 위해 개발되었는데, 촉각, 시각, 청각 등을 감지할 수 있는 센서가 내장되어 있다. 미국 식품의약국(FDA)으로부터 신경치료용 의료기기로 인정받기도 했다.

3. 여가문화 힐링 비즈니스

> 휴식은 곧 회복이다.
> 짧은 시간의 휴식일지라도 회복시키는 힘은
> 상상 이상으로 큰 것이니
> 단 5분 동안이라도 휴식으로 피로를 풀어야 한다.
> - 데일 카네기

'쉼' 혹은 여가의 가치

인간의 삶에서 쉼 혹은 여가의 중요성에 대해서는 오래전 고대 그리스 시대 이전부터 철학적·종교적인 면에서 강조되어 왔다. 고대 그리스 시대 아리스토텔레스는 쉼 혹은 여가(Schole, 스콜레)를 통해서만 진리 탐구에 이른다고 하였다. 이스라엘의 구약성서에는 일주일 가운데 하루를 쉬는 것이 신의 명령으로 주어질 만큼 쉼은 중요하게 다루어져 왔다.

노동이 인류의 역사와 함께 시작되었다면 쉼 역시 그러하다. 현대인이 사유하는 여가(쉼)에 대한 철학적 이해의 기초를 놓은 사람은 아리스토텔레스였다. 그는 인간의 개인적 삶이나 국가의 통치가 바람직하게 되기 위해서는 여가가 필수적이라고 했다. 우리의 삶이란 노동과 여가로 구성되는데, 여가가 노동을 위해 존재하는 것이 아니라 노동이 여가를 위해 존재한다는 것이다. 당시에는 현대와 달리 일(노동)이 우리 삶의 중심이 아니라 여가가 중심이었다. 여기서 여가란 필요한 것을 얻기 위해 하는 활동인 노동과 대조되는 개념이지만 그렇다고 어떤 활동도 하지 않는 정지의 상태도 아니다(강영택, 2021).

여가는 다른 무언가를 얻기 위한 것이 아니라 활동 그 자체를 위한 활동이고, 유용성과는 별도로 가장 즐거운 활동이며 행복과 복된 삶을 보장하는 활동이다. 이런 여가의 바람직한 활용의 예로 아리스토텔레스는 음악과 사색 그리고 관조 등을 제시한다. 특히 관조는 아리스토텔레스에게 인간 삶의 최고 수준이다. 그래서 최선의 삶을 살기 위해서는 관조가 중심이 되는 여가가 반드시 필요하다. 아리스토텔레스는 관조란 진리를 탐구하는 활동 그 자체이며 다른 무언가를 얻기 위한 것이 아니라고 한다. 인간이 관조적 삶을 살 수 있는 근거는 인간 속에 신적 요소인 지성이 있기 때문이라고 한다. 아리스토텔레스는 관조적 삶을 철학적 삶이라 표현하기도 했다(장영란, 2016).

아리스토텔레스는 행복의 조건이 여가의 확보에 달렸다고 했다. 정사(政事)나 군무(軍務)처럼 행위의 목적이 그 행위 바깥에 있는 무엇인가를 해결하기 위해 행해지는 일들은 여가를 보장하지 못한다. 그것은 비자족적인 활동이며 승리나 명예, 전제군주의 권력 등을 목표로 삼는다. 반면에 여가는 철학자의 관조적 활동처럼 그 자신의 활동 이외의 다른 것을 목적으로 갖지 않는다. 여가를 가꾸는 것은 그래서 자연적 교육의 중심이자 원칙이 되는 것이다. 아무도 전쟁을 위해서 전쟁을 하지 않는 것처럼, 아무도 노동을 위해서 노동을 하지는 않는다는 것이 아리스토텔레스 인용문이 의미하는 바이다. 여가를 희생하는 노동의 이유가 바로 여가를 얻기 위함이다. 즉, 노동의 목적은 최고의 행복인 관조적 삶을 가능케 하는 여가를 얻기 위한 것이라는 것이다.

아리스토텔레스의 여가에 대한 사상을 계승하면서 현대 사회 상황에서 여가를 심도 깊게 논의한 사람은 독일의 철학자 조셉 피이퍼(Josep Pieper)다. 그는 쉼과 밀접한 관련성을 가진 '여가'의 의미를 탐구하면서 고대 그리스에서 사용되었던 '스콜레(schole, 여가)'의 개념을 가져왔다. 그는 여가를 주말이나 휴가, 여유시간 같은 외적 요인들의 결과물로 보지 않고, '정신의 태도'와 '영혼의 조건'으로 보았다. 여가는 "단순히 신체적 활동의 중지가 아니라 정신의 특정한 조건에 가까운데, 이는 집착이 없는 내적 상태이며, 잠잠하여 사물의 본질에 다가가는 능력"으로 특징지어진다는 것이다. 피이퍼는 현대 사회에 필요한 여가의 개념을 분명하게 하기 위하여 여가와 대립되는 노동의 특징과 대비시켰다. 노동의 특징과 대립되는 여가의 세 가지 특성을 설명함으로써 여가의 의미를 더 분명하게 설명하고 있다. 첫째, 여가는 '활동으로서의 분주한 노동'과 반대되는 개념으로, '평온', '비움', '수용'이 중요하다. 둘째, 여가는 '고통으로서의 노동'과 반대되는 개념으로, '경축(celebration)', '축제'의 개념이 강조된다. 셋째, 여가는 '사회적 기능으로서의 노동'과 반대되는 개념으로, 그 자체로 경험되어야 할 삶의 중요한 본질이자, 사람이 자기 존재 자체에 가까이 가는 길이라 했다.

피이퍼의 이러한 여가에 대한 관점을 받아들인다면 진정한 쉼은 무엇을 위한 수단이 아니라, 그 자체를 누려야 하는 삶의 본질이라 할 수 있다. 그래서 쉼을 충분히 향유할 때 인간은 비로소 기능적 존재로서의 자아를 넘어서 총체적 존재로서의 인간다움을 갖출 수 있게 된다고 하겠다.

'진지한 여가'를 원하는 현대인

'나만의 시간'을 중요하게 생각하고 그 시간을 통해 다양한 취미활동을 배우고 싶어 하는 사람들이 많아지고 있다. 평소 온전하게 자신을 위해서 보낼 수 있는 시간이 부족하다고 느끼는 사람들이 적지 않다.

나만의 시간을 더 많이 필요로 하는 것은 '취미생활'에 대한 욕구와 밀접한 관련이 있다. 나만의 시간을 갖게 된다면 그 시간에 하고 싶은 활동으로 여행 및 영화감상 등이 꼽힌다.

취미생활을 통해 자신만의 독특함과 차별성을 추구하려는 사람들이 많다. 우리 사회가 점점 '개인의 취향'을 존중하는 쪽으로 변화하면서, 다양한 취미활동을 갖고 싶어 하는 개인들이 보다 적극적으로 용기를 낼 수 있게 된 것으로 이해된다.

취미생활에 대한 갈증이 크고, 취미활동을 즐기고 있는 경우에도 누구나 쉽게 할 수 있는 평범한 활동들을 주로 하다 보니, 다양한 종류의 취미활동을 '배워보고' 싶어 하는 마음이 크다.

캐나다 캘거리대학교의 석좌교수로 재직 중인 로버트 스테빈스(Robert A. Stebbins)는 이렇게 이야기한다. "일상적 여가를 벗어나 진지한 여가로 나아가야 한다."

여기서 '일상적 여가(casual leisure)'는 산책, TV시청, 인터넷 검색·SNS, 낮잠 등으로 일상적 여가를 즐기면서 휴식, 재충전, 사교, 즐거움을 추구하는 활동들을 의미한다. 일상적 여가에는 즐기기 위해 많은 노력이 들지 않는 활동들이 포함된다. 비교적 단순하며 짧은 즐거움에 초점을 둔다. 진지한 여가보다 일상적 여

구 분	진지한 여가	일상적 여가
종류	아마추어 여가활동, 취미 여가활동, 자원봉사 여가활동으로 구성	산책, TV시청, 낮잠, 인터넷 검색 등
기간	장기간 추구	단기간에 가능
보상	성취감, 자기만족, 자아실현	휴식, 재충전, 즐거움
필요지식	충분한 기술, 지식, 경험이 필요	최소한의 기술, 지식, 경험만 필요
경력 단계	경력을 쌓을 수 있음	경력을 제공해주지 않음

가 참여자들이 훨씬 많은 이유다.

'진지한 여가(serious leisure)'는 중심적인 삶의 관심이 되는 여가활동을 의미한다. 진지한 여가활동은 관련 지식이나 기술을 배우기 위해 때때로 수년간의 열정과 노력이 필요하지만, 어느 수준에 도달하면 높은 성취감과 자아실현의 보상이 오는 여가활동이다. 예술이나 스포츠 등의 분야에서 아마추어 여가활동과 재봉, 목공, 원예 등의 취미 여가활동 및 자원봉사활동이 이에 포함될 수 있다. 이러한 진지한 여가활동에서 전문가 수준의 경력을 쌓으면 직업이 될 가능성도 있어, 진지한 여가의 개발은 노후생활을 대비하는 방법이 될 수 있다. 생애주기로 볼 때 자녀들이 모두 성장한 부모들은 아이들을 키울 때 했던 단순한 여가활동에서 좀 더 만족 추구가 큰 진지한 여가로 바꾸는 경향이 있다.

진지한 여가활동의 여섯 가지 특징을 정리하면 다음과 같다.

- 여가활동이 중심적인 삶의 관심이 된다.
- 장기간 여가활동을 하면서 경력을 쌓아간다.

- 필요한 지식, 기술, 경험을 배우기 위해 상당한 개인적 노력을 경주한다.
- 여가를 통해 성취감, 자아실현을 느낀다.
- 인내심을 갖고 여러 가지 어려움을 끈기 있게 극복한다.
- 진지한 여가활동 참여자들과 공동체 정신을 형성한다.

취향으로 관계 맺기, 취향공동체

'개인의 취향'을 존중하는 분위기가 강해지고 있다. 개인의 취향은 존중되어야 한다. 나와 취향이 다른 사람과 집단이 다양한 것은 사회 전체에 의미가 있는 일이다. 개인의 취향을 중시하는 것이 하나의 '트렌드'가 되고 있으며, 지극히 개인적인 취향을 겨냥한 '서비스 및 상품'이 많아지고 있다. 소비시장에서도 직접 피부로 체감할 수 있을 만큼 다양한 취향이 존중받는 시대가 된 것이다.

나만의 취향이 중요시되고는 있지만, 그래도 '같이' 뭔가를 하는 것이 더 좋은 것 같다는 생각을 가진 사람들이 많다. 비슷한 취향을 가진 사람을 만나게 될 때면, 상당한 '연대감'도 느끼게 된다. 대부분 나와 비슷한 취향을 가진 사람들을 보면 왠지 모르게 반가운 마음이 들고, 동질감이 느껴진다. 그만큼 자신과 잘 맞는 사람과 '함께 모이고', '함께 시간을 보내는 것'이 그 자체만으로 충분히 중요한 일로 여겨지고 있다. 취향이 비슷한 사람들이 모여 있는 곳에서 소속감을 느끼게 된다.

1인 가구가 늘어나고 집단 속에서도 개인생활이 늘어나면서 자기보호, 자기애 성향은 증가했고 디지털미디어 사용이 일상화되면서 개인의 자기표현 역시 증가했다. 이에 개인은 전통적 공동체에서 벗어나 개인의 표현과 선택이 자유롭고 수평적인 공동체 참여를 점점 원하게 되었다. 특정 집단에 속하기보다 개인의 관심사와 취향에 따라 자유롭게 연결된 공동체를 원하게 된 것이다. 온라인 공동체를 통해 2000년대 이후 취미공동체로서 활발히 나타났고, 2010년 이후 소셜미디어를 통해 일차원적인 취미에서 벗어나 다양한 모습으로 더욱 확장, 가속화되고 있다. 소셜미디어의 영향력이 커지면서 취미공동체 구성원은 개인과 개인, 개인과 집단의 공감을 통해 적극적이고 강화된 사회적 연결을 원하게 되었다. 개인의 선택과 행동이 자유로워 선별적인 자기표현이 가능하면서도 소속감을 갖고 신뢰 있는 관계를 원하게 됨에 따라 온라인 중심이 아닌 물리적 장소에서 만남이 이뤄지는 오프라인 취향공동체가 늘어나기 시작한 것이다.

전통적 공동체는 가족, 친족, 지역, 직업, 종교, 사회 계급, 민족, 인종 등 일차적 집단이었다. 사회문화적 동질성과 공통 언어, 관습, 가치, 신념이 같은 집단이다. 이는 지역적, 즉 물리적 한계를 가졌으며 물리적 한계 내에서 사회적 환경이 조직되고 관계가 강화되었다. 집단의 정체성, 사회적 역할, 사회 계급 등이 물리적 한계 내에서 영향을 받는 것이다. 그러나 오늘날은 더 이상 물리적 한계는 공동체 형성의 중요 요인이 아니다. 이는 편리한 교통수단의 발달 및 온라인 테크놀로지의 성장에 영향을 받았다. 온라인 테크놀로지의 발달이 그런 수요에 부응할 수 있는 환경을 조성한 가운데 온라인과 오프라인을 통한 팬덤공동체, 스포츠공

▶ 취향을 드러내고 취향으로 관계 맺는 새로운 공동체가 등장하고 있다. ⓒPixabay

동체, 여가공동체, 브랜드공동체 등의 취향공동체가 급성장했으며, 오늘날의 집단은 같은 옷 입기, 같은 운동 경기 참가하기, 같은 종류의 컴퓨터 소유, 같은 종류의 음악 감상, 같은 수업 참여 등을 기반으로도 형성된다. 이는 디지털미디어가 집단 유대를 생성하고 지속하게 하며 공감과 연대를 통해 공동체를 구성하고 상호존중하고 협력하는 수평적 관계의 실현을 중시하는 현대 사회의 특성과 부합한다. 최근에는 단순한 취미, 정보를 공유하는 온라인 카페나 모임에서 벗어나 보다 적극적인 참여 양식으로 온라인 플랫폼과 오프라인에서 연계되어 나타나고 있다.

온라인에서는 개인이 사회 속 조직과 일상세계에서 갖는 관계성을 반영한다. 개인의 상호 관계에 따라 규칙, 규범, 문화 등에 호감도나 신뢰도가 차별적으로 나타나게 되는 것이다. 특정 공간 중심의 오프라인에서는 공간을 경험하는 최근 소비 경향과도 맞물리며 실제 만남을 통해 사회적 실재감과 사회적 연결감의 강화를 느낀다. 이는 온라인 커뮤니티 혹은 IT 기반 서비스가 오프라인 커뮤니티를 여는 최근 추세와 궤를 같이한다. 2015년 서비스를 시작한 독서 커뮤니티 스타트업 '트레바리' 성공 이후 운동 커뮤니티 '버핏서울', 다이어트 커뮤니티 '다노', 문화 커뮤니티 '문토', 영화 모임 '담화관' 등이 온라인과 오프라인을 넘나들며 확산되고 있다. 온라인 중심, 오프라인 공동체 모두의 공통점은 전통적인 공동체 성격인 수직적, 친밀한 연대를 지양하고 보다 느슨하고 강제성이 없는 공동체를 지향하며, 언제나 공동체에서 개인이 선택할 수 있는 자유성이 보장된다는 점이다.

취향공동체는 기존 공동체와 같이 생활공동체로서의 현실이 아니며, 정치적 또는 경제적으로 혹은 이데올로기 체계로 표현된 공동체와는 다른 양상으로 나타난다. 개인은 공동체 안에서 특정한 신분이나 정체성을 지니지 않아도 되며, 무엇이 되지 않아도, 무엇을 하지 않아도 된다. 또한 디지털미디어와 소셜 네트워크서비스를 적극적으로 활용하여 시간적·공간적 한계가 없다. 경제적 이득을 취하거나 목적을 이루려는 근대적 사회관계가 아닌 개인의 다양한 모습으로 사회적 관계를 맺으며, 사회적 관계는 단기간적인 경우가 많고 지속되지 않으며 선택할 수 있고 서열화되지 않는다. 취미에서 벗어나 적극적으로 개인의 가치관이 결합한 취향을 바탕으로 개인의 자발적인 선택으로 맺어진 일시적인 공동체인 것이다(구선아·장원호, 2020).

최근 같은 관심사를 공유하고 즐기는 크고 작은 모임들에 사람들이 몰리고 있다. 개인의 취향을 개발, 지속하고, 나누고, 더 나은 삶을 모색하기 위해 시간과 비용을 투자한다. 친목 도모의 성격이 강했던 과거 모임들과는 다르다. 취미공동체가 개인이 좋아하는 것을 함께 하기 위해 모인 친목공동체라면 취향공동체는 보다 전문적이고 깊이 있는 개인의 취향을 찾고 지속하기 위한 공동체다.

소셜 네트워크서비스를 활용한 소비가 폭발적으로 늘면서 관심사나 취향도 세밀하게 구분되고 있다. 클래스101은 온라인 취미공유 플랫폼으로 개인이 새로운 취미를 찾고 그 능력을 성장시키기 위해 운영한다. 강사가 동영상으로 수업을 진행하고 참가자가 유료 등록하여 함께 하며 원데이클래스부터 5개월 이상의 클래스까지 기한도 여러 가지다. 특히 장기화된 코로나19로 고용 불안이 커지면서 현재 직장에서 안정적으로 커리어를 쌓거나 더 나은 제2의 직업을 찾기 위해 자기계발에 나서는 직장인들이 늘고 있다.

디자인, 어학, 직무교육, 글쓰기 등 직무 향상을 위한 강의들로 구성된 클래스101 커리어 수강생이 급격히 증가하고 있다. 취미, 재테크, 키즈 클래스 등 다양한 분야 온라인 클래스를 제공하는 클래스101은 직장인 혹은 예비 취업자들을 대상으로 업무에 도움을 주는 다양한 교육 콘텐츠로 구성된 '클래스101 커리어'를 운영하고 있다.

커리어 클래스에서 높은 수강률을 기록하는 분야는 어학, 외국

▶ 클래스101의 인기 콘텐츠 (홈페이지)

어 및 디자인 분야다. '220문장으로 토익부터 회화까지', '시선을 사로잡는 브랜드 디자인', '베테랑 실무자가 알려주는 모션그래픽의 모든 것' 등의 클래스가 인기다. 또 최근 개발 직군의 수요가 높아지면서 클래스101의 데이터 및 개발 클래스도 인기를 얻고 있다. 성우 이용신, 영화번역가 황석희, 프로파일러 표창원 등 각 분야를 대표하는 저명한 크리에이터의 노하우를 들을 수 있는 이색 콘텐츠도 제공하고 있어 관련 업계로의 진출을 원하는 예비 취업자들에게 큰 호응을 이끌어 내고 있다.

최근 20~40대 중심으로 성장한 취향공동체는 대부분 유료로 진행하는 모임으로 확실한 콘셉트가 있고, 기한이 정해져 있다. 적게는 3~4만 원에서 많게는 45만 원까지 금액을 내고 짧게는 한 달에서 길게는 일 년으로 운영되며 온라인과 오프라인을 연계하여 지속한다.

유료 멤버십 형태의 독서모임 기반의 '트레바리'는 성공모델로 회자된다. 트레바리의 가입자는 약 20만 원부터 40만 원이라는 이용료를 지불한다. 트레바리에 가입하면 4개월간 독서클럽에 참여하는데, 한 달에 한 번 한 권의 책을 읽는다. 그리고 20명으로 구성된 북클럽에서 사람들과 책을 주제로 토론을 나눈다. 토론모임 이틀 전에는 400자 이상의 독후감을 제출해야 모임에 참여할 수 있다. 그럼에도 트레바리의 가입자 수는 꾸준히 늘어났다. 2015년 80명으로 시작한 트레바리의 독서클럽은 코로나19 사태 이전인 2019년 6,000명으로 증가했다.

트레바리는 독서를 매개체로 지적 대화를 하고자 하는 사람들에 주목했다. 다양한 배경의 사람들과 책이라는 주제로 대화하고 교류하며 영감을 얻고 새로운 관점을 얻을 수 있는 기회는 흔하지 않기 때문이다. 이러한 인연을 만들고 또 우정을 쌓을 수 있는 연결을 파는 곳이 트레바리다. 마치 헬스장을 등록해 본인 스스로에게 강제성을 부여하는 것처럼 독서도 마찬가지로 강제로라도 읽어야 한다는 의무감에 트레바리에 가입하는 사람들도 있다. 트레바리는 각 북클럽마다 클럽장이 있다. 약 100여 명의 클럽장은 각 분야별 전문가로 이뤄져 있다.

400자 이상의 독후감을 써야 모임에 참여할 수 있다. 독서모임 후에 원하는 멤버에 한하여 뒤풀이를 하거나 소규모 모임을 진행하기도 한다. 아지트라는 오프라인 공간에서 모임을 가진다. 아지트에는 독서모임을 위한 공간뿐 아니라 재즈바, F&B 공간도 있다.

영화, 독서, 연극, 음악, 글쓰기, 요리 등을 주제로 3개월을 한

북씨-비트윈
다양한 관계와 삶의 방식을 돌아보게 해주는 책과 영화를 보는 클럽

체험독서-채색
내 일상을 다채롭게 만들어줄 체험을 해봐요!

파운더의 사고방식-걸음
돈에 대한 통찰을 얻고 나만의 성공 방정식 만들기

마케팅-퐁당
메타버스부터 뇌과학 그리고 브랜딩까지 훑어보기

북씨-빨강
오래 남을 친구를 사귈 수 있는 영화와 책 보는 클럽

슬기로운 미래생활-낭만
2050년 지구를 기준으로, 지금 우리가 나눠야 할 이야기를 골라봅시다.

▶ 트레바리의 인기 클럽 (홈페이지)

시즌으로 운영하는 '문토'는 나이, 직업, 성별 등을 떠나 있는 그대로의 내 모습, 내 안의 또 다른 가능성을 찾기 위한 모임이다. 온라인에서만 운영하는 모임과 오프라인 모임으로 나뉘며 취미와 취향의 중간 경계의 주제가 많다. 오프라인 모임은 문토의 전용 공간에서 대부분 진행되나 주제에 따라 외부의 특정 공간에서 진행하기도 한다.

급속히 증가하고 있는 독립서점 역시 취향공동체의 거점이 되고 있다. 지역과 취향에 따라 더 세분화, 전문화되고 있는 독립서점은 서울은 물론 각 지역에서 활발히 활동하고 있으며, 책을 매개로 서점 특색에 맞는 글쓰기, 영화, 음악, 독서모임 등 다양한 주제로 정기적·비정기적으로 모임을 갖는다. 또한 아날로그 공간으로 인식되던 서점은 소셜미디어를 적극 활용하며 사용자 중심의 경험공간으로 거듭나고 있다. 이에 서점은 이전의 독서공동체, 지역공동체를 넘어 취향공동체의 공간으로 확장되고 있다.

취향공동체는 개인을 중심으로 온오프라인에서 점점 확장하고 있다. 취향공동체의 특징은 크게 네 가지로 설명할 수 있다(구선아·장원호, 2020).

첫째, 소유가 아닌 경험과 가치 공유를 위한 소비가 증가하고 있다. 기존에는 가격 대비 기능이나 품질이 좋은 가성비 위주의 소비였다면 현재는 가격 대비 만족인 가심비, 가격 대비 행복인 가행비, 가격 대비 재미인 가잼비와 같은 신조어의 생성과 같은 맥락이다. 개인의 미래의 이익이나 행복보다는 현재의 현실적인 행복을 위해 소비하는 것이다. 따라서 한 달에 몇 만 원에서 몇십 만 원 이상의 유료 커뮤니티가 더 이상 과한 소비가 아니고 그에 따른 부수적인 경제적·시간적·육체적 소비가 이뤄지더라도 개인이 만족한다면 선택한다.

둘째, 취향공동체 참가자는 감정적 반응, 정서적 유대 외에 취향을 통해 개인적 공감과 사회적 공감 모두를 원한다. 피상적인 연결과 일시적인 정서 공유가 아닌 공감을 기반으로 한 사회적 연결을 원하는 개인이 많아지고 있다. 이는 역설적이게도 개인은 익명으로서 자유를 보장받은 채 타인이나 사회와 연결을 원하는 것으로, 여기서 사회적 연결은 개인의 사회에서의 인정 욕구, 소속감에 관한 욕구로 보이며, 친밀공동체가 사회적 공공성과 연결되는 것과는 다른 양상으로 나타난다.

셋째, 물리적 공간에서의 관계 맺기가 중요해지고 있다. 디지털과 피상적인 관계에 피로도가 쌓인 것은 물론 능동적인 상호작용과 물리적 장소가 주는 커뮤니티의 브랜드 정체성, 공간이 개인에게 주는 경험이 중요해진 것이다. 이는 정보에 접근을 제한하여 특별한 개인, 특별한 집단을 만들어 준다. 기존 공동체가 지리적 위치나 집단의 성향에 의해 강제적인 물리적 고립이었다면 현재는 개인의 선택적인 물리적 고립이 나타난 것이다. 선택적인 물리적 고립을 통해 개인은 타인 혹은 타 집단과 구별 짓고, 특별한 관계 맺기와 경험을 갖길 원하고 있다.

넷째, 개인은 취향공동체 참여를 통해 개인의 라이프스타일에 내러티브를 생성한다. 이전에는 사회적 지위와 역할에 의해 개인의 정체성이 만들어지고 설명되어졌다면 현재는 개인의 소비, 취향 등에 의해 개인 자신의 정체성을 만든다. 특정 커뮤니티에 참여하면서 글 쓰는 사람, 그림 그리는 사람, 운동하는 사람, 책 읽는 사람 등으로 자신을 규정하여 자기 내러티브를 만들고 적극적으로 표현하면서 개인의 라이프스타일의 질과 행복감 향상, 자존감 상승 등이 나타난다. 개인 일상의 일부라고 말하지만 개인의 생활세계에 큰 영향을 미치고 있는 것이다.

힐링관광 혹은 웰니스관광

과거의 소비자들은 의·식·주 위주의 기본적인 욕구를 중시했다면, 21세기에는 마음의 안정, 정신적 치료, 영혼의 기쁨에 대한 관심이 고조되고 있다.

불황이 장기화되면서 사람들은 미래를 대비한 자기방어 차원에서 정신적 혹은 육체적 건강을 관리할 수 있는 관광과 여행을 포함한 여가 분야에 대한 관심이 커져가고 있으며, 최근에는 행복과 삶의 질이 더욱 향상되고 사회가 고령화됨에 따라 건강에 대한 관심이 더욱 커짐으로 인해 '힐링(healing)'과 '관광(tourism)'이 결합된 형태의 힐링관광(healing tourism)의 개념이 대두되면서, 힐링 열풍과 힐링관광에 대한 관심도는 상승되고 있다.

'힐링'의 개념에 '관광'을 접목시킨 '힐링관광'은 건강·치유서비스와 휴양·레저·문화활동 등과 같은 관광활동이 결합된 새로운 관광형태로 각광받고 있다. 힐링관광은 심신을 치료하고 치유하며, 정신적 안정과 더 나아가 자아실현의 목적을 두고 행하는 관광으로 의료관광, 웰니스관광, 건강관광, 슬로관광, 생태관광, 종교관광 등 유사 개념을 아우르는 광의의 개념이다. 결국 힐링관광은 일상생활에서 벗어나 신체적·정신적 치유를 통해 건강하고 행복한 삶을 추구하려는 모든 관광활동으로 정의된다.

적극적 의미에서의 관광이란 휴식을 취하면서 사람의 기분을 전환시키고 자연, 문화, 사회를 포함한 외적 세계를 발견하는 기쁨 또한 자아실현을 통한 새로운 자신을 발견하는 것이며, 이는 관광객들이 관광을 통해서 추구하고자 하는 궁극적인 목적이다.

관광활동을 통해 관광객은 기분을 이완시키고 스트레스 해소와 함께 더 나아가 행복을 향상시킴으로써 힐링 효과를 체험한다. 따라서 힐링관광은 과거의 단순히 보고 걷는 수동적인 관광이 아닌 관광객이 직접 자연을 느끼고 경험하는 체험관광과 더불어 신체적·정신적 성장과 성찰, 치유를 목적으로 하는 관광이라고 할 수 있다.

힘들고 지친 일상을 떠나 여행을 하는 행위는 그 자체로 삶의 위안이고 치유의 한 과정이다. 일상에서 받는 스트레스와 갈등, 고민, 재충전 욕구 등이 관광 여행의 주요 동기로 작용하고, 관광 여행을 통해 기분전환, 스트레스 해소와 함께 행복감을 높이는 '힐링' 효과를 체험하는 데서 알 수 있듯이 관광 여행은 그 자체로 치유적인 것이다.

그런데 일반적인 관광 여행과 구분되는 '힐링'을 목적으로 하는 관광, 특별히 '관광 여행을 통해 힐링을 추구하는 것'으로 힐링

▶ 정신 건강에 이로운 힐링관광 & 웰니스관광 ⓒPixabay

관광을 규정한다면, 이는 결국 힐링관광상품을 구매하는 것으로 귀결된다. 힐링관광은 개인이 돈을 주고 힐링관광상품을 구매하는 것이다. 이는 힐링관광이 '위로를 구매하는 것'이자, 개인적인 치유를 구하는 것이 된다. 이는 힐링관광의 상업주의를 보여주는 것이다.

웰니스관광은 웰니스와 관광이 결합된 개념으로 건강증진과 삶의 질 향상을 추구하는 관광의 새로운 트렌드라고 할 수 있다(유지윤, 2018).

웰니스관광은 건강한 상태에서 건강을 유지하기 위한 적극적 여가활동이라고 할 수 있기 때문에 건강을 개선하거나 예방하는 차원의 일반적 건강관광과는 구분된다. 치료와 휴양을 다중목적으로 경험하기 위한 의료관광과도 구분된다. 아울러 웰니스는 신체적·정신적 건강뿐만 아니라 지적·정서적·사회적 건강을 위한 욕구까지 포함한다.

웰니스관광의 한 유형인 산림치유는 '휴식기능'보다는 '치유기능'이 강조된다는 점에서 기존의 산림휴양의 개념과는 차이가 있으며, 산림욕보다 한 단계 발전되고 확장된 개념으로 이해할 필요가 있다.

'느림'으로 힐링하는 슬로시티

2007년 12월 우리나라에서 전라남도 담양군 창평면, 완도군 청산면, 신안군 증도면, 장흥군 유치면·장평면이 아시아 최초로 슬로시티 인증을 받았다. 슬로시티의 핵심적 가치는 '느림'이다.

슬로시티(Slow-city)란 1999년 10월 이탈리아의 몇몇 시장들이 모여 위협받는 '라 돌체 비타', 즉 달콤한 인생의 미래를 염려해 슬로시티 운동을 출범시켰다. 슬로시티의 출발은 느리게 먹기인 슬로푸드와 느리게 살기 운동으로 시작됐다.

우선 '느림(Slow)'은 '빠름(Fast)'의 반대가 아니다. Slow란 말 속에는 sustainable(지속가능한), ecological(생태적), local(지역적), 그리고 aesthetic(심미적)이란 의미가 내포되어 있다. 환경, 자연, 시간, 계절을 존중하고, 나 자신을 존중하며 느긋하게 산다는 뜻으로, 앞을 향해 치닫고 살아온 지난 세월을 조용히 돌아보는 시간을 갖자는 것이다. 즉, 한가롭게 거닐기, 남의 말을 잘 듣기, 꿈꾸기, 기다리기, 마음의 고향을 찾기, 글쓰기, 명상하기 등 무한 속도 경쟁의 시대에서 자신을 돌아보고 마음의 여유를 갖자는 것이다.

느린 삶은 천천히 즐기는 삶이며, 음미하는 삶이며, 기다리는 삶이다. 우리는 즐기지 못하고, 음미하지 못하고, 기다리지 못한다. 이유 없이 조급하고, 까닭 없이 허덕인다. 이렇게 된 데는 우리 삶의 패턴이 아날로그에서 초고속, 동시다발, 무한복제가 가능한 디지털 전자문명에 길들여졌기 때문이 아닐까. 디지털 시대의 미적 감성은 기다림을 허용하지 않는다. 입출력이 동시에 일어나는 첨단 디지털 기기에서 기다림은 곧 퇴보를 의미한다. 느린 삶은 그동안 문명인의 대열에서 패스트 증후군으로 왜곡되었던 나와 타인, 나와 자연, 나와 세계의 관계를 회복하는 건강한 삶의 실천이다.

2013년부터 전남 해남군은 힐링 개념을 전반적인 지역관광산업에 접목시켜 생활형 힐링(Green Healing), 스트레스 해소를 위한 블루 힐링(Blue Healing), 건강을 위한 메디컬 힐링(Medical Healing) 등 힐링관광산업을 육성하고 있으며, 제주도는 2014년부터 '힐링의 섬'으로 육성하기 위하여 '힐링아일랜드 프로젝트'와 'J 프로젝트'를 제시했다. 전라남도 장흥군의 우드랜드는 산림치유 프로그램과 유아치유 프로그램을 운영하며 목재문화체험관, 한옥촌, 목조주택촌, 황토흙집촌 등 시설을 보유하고 있다. 또한 서울시는 서울대공원에 '치유의 숲'을 조성하고, 피톤치드, 산소, 향기, 바람, 햇빛 등 환경요소를 활용하고 산림치유지도사가 인솔하는 명

▶ '느림'을 만끽하는 여행 ⓒPixabay

상, 맨발 걷기, 숲체조, 물치유 등 다양한 산림치유 프로그램과 스트레스지수 측정, 혈압체크를 통해 건강상태도 확인할 수 있다.

관광을 통한 일상탈출은 심리적 건강에 도움을 주고, 자연을 보는 것만으로도 인간은 심리적 안정을 느낀다. 특히, 자연 기반의 치유관광은 스트레스 완화, 우울 및 불안 감소, 활력 증가, 주의력 향상, 부정적 감정 감소, 심리적 안정 등 건강에 다양한 편익을 주는 것으로 증명되어 왔다.

슬로시티의 의미는 여유로운 생활을 통해 '삶의 질'의 향상을 추구하고자 하는 대안도시다. 바쁜 도시생활과는 반대되는 개념이자, 속도와 효율이 강조되는 빠른 사회에서 벗어날 수 있는 도시다. 슬로시티라는 이름에서도 느껴지는 '느림'에 초점이 맞춰진다.

인간다운 삶을 되찾고자 하는 운동의 일환이자, 자연과 인간, 환경이 조화를 이루면서 살아가자는 취지이다. 자연친화적이며, 여유롭고, 평화롭고, 조용하다. 대체로 정적인 작은 도시의 풍경을 느낄 수 있다. 편안하고, 시골스럽고, 전통적이며, 건강하다. 일상을 벗어나고픈 현대인에게 슬로시티가 좋은 대안이 될 수 있다. 바쁘게 흘러가는 일상 속에서 지쳐 있는 현대인에게 슬로시티가 휴식과 위로의 공간으로서 기능하는 것이다. 슬로시티에 가는 것만으로도 '힐링'이 되고, '워라밸'의 취지에 부합한다.

'교육적' 측면에서도 슬로시티가 중요한 역할을 하는데, 슬로시티가 환경의 중요성을 생각하게 만들고, 자라나는 아이들에게 좋은 체험의 장이 될 수 있다. 다른 한편으로는 슬로시티가 도시의 정체성을 유지 및 보존하는 데 도움이 된다.

농촌체험으로 힐링하는 팜스테이

자연 속에서 농촌체험을 하며 가족단위로 머물 수 있는 한적한 곳.
 코로나19 재확산으로 북적이는 명소보다는 사람들과의 대면 접촉이 적은 곳에서 쉬려는 사람이 늘어나고 있다. 자연 속에서 몸과 마음을 쉬게 하고 농촌체험도 할 수 있는 '팜스테이'가 주목받고 있다.
 팜스테이(Farmstay)는 농장(farm)에 머물(stay)면서 농사, 생활, 문화체험과 주변 관광 및 마을축제 등에 참여할 수 있는 농촌·문화·관광이 결합된 농촌체험 관광상품이다.
 팜스테이 마을은 '농어촌체험·휴양마을사업자'로 지정받고 친

▶ 팜스테이 체험활동 영역 (팜스테이 홈페이지)

▶ 진도 운림예술촌마을 (전남농협 제공)

환경농업 실천 등 매우 까다로운 조건을 충족해야 선정된다. 농촌체험 프로그램을 운영하기에 가족단위 캠핑으로는 안성맞춤이다. 전남의 경우 여수 갯벌노을마을, 나주 산포홍련마을, 진도 운림예술촌마을 등 27개 마을이 참여하고 있다.

팜스테이 마을 캠핑은, 첫째로 아이들이 영농체험을 통한 현장학습을 할 수 있다. 둘째로 친환경 농산물 직거래로 안전한 먹거리를 구할 수 있을 뿐 아니라 농산물 판로에 어려움을 겪고 있는 농가의 경제에 활력을 줄 수 있다. 셋째로 아름다운 자연환경에서 래프팅, 물고기 잡기 등 야외놀이를 통해 건전한 놀이문화를 고취시킬 수 있다.

2020년 말 현재 전국에서 팜스테이 사업에 참여하고 있는 마을은 296곳이다. '깨끗하고 아름다운 농촌마을 가꾸기' 사업을 통해 시설 환경정비, 특색사업 발굴 등으로 도시민들에게 다양한 농촌체험·관광 프로그램을 제공하고 농업·농촌의 소중함을 깨닫게 한다. 아이들은 낯선 농촌을 체험할 수 있고, 어른들은 고향 같은 휴식으로 마음의 치유를 얻으며 생활의 활력소를 찾을 수 있다.

팜스테이는 도시와 농촌이 함께하는 '도농상생'을 위해 농협이 1999년 처음 시작했다. 도시민에게 저렴한 휴가지를 제공하고, 농가에는 부가 소득을 올릴 기반을 마련해주자는 취지다. 정부도 팜스테이 홍보에 적극적으로 나서고 있다. 농림축산식품부와 한국농어촌공사 등은 여름휴가를 농촌으로 떠나자는 캠페인을 매년 벌이고 있다.

팜스테이 마을로 선정되려면 마을 주민 과반수가 동의하고 농가 10가구 이상이 참여해야 한다. 친환경 농법을 통해 우수 농산물을 재배하는 마을이어야 하고 방문객을 맞을 수 있는 각종 편의시설과 농촌·농업체험 프로그램도 갖춰야 한다. 농협은 높은 수준의 팜스테이를 유지하기 위해 체계적인 관리 시스템을 운영 중이다.

20년 가까이 세월이 흐르면서 팜스테이는 단순한 농촌 민박에서 벗어나 다양한 체험 프로그램을 갖춘 관광상품으로 진화했다. 힐링, 풍류, 역사 등 관광 목적도 세분화하고 있다.

예약은 필수다. 농협 팜스테이 홈페이지(www.farmstay.co.kr)에서 팜스테이 위치와 특성, 체험 프로그램 등을 확인해 가고 싶은 마을을 고를 수 있다. 팜스테이 마을은 다양하고 전국에 퍼져 있는 만큼 산과 들, 강, 호수 등 자연 테마와 체험 프로그램을 생각하고 정하는 것도 방법이다.

워크스테이, 워케이션 콘셉트의 부상

일상생활이 가능한 주거공간을 두 곳으로 나눠 수도권에서 일하고, 휴일엔 여유롭게 삶의 질을 챙길 수 있는 지역에서 사는 '복수 거점 생활(듀얼라이프)'이 눈길을 끌고 있다. 코로나19가 장기화하며 외부 공간을 자유롭게 이용할 수 없는 데다 부동산 가격 상승 등으로 수도권에서는 집에서도 넉넉하고 편안한 공간을 누릴 수 없게 되자, 비수도권에 또 다른 삶의 공간을 마련해 이곳에서 생활하는 비중을 늘리는 것이다. 유튜브에는 충청이나 강원권 등에 거주지를 두고 서울에 있는 사무실까지 출퇴근하는 직장인들의 브이로그가 심심찮게 올라오고 있다.

'듀얼라이프'족은 약간의 번거로움을 감수하더라도 넉넉한 공간에서 삶의 질 확보뿐만 아니라 일과 휴식의 분리, 건강, 환경, 취향 등 다양한 이유로 이런 생활방식을 택하고 있다. 주말에 대도시를 떠나 한적한 지방 도시에서 지내는 라이프스타일이 과거엔 은퇴를 앞둔 노년층의 생활양식으로 여겨지기도 했다. 하지만 최근 듀얼라이프는 세대가 낮아지고 거주 방식도 다양해졌다. 젊은 이들 사이에서는 복잡한 수도권을 벗어나, 대도시에서 누릴 수 없는 것들이 있는 특별한 공간을 찾는 경우도 늘고 있다. 노트북 하나만 들고, 복잡한 도시를 벗어나 휴가를 즐기듯 일하는 '워크 앤 스테이(work & stay)', '워케이션(work+vacation)'이란 개념이다.

회사에 출근하지 않고 집에서 일하는 재택근무자나 해외 또는 국내를 떠돌며 일을 하는 디지털 노마드는 예전부터 있었지만, 특정 직업군에서만 가능했던 것으로, 대다수 회사는 사무실 출근

▶ 일과 휴식이 공존하는 워케이션(워크스테이) ⓒPixabay

을 원칙으로 회사에서 근무하도록 했다. 그러나 2020년 코로나 시대, 전 세계는 코로나 확산 방지를 위한 추가 대응 조치/방침으로 원격근무, 격주 출근 형태로 근무 방침을 변경하기 시작했다. 그 결과, 원격근무 형태로 집에서 근무하는 재택근무직장인들이 늘어나는 새로운 변화의 바람이 불었다. 현재 일본을 포함, 여러 나라에서는 워케이션 제도를 적용하고 있으며 워케이션은 이제 새로운 근무 형태로 자리 잡고 있다.

여러 호텔, 리조트는 워케이션 상품으로 룸 업그레이드, 식음료 바우처를 제공하는 장기 투숙 패키지를 내놓고 있으며, 호텔 한 달 살기, 국내 소도시 한 달 살기 형태로 워케이션을 즐기고 싶은 워케이션족들은 제주도 또는 한적한 여유로움이 느껴지는 남해, 속초 등 국내 소도시로 떠나 본인만의 스타일로 워케이션을 실천하고 있다.

2021년 여름 충남 공주에서 진행된 4박5일짜리 워크스테이(워크 앤 스테이) 프로그램 '로그인 공주'는 '지방 소도시에서 여행처럼 머문다'라는 캐치프레이즈를 내걸고 20~30대 청년을 대상으로 4일간 숙박과 공유오피스, 자전거 세 가지를 제공했다. 참여자들은 공유오피스에서 원격으로 업무를 하고, 남는 시간엔 동네 식당에서 식사를 하거나 한적한 마을에서 산책을 한다.

공주 원도심 골목길 둘러보기, 지역주민과 함께 음식 만들어 먹기, 관심사에 따른 지역체험 프로그램 참여, 제민천을 따라 금강까지 자전거 타며 여유 즐기기, 독서모임, 드로잉클럽, 만년필클럽, 러닝클럽 등 공주 청년마을 '자유도'의 다양한 커뮤니티에 속해보기, 공주 맛집 투어, 지역에서 열리는 축제 즐기기 등 다양한 프로그램들이 제공된다.

최근 기업들은 종사원의 복지 차원에서 워라밸을 추구하기 위해 원격근무를 적절히 활용하여 일과 가정, 일과 개인적 삶 사이의 균형에 대하여 진지하게 고려하는 분위기가 형성되고 있다. IT기술의 발달은 뛰어난 텔레워크(Telework) 환경을 만들면서 시간과 장소를 뛰어넘어 일할 수 있는 시대가 됐다. 서비스는 풀가동되고 전 세계가 함께 생산하고 소비하며 교류하는 시대에 디지털 노마드족은 증가일로에 있다.

코로나19를 계기로 기존의 업무환경은 변화되고 있으며, 원격근무에 대한 수요도 증가함에 따라 워케이션에 대한 인식도 확산되고 있다. 이런 점에서는 워케이션이 직장생활의 질과 삶의 질을 높여주는 워라밸의 수준을 끌어올리는 계기가 될 수 있다.

워케이션으로 각광받는 휴양지는 기존의 관광지뿐만 아니라,

자연과 조화를 이룬 숙박이 가능한 곳도 선호하는 대상이 되고 있다. 지역의 특색을 살린 숙박시설은 더할 나위 없이 좋은 워케이션의 대상지다.

워케이션은 인터넷을 통한 업무만 가능하면 어디서나 일할 수 있으므로 우리의 삶과 휴식이 적절히 균형을 이루게 할 수 있는 문화로 발전할 것이다. 워케이션은 정형화된 도시의 문화를 변화시키고 관광과 지역경제에도 활기를 불어넣는 역할을 할 수 있을 것으로 기대된다.

슬로라이프와 슬로푸드

현대 사회의 음식문화가 가지는 문제점을 간략히 정리해보면 다음과 같다.

우선 소비자들이 먹는 먹을거리가 지역에서 생산되지 않은 것이 대부분이며, 자연의 흐름을 거스르는 음식을 먹게 되었고, 속도를 강조하는 현대 사회에 살면서 사람들은 바쁜 생활을 하게 되었으며, 그것이 음식과 식사 방식에 영향을 미쳤다. 또한 세계적인 브랜드 음식이 확산되면서 각 지역과 지방의 전통적인 음식이 위협받고 있다. 마지막으로 예전에는 소비자가 음식의 원료가 되는 식재의 생산 과정을 알 수 있었지만, 오늘날 지역에서 생산된 것이 아닌, 자연의 규칙을 어기면서 생산된 식재와 그것으로 만든 음식의 경우에 소비자가 그 음식의 안전성을 판단하기가 어려워졌다(김종덕, 2001).

이렇게 패스트푸드와 세계화된 식품산업이 사회적으로 만들어 내는 여러 가지 문제에 대해 반기를 들고 나타난 게 바로 '슬로푸드(Slow food) 운동'이다. 슬로푸드 운동은 패스트푸드에 대한 반대로 생겨난 것이긴 하지만, 더 크게 보면 제철음식과 지역음식을 보존하고 추구하고자 하는 가치가 포함되어 있다. 또한 해당 지역의 전통적인 식생활 문화나 식재료를 다시 검토하는 운동 또는 그 식품 자체를 가리키는 말이다. 슬로푸드 운동의 창시자인 카를로 페트리니(Carlo Petrini)는 국제 슬로푸드 운동이 추구하는 바를 다음과 같이 정의한다. "국제 슬로푸드 운동이 지향하는 문화적 목표는 모든 형태의 쇼비니즘을 배격하고, 각 나라의 다양성을 장려하며, 문화적 상대주의를 고취하는 것"이다.

슬로푸드 운동의 역사를 살펴보면 1986년부터 이탈리아 피에몬테(Piemonte) 지역의 브라(Bra)마을에서 대량생산, 규격화, 산업화, 기계화를 통한 맛의 표준화와 전 세계적인 미각의 동질화를 지양하고 나라별, 지역별 특성에 맞는 전통적이고 다양한 음식·식생활 문화를 계승 발전시킬 목적으로 시작되었다. 패스트푸드가 대량생산, 규격화, 기계화 등을 통해 맛이 획일화된 음식이라면 슬로푸드는 국가별, 지역별 특성에 맞는 다양한 전통음식이나 자연의 순리에 따라 생산한 먹을거리를 총칭하는 것이라고 할 수 있다.

슬로푸드 운동이 활발하게 전개된 계기는 바로 세계적인 패스트푸드 체인인 맥도날드가 로마의 스페인 광장에 들어서면서부터이다. 1980년대 중반, 로마의 명소로 알려진 스페인 광장에 맥도날드가 문을 열었다. 패스트푸드는 미리 마련된 재료를 가지고 만들기 때문에 조리시간이 짧고, 간편하게 이용할 수 있다는 장점을 갖고 있다. 그렇기 때문에 시간에 쫓기거나 간편한 식사를 원하는 많은 사람들이 맥도날드를 이용하게 되었다. 하지만 맥도날드의 편리함 그 이면에는 여러 가지 문제점들이 분명히 존재했다. 패스트푸드의 식재료로 사용되는 것들은 대부분 유전자 조작이나 성장호르몬이 투여된 곡물 혹은 공장식으로 사육되는 소, 돼지, 닭 등이다. 이들은 모두 자연적인 성장기간을 무시한 채 성장속도를 빠르게 하기 위해 인간이 인위적으로 조작을 가한 것이기 때문에 문제가 되었던 것이다. 또한 패스트푸드는 세계 어디에서 맛보아도 맛의 차이가 거의 안 나는 특징을 지니고 있다. 기업의 입장에서 보면 표준화된 음식과 맛의 차이가 안 난다는 것이 마케팅전략일 수도 있지만, 일반 소비자들의 입맛을 획일화시킨다는 문제를 지니고 있다.

 이렇게 여러 가지 문제를 지닌 패스트푸드가 이탈리아의 식생활 문화를 망칠 수도 있다는 위협을 느낀 요리 칼럼니스트 카를로 페트리니와 그의 친구들은 미각의 즐거움, 전통음식 보존 등의 가치를 내건 활동을 시작했고, 이것이 바로 슬로푸드 운동의 계기가 되었다. 카를로 페트리니의 생각은 풍부한 전통과 문화가 스며 있는 이탈리아 음식문화에 미국의 천박한 패스트푸드가 들어오는 것을 용납하지 못하겠다는 것이었다. 패스트푸드들이 난무하게 되면 그들의 전통적인 식생활 문화가 파괴될 수도 있기 때문이다. 결국 이들은 이탈리아 북부의 농촌 소도시인 작은 마을 브라를 본거지로 하여 달팽이를 상징물로 내걸고 본격적인 활동을 시작했다. 지역의 전통적인 식생활 문화를 보존하고 건강한

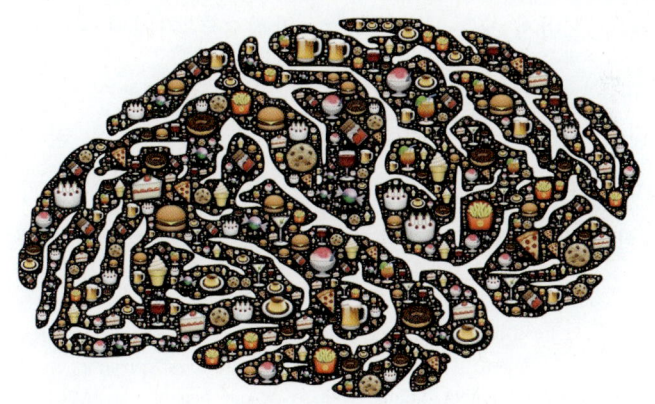

▶ 패스트푸드, 정크푸드가 건강과 환경에 대한 위협으로 되돌아오고 있다.
ⓒPixabay

음식문화를 지향하고자 하는 슬로푸드 운동은 몇 년 만에 국제적인 운동으로 거듭나게 되었다. 사실 이 운동의 초창기에는 와인과 음식만을 다루며 시작했으나 시간이 지나면서 채소와 동물, 문화의 다양성 수호를 위한 조직으로 발전하게 된다.

현대의 먹을거리들은 시간의 맥락을 상실한 패스트푸드이자 공간의 맥락을 상실한 글로벌 푸드, 즉 글로벌화된 패스트푸드이다. 빠름과 간편함만을 추구했던 우리의 습관은 패스트푸드와 정크푸드들이 난무하는 세상을 만들게 되었고 이것들은 결국 건강과 환경에 대한 위협으로 되돌아오고 있다. 시공간의 맥락을 잃고 방황하는 음식문화를 바로잡고 지역성을 회복할 수 있어야 한다.

슬로푸드 운동이 궁극적으로 지향하고자 하는 음식은 '맛있고 깨끗하고 공정한(Good, Clean and Fair)' 음식이다. 우리의 감각을 만족시키는 신선하고 풍미 있는 제철음식과 지역음식을 추구하고, 환경과 동물들의 생태계 그리고 우리의 건강을 해치지 않는 선에서 재배된 재료로 만들어진 음식을 추구하며, 마지막으로 생산자와 소비자 모두에게 공정한 방식으로 거래된 음식을 지향한다.*

우리의 감각을 충족시키는 제철음식과 지역음식은 곧 계절에 맞고 그 문화에 맞는 음식을 뜻한다. 이러한 음식은 지역과 문화적인 실천 간의 관계를 강화시키는 역할을 한다. 또한 우리의 건

---

* (1) GOOD : a fresh and flavorsome seasonal diet that satisfies the senses and is part of our local culture. (2) CLEAN : food production and consumption that does not harm the environment, animal welfare or our health. (3) FAIR : accessible prices for consumers and fair conditions and pay for small-scale producers. http://www.slowfood.com/international/2/our-philosophy

강을 해치지 않는 선에서 재배된 재료는 패스트푸드의 재료에서 느껴지는 불안감과는 대조되는 성격을 가진다. 유전자 조작을 하지 않은, 오염되지 않은 식자재는 우리의 건강을 위협하지 않을 뿐더러 생태학적인 측면에서도 긍정적인 영향을 미치게 될 것이다. 공정한 거래를 거치는 음식의 경우 생산자에게 충분한 보상이 주어지고 소비자에게는 음식의 품질이 보증될 수 있다. 공정한 거래가 이루어지기 위해서는 생산자들의 역할이 중요하다. 생산자들은 자신들의 문화에 대한 자각이 있어야 하며, 그 문화에 대한 자부심을 서로 인정하게 된다면 프로의식을 가지고 생산하는 전문인도 점차 많아질 것이다.

이렇게 슬로푸드 운동이 지향하고 있는 음식에 대한 3가지 가치는 표준화된 맛과 미각의 세계화, 규격화에 저항하고, 지역 특성에 맞는 다양하면서도 전통적인 식생활 문화를 추구하고자 하는 그들의 성격을 보여주고 있다. 슬로푸드는 제철에 나는 음식

▶ 슬로라이프를 위한 슬로푸드 ⓒPixabay

으로 만들고, 맛을 음미하며 안전하게 먹을 수 있으며 지역과 공간의 개념을 가진 로컬푸드이다. 이것이 점차 확산되면 우리는 좀 더 다양한 맛을 즐기며 안심하고 음식을 먹을 수 있는 환경이 조성될 것이다. 이를 위해서는 우선 식품의 소비자인 우리부터 음식을 바라보는 관점을 바꿔야 한다. 매일 먹고 있는 음식들이 식탁에 올라오기까지 어떠한 과정을 거쳐 왔는지에 대해 유심히 살펴볼 필요가 있다. 단순히 소비만 하고 그치는 것이 아니라, 의식 있는 소비자로서 생산에 영향을 줄 수 있는 공동 생산자(co-producer)가 되어야 한다. 그렇다고 해서 우리가 맹목적으로 세계화된 음식들을 배척해야 한다는 말은 아니다. 지금이라도 속도의 노예가 되고 경쟁에 얽매여서 살아왔던 방식을 되돌아보면서, 우리 식탁에서 점차 사라져갔던 슬로푸드, 로컬푸드에 관심을 가져야 할 시기가 찾아온 것이다. 패스트 라이프(fast life)가 우리의 땅과 환경을 위협하고 있는 지금이야말로 느림의 미학을 다시금 생각해볼 수 있는 적절한 시기라고 할 수 있다.

힐링 푸드 즐기는 컬리너리 투어리즘

힐링 푸드는 몸에 해로운 성분에서 벗어난 안전한 식품, 인체에 필요한 식품이 골고루 함유된 올바른 균형식사, 식물성 식품 중심의 균형식, 제철 위주의 음식, 신체적 적합성이 획득된 향토음식, 신선한 재료와 담백한 재료의 맛을 살린 음식을 의미한다.

힐링 푸드는 신체의 건강뿐만 아니라 정신 건강까지 아우르는 음식 개념이다. 따라서 웰빙 식품과는 조금 다른 의미를 지니고 있다. 심신의 치유를 위한 힐링산업이 일시적인 유행을 넘어 하나의 큰 시장을 형성하고 있는 것으로 해석할 수 있다. 특히 건강과 직결되는 힐링 푸드는 힐링산업을 이끄는 큰 규모의 시장으로 성장할 가능성이 높다. 음식이 신체적인 건강뿐만 아니라 정신 건강에도 적지 않은 영향을 미친다는 이론적인 배경에서 생겨난 힐링 푸드는 현재 건강기능식품의 일부분에 지나지 않지만, 머지않아 식품산업의 중요한 부분을 차지할 것으로 기대된다. 사실 힐링 푸드는 건강과 치유를 아우르는 광범위한 개념이다. 모든 사람에게 일반적으로 적용할 수 있는 개념이라기보다 개개인의 특성에 따라 다르게 적용할 수 있는 상대적인 개념에 가깝다.

단순히 허기를 면하기 위해서 먹었던 1960년대, 맵고 짜고 감칠맛이 나면서 양껏 배불리 먹어야 좋은 음식이라는 1990년대를 지나, 이젠 음식을 섭취하는 것을 '건강을 먹는다'라는 의미로 인식하는 것이 바로 힐링 푸드의 출발점이라 할 수 있다. 따라서 힐링 푸드의 핵심적인 의미라 할 수 있는 '음식을 적당하게 골고루 섭취하는 것'은 질병을 예방하거나 치료하는 데 도움이 될 것이며, 관련 산업의 확장을 이끌 것으로 기대된다.

최근 슬로시티 지역에서 패스트푸드와 반대되는 우리나라 고유의 발효음식을 기본으로 하는 전통건강 음식을 중심으로 한 슬로푸드를 생산, 판매하는 농산어촌관광마을에서 도시민들이 농촌체험관광을 하는 슬로관광도 급성장하는 상황이다.

관광 경험에 대한 수요가 다양화되고 가처분소득 및 가용 시간의 확대 등으로 인해 관광환경이 급격하게 변화하고 있다. 이에 관광객의 요구사항이 다변화되고 있는 상황에서 관광지에서 깊이 있고 차별적인 경험에 대한 요구가 증가하고 있다. 그중 맛있는 현지 음식을 즐기고 싶어 하는 관광객의 급격한 증가에 따라 음식관광의 중요성이 부각되고 있다.

음식관광은 관광산업에서 새로운 영역으로 등장하고 있는 분야이며, 관광 소비 규모의 1/3 이상이 음식 분야에 지출되고 있다. 따라서 음식체험은 관광지 선택에 있어 부차적인 동기로 비중이 증가하고 있으며, 특정 관광지에서 제공되는 음식은 여행 경험의 질적 수준을 제고하는 측면에서 가장 중요한 요소가 되고 있다.

음식관광은 특색 있는 음식 자원을 보유한 지역을 여행하는 것으로 음식과 관련한 체험 또는 활동이 관광의 주요 동기로 작용한다. 1·2차 생산지 방문, 미식 축제, 음식 박람회, 이벤트 참석, 농산물 시장, 요리대회 및 시연, 시식 및 음식과 관련된 관광활동을 포함한다. 이러한 경험적 관광은 실험적인 시도, 타 문화에 대한 이해 제고, 관광상품 및 그 지역에서 생산 및 소비되는 음식의 특성에 대한 지식을 습득하는 것과 같은 특정 생활양식과 관련되어 있다.

식재료의 주요 생산지를 방문하고, 음식축제에 참여하며, 레스토랑이나 특별한 장소에서 음식을 시식하거나 특산물 생산지역의 특성을 체험해보는 것이 관광을 자극하는 중요한 요소로 작용하기도 한다. 음식을 통해 즐거움을 찾는 행위로 지역에서 생산되고 판매되는 다양한 식재료와 먹거리를 시식해보고 경험함으로써 방문지역의 독특한 문화를 체험하는 활동이라 할 수 있다.
　관광객의 경험과 정보가 풍부해지면서 개인의 다양한 관심 분야를 반영하는 특화되고 맞춤화된 관광상품 수요가 증대됨에 따라 음식에 관심이 많은 음식관광객들은 미식관광(gastronomy tourism), 와인관광, 커피관광 등에 참여하며 다양한 문화체험활동을 즐기고 있다.
　유럽에서는 컬리너리 투어리즘(Culinary Tourism)이라는 개념이 포괄적으로 사용되는데, 지역의 시장 및 축제, 음식점, 양조장 등

▶ 힐링 음식 즐기는 컬리너리 투어리즘 ⓒPixabay

음식문화와 관광을 접목한 형태이다. 농수산물, 전통시장, 향토음식, 길거리음식 등을 활용한 음식문화관광 형태로 농업을 중심으로 한다는 측면에서 음식관광보다 일반적으로 사용되며, 인상적인 음식을 추구하면서 동시에 이벤트 등의 다른 목적을 갖기도 한다.

최근 전원에서의 휴식과 건강한 음식, 삶의 질을 높이는 여가 활동을 농어촌에서 즐기고자 하는 관광객이 증가하고 있다. 대중의 기호는 TV 프로그램의 속성에 잘 나타나기 마련이다. tvN에서 방영한 〈삼시세끼-어촌편〉 등의 방송 프로그램을 보면 농어촌의 오지 탐험이 단골 소재가 되며 유명 연예인들이 식사를 자급자족하는 과정을 보여주는 프로그램이 큰 인기를 끌고 있다. 농어촌형 음식관광의 욕구 확산은 단순히 맛집을 찾아가는 것에 그치지 않고 제철 식재료를 수확하는 것은 물론이고 그것을 그 지역민들이 어떻게 먹는지 농장에서 식탁에 이르는 모든 것을 궁금해하고 체험하는 데 기인한다. 이는 농어촌 지역의 식재료 소비를 촉진하며 지역 경기 활성화에도 기여할 수 있는 중요 수단이 되고 있다. 특히, 지역문화축제에 참여하는 수많은 외래 관광객들이 농어촌 지역의 축제현장에서 제공되는 음식관광 프로그램에 열광하면서, 대하축제, 도다리축제, 광어축제, 쭈꾸미축제, 꼬막축제, 멸치축제, 연어축제, 꽃게축제, 송이축제, 인삼축제, 곶감축제, 포도축제 등과 관련된 음식관광축제에 참여하는 것이 해당 지역 농어촌마을의 경제 활성화, 지역문화 발전 및 활기찬 사회적 분위기 조성 등에도 도움이 된다는 것이다. 또한 각종 음식관광 체험 프로그램과 지역문화축제의 운영은 그 자체가 농어업인들에게 농어업 외 소득을 가져다주는 것은 물론 지역 농수산물의 우수성을 홍보하고 농수산물을 직거래로 판매할 수 있는 기회를 제공한다. 이는 경제적·사회적 관점 외에 농어촌 지역주민들에게 도시민들과 상호작용하고 소통할 수 있는 기회를 제공한다는 점에서 포괄적인 관점에서의 국가통합과 도농(都農)교류의 하나의 통로라고 할 수 있다. 따라서 지역문화축제의 농어촌 음식관광은 축제에 참가하는 외래 관광객과의 의사소통의 기회를 제공하는 수단이 되기도 하고, 해당 음식을 먹기 위한 공간을 제공하기도 하며, 동시에 농어촌 지역 관광경제 순환의 연결고리이자 소통의 공간을 제공하는 역할을 하고 있다.

진지한 여가, 워킹

서양철학사에서 중요한 자리를 차지하고 있는 독일의 철학자 임마누엘 칸트(Immanuel Kant)의 일화 중 가장 유명한 건, 산책 시간이다. 그는 매일 오후 3시 30분이 되면 산책을 나갔는데, 언제나 그 시간이 정확했다. 산책하러 나가는 그를 보고 동네 사람들이 시간을 파악했다고 한다. 시인 하인리히 하이네가 "쾨니히스베르크 대성당의 큰 벽시계도 칸트보다는 조금은 어긋날 것"이라고 할 정도였다.

그만큼 칸트에게 산책은 중요한 일과였다. 아마도 칸트에게 산책이 중요했던 것은 발바닥을 자극하면 뇌 활동이 활발해져 사색을 하고 창의적인 생각들이 떠올랐기 때문이 아닐까 싶다.

실제로 걷다보면 아이디어가 떠오르는 경험이 있을 것이다. 그러고 나면 신기하게 헝클어진 생각이 가닥이 잡히고 치유되는 느낌이 든다.

몸과 마음이 지칠 때, 기분전환하고 싶을 때, 정신없이 바쁘게 지나온 하루, 일상의 작은 여유가 그리울 때, 잠시라도 마음 쉴 곳을 찾고 싶을 때, 이래저래 마음 복잡할 때 우리는 걷는다.

바쁜 현대 사회로부터 발생하는 소외감, 비인간화 등에 지친 현대인들은 빠른 삶을 거부하고 지쳐 있는 심신의 피로를 풀기 위해 신체와 정신을 건강하게 하는 힐링으로서 '걷기(walking)'가 화두가 되고 있다. 걷기는 단순히 다른 장소로 이동하기 위한 수단일 뿐 아니라 자기 사색, 고요함, 침묵, 자연과의 접촉과 결합을 위한 수단이다.

자연과 교류할 수 있는 새로운 안식처로서 여유 있는 삶에 대한 욕망을 채워 줄 수 있는 공간이 필요하다. 해외에서는 1960년대부터 국가적 차원에서 도보 중심의 길 만들기 사업을 전개하였다. 세계 3대 트레일로 꼽히는 미국의 존 뮤어 트레일(John Muir Trail), 캐나다의 웨스트 코스트 트레일(West Coast Trail), 스페인에 조성된 카미노 데 산티아고(Camino de Santiago) 등이 유명하다. 국내에서는 2007년 제주 올레길을 필두로 지리산 둘레길, 서울 북한산 성곽길 등의 다양한 도보여행길 조성사업이 활발해지면서 도보여행이 대두되었다. 도보여행은 느리게 걷고 주위 문화와 교감하며, 주변 자연환경을 음미하기 위해 조성된 도보 중심의 사색 여행을 뜻한다.

도보여행자들은 관광 대상의 보이지 않는 내적인 속성을 중시하며, 무엇을 보고 느끼는지에 대한 경험의 질을 중요하게 생각한다. 도보여행자들은 단순한 호기심에서 여가를 즐기는 것이 아닌 경험의 성장으로부터 완전히 그 행위에 빠져드는 진지함에서 즐거움을 찾는다. 이른바 '진지한 여가'인 것이다.

▶ 진지한 여가, 워킹 ©김원제

도보여행자의 진지한 여가 체험은 신체적 체험, 사회적 체험, 심미적 체험, 기예적 체험으로 범주화된다(오세경·김영춘, 2014). 신체적 체험은 신체상, 고통극복으로, 사회적 체험은 관계적 소통, 사회공헌성의 두 가지 주제로 구성된다. 또한 심미적 체험의 경우, 치유감, 향수감, 순간성, 자연친화성이며, 기예적 체험은 탐구적 신기성, 시각의 확장, 창조적 수행감이라는 주제로 구성된다.

도보여행자의 진지한 여가 체험은 첫째, 신체적 체험이라 함은 몸의 움직임을 통해 발현되는 체험으로서 고통과 부정적 감정이 수반된다 하더라도 그것을 이겨내며, 신체적 변화 및 효과, 즐거움을 기대하는 체험이다. 둘째, 사회적 체험의 경우, 자아와 사회 구성원 간의 상호작용을 통해 발현되는 체험으로서 소속감을 느끼며, 자발적인 봉사활동을 통해 자아만족 등의 보상이 이루어지는 체험이다. 셋째, 심미적 체험은 공간과 자신의 내면 활동이 상호작용을 하면서 발현되는 진정성과 숭고함의 감정을 느끼게 되는 정신적 체험이다. 넷째, 기예적 체험은 도보여행 관련 지식을 확장하기 위해 필요한 정보를 수집하고 그것을 창조하고 처리하며 수행하는 등의 유목적 체험이다.

진지한 여가로서 도보여행 체험은 '삶의 질'을 추구하는 방향으로 신체적 체험, 사회적 체험, 심미적 체험, 기예적 체험을 통해 자아만족, 자아실현 등을 체험하는 체험의 내재화 과정을 거친다. 도보여행 활동에 나타난 진지한 여가 체험은 신체적 행위와 심리적 활동이 동시에 작용하며, 자신의 여가 정체성을 확립하고자 하는 것을 의미한다.

도보여행자의 진지한 여가 체험은 단순히 건강만을 목적으로 행하는 것이 아닌, 자신과 공간 간의 상호작용을 통해 학습하거나 즐기는 등의 다양한 활동을 의미한다. 진지한 여가로서 도보여행은 다양한 환경 및 맥락들과 연계되어 자신 이외에 또 다른 여행자, 생산자, 지역 주민 등과의 상호작용을 통해 일어나는 매우 다변적인 것이다. 도보여행을 통한 진지한 여가 체험은 참여자 개인에게 일상에서 얻을 수 있는 체험과는 다른 특별한 것으로서, 여행자들이 느끼는 자유로움 등을 전달해주기 때문에 지속적으로 참여하고 몰입하게 만든다.

자연이 주는 치유, '에코 힐링'

'자연 치유'를 영어로는 '에코 힐링(eco-healing)'이라고 하는데, 이는 자연환경을 뜻하는 'ecology'와 치료를 의미하는 'healing'이 결합돼 만들어진 말로, 오염되지 않은 자연 속에서 심신을 다스려 건강을 추구하는 방법을 말한다.

우리 몸은 외부 도움 없이 병의 원인이 되는 이물질을 제거하고 손상된 조직을 복구하는 능력, 즉 면역력과 해독력, 그리고 복구력을 갖고 있다. 이러한 생명체 고유의 방어와 복구능력을 '자연적인 치유력'이라고 하는데 자연적인 치유력이 강하면 어떤 상태에서도 질병에 걸리지 않는다. 그러나 반대로 자연적 치유력이 약해지면 언제든지 발병하게 된다.

건강한 상태에서는 일시적인 스트레스와 독소로 유발된 대부분의 병은 저절로 낫게 되는데 그 이유는 인체의 자연적 치유 시스템이 정상적으로 가동하기 때문이다. 예를 들어 지나친 스트레스와 독소로 유발된 혈류장애나 조직파괴를 회복하기 위해서 우리 몸의 자율신경은 자동적으로 '아세틸콜린(acetylcholine)'과 '프로스타글란딘(prostaglandin)'을 대량 분비한다. 이렇게 대량 분비된 아세틸콜린과 프로스타글란딘이 손상된 조직과 혈류를 회복시키는 과정에서 질병의 반응들인 통증과 발열, 그리고 발진과 출혈 등을 치유하는 반응이 일어나는 것이고, 이러한 치유 반응들이 순조롭게 진행되어 파괴된 조직세포의 복구를 마쳤을 때 비로소 병이 낫게 되는 것이다(ScienceTimes, 2012.1.5).

'에코 힐링'의 방법에는 '자연요법'과 '정신요법', 그리고 '식이요법'과 '해독요법' 등 종류가 다양하다. 그중 '자연요법'은 숲, 땅, 산소, 물, 햇빛 등 자연을 최상의 치료제로 여기고 이들을 이용하여 치유하는 방법인데 숲을 이용한 '산림욕'이 가장 보편적 치유 방법으로 알려져 있다. '정신요법'은 화병과 우울증 같은 정신질환은 물론 심혈관 질환이나 암 같은 신체질환과 밀접한 관련이 있는데 이를 치유하는 대표적 방법으로 명상, 감사하는 마음, 긍정적 마음 갖기 등이 있다. 마음이 편안하고 즐거운 상태가 되면 자율신경계가 정상화되고 호르몬과 면역 체계가 좋아져 건강에 도움이 된다. 이 밖에도 '식이요법'은 치유에 도움되는 영양분을 섭취하고 소화에 신경 쓰는 것으로서 세포파괴를 막고 세포를 재생시키기 위해 비타민과 미네랄, 단백질이 풍부한 식사를 규칙적으로 하는 것이다. '해독요법'은 몸속에 쌓인 노폐물과 독소를 없애는 것인데 단식요법과 생식요법, 그리고 관장법 등이 있다.

첨단현대의학이 발달돼 병의 완치도가 높아지고 있지만, 인간의 신체는 아직 현대의술로도 밝혀내지 못한 부분이 상당히 많다. 현대의학의 경우 대부분이 질병의 부위 중심으로 치료가 이뤄지다보니 몸의 근원적인 치료를 위한 대체의학이 대두되고 있으며, '에코 힐링'이 대체의학의 중심이 되는 추세이다.

'에코 힐링'은 의료 행위처럼 전문적이지는 않지만 인체에 중요한 역할을 한다고 생각하는 것이 전문가들의 의견이다. 신체가 건강하게 유지되기 위해서는 면역력이 강해져야 하는 것처럼 면역력을 높여주어 신체를 건강하게 유지하는 역할을 하는 것이 대표적인 자연 치유의 과정이라고 할 수 있다.

에스키모인들은 분노를 느끼면 자연의 풍경을 바라보면서 걷는 습관이 있다고 한다. 걷다 보면 빨리 감정이 가라앉고 화가 풀리기 때문인데 최근 걷기운동을 즐기는 사람들이 느끼는 것도 이런 에스키모인들의 습관과 무관하지 않다.

세르비아 관광객들을 대상으로 조사한 연구에서는 스파방문 동기로 여섯 가지 요인을 발견했는데, 첫째, 정신적인 육체적인 원기회복, 둘째, 친구들과 즐거움을 갖고 모험을 즐기고, 재미를 갖기 위한 사회화 및 즐거움 추구, 셋째, 호화로운 경험을 탐닉하고, 열심히 일한 자신에게 보상을 제공하기 위한 쾌락(hedonism) 추구, 넷째, 건강과 아름다움에 대한 집착(obsession), 다섯째, 조용하고 여유 있는 휴식(relaxation), 여섯째, 일상생활로부터 탈피하고, 스트레스를 감소시키고, 업무의 압박으로부터 멀리하고자 하는 도피(escape)를 들었다. 이 여섯 가지 스파동기 중 휴식과 건강과 아름다움에 대한 집착 동기가 가장 높은 것으로 나타났다.

숲에서 하는 힐링, 산림치유

생리인류학적 관점에서는 인간의 몸을 구성하고 있는 모든 신체 기관이 진화과정을 통해 숲이라는 환경에 맞도록 만들어져 왔기 때문에 숲이 쾌적하다고 느낀다고 한다. 숲 환경은 도시 환경과 다르게 외부 자극이 적어서 많은 주의를 필요로 하지 않는 환경이다. 도시에서는 외부의 많은 자극에 대한 방어적 기전으로 스스로 외부의 자극에 반응하는 감각기관을 닫아버리는 반면, 자연환경 속에서는 스스로 감각기관을 열고 자연환경이 주는 오감의 자극을 적극적으로 느끼게 된다.

대표적인 현대인의 질병(암, 심장병, 뇌졸중 등)은 오랜 생활습관과 생활환경으로부터 발생한다. 질병에는 이르지 않았지만 항상 피곤함을 느끼는 등 건강하지 않은 상태를 의미하는 미병(未病)상태의 인구가 급속히 증가하고 있다.

산림치유는 질병 치료행위가 아닌 건강의 유지를 돕고, 면역력

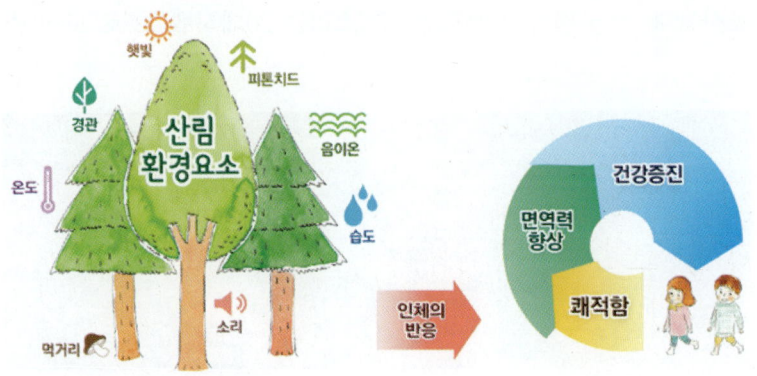

▶ 산림치유의 개념 (산림청)

을 높이는 치유활동이다. 햇빛, 경관, 온도, 피톤치드, 먹거리, 소리, 습도, 음이온 등의 산림 환경요소들은 건강증진, 쾌적함, 면역력 향상과 같은 인체의 반응을 일으킨다.

산림청이 2007년부터 추진하고 있는 치유의 숲 사업목적은 아토피 등 환경성 질환, 고혈압 등 생활습관성 질환에 대한 효과적인 치유수단으로 산림을 활용함으로써 국민건강 증진 및 심신함양을 도모하는 것이다. 치유의 숲은 50ha(사유림은 30ha) 이상의 면적에, 산림치유 체험시설과 운동요법시설, 편의시설 및 위생시설 등을 조성하며, 개소당 50~100억 원의 예산이 투자되고 있다.

국립산림과학원은 지난 2007년부터 숲 소리를 수집하여 그 특성을 분석한 결과, 사계절 중에서도 새와 벌레 울음소리가 끊임없이 지속되는 여름의 숲 소리가 특히 사계절 중에서도 생명력이 가장 큰 것으로 나타났다고 발표했다. 또한 사계절 중 새의 지저귐이 현저히 증가하는 봄의 숲 소리는 사람에게 가장 효과가 있는 것으로 분석됐다. 신체 이완과 수면 중 뇌에서 발생되는 세타파(theta wave)가 숲 평균소리보다 높아서 안정감을 주는 것으로 조사됐다. 연구결과에 따르면, 숲 소리는 20데시벨(dB)로 도심 소

▶ 숲 치유 (산림청)

리에 비해 음량이 1/3 수준으로 작아 청각에 스트레스를 주지 않는다. 또 전 주파수별로 고른 분포를 띠어 편안함을 느끼게 하는 것으로 나타났다. 또한 사고력 향상과 문제해결시 발생되는 SMR파(sensorimotor rhythm)가 다른 계절에 비해 6% 정도 더 높은 것으로 파악됐다. 이 정도의 수치는 마음의 안정뿐만 아니라 문제해결능력 향상에도 도움이 된다는 것이 전문가들의 의견이다. SMR파는 알파파와 베타파 사이의 주파수를 갖는 뇌파로 주의력이 최고조에 달한 상태를 말한다. 업무나 스포츠, 학습의 최고조 상태에서 발생한다 해서 집중력 훈련시에 활용되기도 한다.

치유의 숲이 아니더라도 전국에 수많은 힐링타운이나 힐링캠프, 암환자나 아토피 환자들을 대상으로 하는 에코힐링빌리지 또는 치유마을이 빠른 속도로 증가하고 있다. 대부분의 힐링 공간이 공통적으로 가지고 있는 콘텐츠는 일반적으로 자연이 주는 맑은 공기와 시원한 바람, 아름다운 경관, 그리고 약초를 통해 몸과 마음이 행복해지게 함으로써, 몸과 마음이 고달픈 현대인을 치유하고 위로하기 위한 것이 대부분이다. 체질검사를 통한 침, 뜸 등 한방진료체험과 친환경 약선음식과 기능성 식품체험이나 알레르기(아토피) 클리닉센터 운영 등의 체험의료, 명상, 요가, 아로마, 기수련을 통한 심신치유, 전통한옥, 황토집, 한방목욕 등 체험을 통한 숙박휴식 등이 여기에 속한다.

도시 숲과 정신건강

재난 수준에 가까운 미세먼지 문제가 우울증 같은 정신질환의 위험까지 높이는 것으로 나타나 우려를 낳고 있다.

미세먼지에 장시간 노출된 집단은 그렇지 않은 일반 집단에 비해 우울장애 위험도가 더 높은 것으로 보고되고 있다. 장시간 미세먼지를 흡입하게 되면 뇌로 가는 염증 물질이 증가해 우울증 발생이나 자살 위험도가 높아진다는 것이다.

미세먼지 문제가 신체적 질환은 물론 정신적 질환으로까지 그 영향을 미치고 있는 상황에서 국립산림과학원이 우울증 증가 문제의 해결방안으로 '도시 숲 조성사업'을 제시하고 있다.

'도시 숲(Urban Forest)'이란 도시나 마을같이 사람이 거주하는 지역에 조성된 숲이나 공원녹지 등을 가리키는 용어다. 길거리에서 볼 수 있는 가로수나 공원의 나무들도 일종의 도시 숲이라 할 수 있다.

도시에 숲이 우거져 있고 나무가 울창하게 심어져 있을 때 우울했던 기분이 상쾌해지는 것은, 사람이라면 누구나 느끼는 현상이다. 국립산림과학원 도시숲연구센터와 고려대학교 연구진은 최근 국내 성인 6만5,000여 명을 대상으로 도시 숲과 '우울증 질환(depressive symptoms)'의 연관성을 규명하는 조사결과를 발표했다. 연구진은 각 개인의 성별과 교육수준, 그리고 직업 및 소득수준 등을 고려하여 우울증에 영향을 줄 수 있는 요소들을 파악했다. 연구결과, 도시 숲이 가장 많은 지역에 사는 사람의 우울증상 위험도가 도시 숲이 가장 적은 지역에 사는 사람보다 평균 18.7%나

▶ 도시인의 정신 건강에는 도시 숲 ©Pixabay

낮은 것으로 나타났다.

　도시 숲이 미세먼지를 얼마나 많이 저감시키기에 이처럼 우울증까지 감소시킬 수 있는 것일까? 이 같은 의문에 대해 최근 미국과 이탈리아의 공동 연구진이 흥미로운 연구결과를 발표했다.

　미국 뉴욕주립대학교와 이탈리아 파르테노페대학교의 과학자들로 구성된 공동 연구진은 5개 대륙에서 인구 1,000만 명이 넘는 10개 거대도시를 선정하여 현재의 녹지 면적과 잠재적으로 녹지가 될 수 있는 면적, 그로 인한 사회적 비용을 추산했다. 그 결과, 도시 숲이 감당하는 사회적 비용은 연간 5억 달러가 넘는 것으로 파악되었다. 해당 비용 중에서 가장 큰 비율을 차지하는 기능은 대기 오염물질을 줄이는 것으로서, 약 4억 8,000만 달러 정도인 것으로 나타났다. 이 외에 홍수방지 기능 1,100만 달러와 난방 및 냉방 에너지 저감 기능의 50만 달러, 그리고 기후변화의 주범으로 꼽히는 온실가스인 이산화탄소 저감 기능으로 800만 달러 정도의 비용을 감당할 수 있는 것으로 드러났다. 연구진은 특히 도시 숲 기능 가운데 가장 큰 비율을 차지하는 것은 '미세먼지 저감 기능'이라고 밝혔다. 도시 숲이 미세먼지 1톤을 저감시킬 때 도시 숲이 제공하는 사회적 비용은 약 26만 달러인 것으로 추산됐는데, 이는 도시 숲을 획기적으로 늘리는 것이 미세먼지를 줄이는 근본적인 해법이 될 수 있다는 의미다.

국내 연구에서도 도시 숲이 미세먼지 저감에 효과가 있다는 사실이 밝혀진 바 있다. 국립산림과학원의 연구결과에 따르면, 도시 숲의 미세먼지 농도는 도심에 비해 25.6%, 초미세먼지는 40.9%가량 낮은 것으로 나타났다. 이는 서울 홍릉숲의 경계부와 내부, 그리고 중심부를 측정한 결과와 숲에서 2km 떨어진 도심 지역의 미세먼지 농도를 비교한 결과다.

미국의 도시공원 '센트럴파크(Central Park)'는 뉴욕의 상징이자 시민들의 휴식처다. 넓은 자연림, 야생동물 보호구역 등이 있어 철새들이 쉬며 머물고 가는 곳이기도 하여 도심 한 주가에 원초적인 자연이 그대로 보존되어 있는 곳이기도 하다. 또한 방대한 면적의 규모답게 동물원, 스케이트장, 회전목마 등 볼거리, 즐길 거리가 풍부하고 콘서트, 무료 공연 등 이벤트도 많아 관광객들이 꼭 한번 들러야 하는 명소이다. 연간 4천만 명 이상이 방문해 5억 달러가 넘는 수입을 올리고 있다고 한다.

서울 마포구 연남동 '경의선숲길공원'은 일명 '연트럴파크'로 불리는 핫 플레이스이다. 가좌역에서부터 효창공원앞역까지 이어진 6.3km 길이의 공원이다. 옛 경의선(용산선) 폐철길을 공원으

▶ 미국의 센트럴파크와 서울 연남동의 경의선숲길공원('연트럴파크')

로 탈바꿈시킨 서울의 도시재생 프로젝트의 일환이다. 경의선 지하화에 따라 생긴 8만여 제곱미터의 부지를 한국철도시설공단으로부터 50년간 무상 임대하여 조성되었다.

　가장 긴 연남동 구간은 미국 센트럴파크처럼 사람이 많이 오가는 곳이 되어, 연남동의 이름을 따 연트럴파크라는 별명이 붙었다. 이 이름의 영향으로 노원구에 조성된 경춘선숲길공원은 '공트럴파크'라는 별명이 붙었다. 일부 구간에는 경의선 시절의 레일 및 건널목을 재현해 놓았다. 옛 폐차량을 체험 목적으로 전시한 곳도 있다. 녹지가 부족했던 마포구, 용산구에 활력을 불어넣어주고 있다. 또한 공원을 따라 새로운 상권이 형성되면서 지역 사회에도 큰 기여를 하고 있다. 특히 연트럴파크로 불리는 연남동 구간은 외국인들의 방문이 급격히 증가하여 새로운 관광지로서의 역할도 하고 있다. 또한, 공원 양 옆으로 위치한 주거지역은 일명 '숲세권'으로 불리는 곳에 속해 주거환경 개선 효과를 누리고 있다.

코로나19 이후 여행·관광 트렌드 변화

최근 국내외 여행 트렌드는 장기 여행보다는 단기 여행을 선호하고, 일상처럼 여행을 즐기고, SNS에서 화제되거나 기록을 남길 수 있는 곳으로의 여행이다. 이러한 여행 트렌드를 반영하듯 일상의 장소에서의 여행이 여행자에게 선호되고 있다. 예컨대, 도시재생 장소(예, 감천문화마을, 강화군 조양방직 카페), 골목(예, 대구 중구 근대로, 서울 부암동길), 전통시장(예, 서울 광장시장, 서울 통인시장) 등 일상의 공간이 여행지가 되고 있으며, SNS인 인스타그램에서 화제가 되는 일상의 장소(예, 제주도 종달리 수국길, 경주 솔거미술관 등)로 여행을 가는 경향이 증가하고 있다.

2019년에는 나만의 멋을 과시하는 '플렉스(Flex)'가 대세였지만, 2020년 들어서는 사회적 거리를 유지한 상황에서 즐겨야 하는 여가활동인, '안전힐링' 상품이 뜨고 있다. 코로나는 관광패턴도 다양하게 변화시켰다. 해외여행에서 국내여행으로, 단체에서 개별 또는 가족단위 소규모 여행으로, 대면에서 비대면 콘텐츠로, 바이러스로부터의 안전 확보를 위해 독립된 펜션이나 호텔 숙소를 선호하는 추세이다. 코로나19가 영향을 미친 이후 야외활동에 대한 사회적인 요구는 크게 증가하고 있다. 정대영·이수진(2020)이 진행한 경기도 연구에 따르면, 코로나19 이후 국내 여행객들이 선호하는 관광활동으로 자연, 풍경감상, 휴식과 휴양이 대다수를 차지하였다는 관광활동 실태 결과가 제시되었다.

코로나19 팬데믹은 여행 유형의 변화에 영향을 미쳐 관광활동의 개별화와 소규모화가 가속화되고 있다. 관광 경험이 풍부해질

수록 단체관광에서 개별관광으로 변화되는 추세가 나타나는데, 코로나19로 인해 타인과의 접촉이 많은 단체관광보다는 상호 안전을 신뢰할 수 있는 소규모 개별관광이나 자유여행을 선호하는 경향이 더욱 강해지는 것이다. 나아가 코로나19의 영향으로 관광산업의 디지털 전환 요구가 증가되면서 관광시장에서 초개인화(hyper-personalization) 기술을 활용한 개인 맞춤형 관광상품 개발 수요가 커지고 있다.

코로나19 확산에 따른 감염 우려는 근거리 중심의 여행 수요를 증가시켰으며 이러한 경향은 지속될 것으로 전망된다. 코로나19 이후에도 관광객들은 '스테이케이션(staycation)'이나 생활권 내에서 여행을 즐기는 '여가형 여행', '로컬 여행' 등을 계속 선호할 것이다.

코로나19로 인해 비대면 문화가 확산되면서 밀폐공간에서의 관광활동이나 대규모 시설(행사)을 기피하는 현상이 늘어났다. 이러한 현상은 청정한 자연환경 속에서 휴식을 즐기는 여행 흐름이 나타나고 있다. 대면 접촉을 최소화할 수 있는 자연 또는 야외에서의 관광활동이나 건강, 힐링, 웰니스 등을 추구하는 관광의 인기가 코로나19 이후에도 지속될 것으로 기대된다.

코로나19의 유행으로 일상생활 속에서 안전확보를 위한 비접촉 기술이 크게 주목받고 있다. 이는 관광분야도 예외가 아니다. 일례로 한 조사에 따르면, 호텔 게스트의 80%가 다시 여행을 하게 되면 호텔 앱을 다운받아 체크인/아웃을 하고 호텔 정보를 확인할 것이라 응답하였다. 숙박서비스, 결제서비스, 안내서비스 등의 다양한 관광서비스에 있어 대면 접촉을 최소화하기 위한 비접촉 기술의 적용이 관광객들에게 '안전한 관광'을 하고 있다는 신뢰를 제공해줄 것으로 보인다. 관광객들은 비접촉 기술을 점점 더 선호할 것이며 이에 따라 비대면 관광서비스 수요 역시 지속적으로 증가할 것으로 전망된다.

코로나19로 인해 해외관광이 사실상 단절되면서 국내관광에 대한 관심이 증대되었다. 이에 '해외관광 대체형 시장'으로서 국내관광의 성장을 바라볼 수도 있을 것이다. 그러나 코로나19가 관광분야에 미친 막대한 피해 상황 속에서도 국내관광의 매력 재발견이라는 긍정적 영향을 끼쳤다는 점에서 해외관광이 재개되더라도 국내관광의 수요 증가는 계속해서 이어질 것으로 보인다.

대한민국은 지금 캠핑 열풍

지난 10년간 한국사회에 불어닥친 캠핑 붐은 가히 신드롬이나 다름없었다. 주말 전국 도처의 캠핑장에는 자리를 구하기 힘들 정도로 캠핑을 즐기는 사람들로 넘쳐나는 진풍경이 연출되었다.

JTBC의 〈캠핑클럽〉과 〈갬성캠핑〉, tvN의 〈바퀴 달린 집〉, KBS의 〈나는 차였어〉 등 캠핑 관련 예능 프로그램의 방영으로 큰 인기를 얻고 있으며, 자연과의 교감은 물론 가족과 함께 시간을 보낼 수 있는 장점으로 점차 대중화되고 있다. 특히 2020년 발생한 코로나로 인해 야외에서 개인 간 거리두기가 용이한 캠핑이 사회적 현상과 맞물려 전국의 캠핑장은 그야말로 특수를 맞고 있다.

캠핑은 자연환경에서의 몰입경험을 통해 개인에게 자아를 성찰할 수 있는 환경을 제시해주고 힐링할 수 있는 좋은 기회를 제공(손병구, 2002)함으로써 참여자의 재미와 자신감 그리고 즐거움 등의 심리적 행복감을 향상시킬 수 있을 것이다.

소비자들은 삶의 질과 여유를 추구하는 삶을 중요시하게 되었고 뿐만 아니라 가족 중심의 여가활동 활성화, 아파트와 같은 획일화된 주거문화 탈피, 자동차 보급 등에 의한 여행 편리성 등으로 여행 수요가 증가하고 있다. 양적인 수요의 증가는 질적인 여행 형태의 다양화로 이어짐으로써 캠핑에 대한 관심과 욕구가 증대되었고(이병열·정윤창, 2012), 특히 직장생활을 하면서 삶의 만족을 찾는 활동 중에 대표적인 여가문화로 캠핑이 활용되게 되었다. 국민여가활동조사(2019)에서도 국내 캠핑(20.6%)은 휴가 중 가장 많이 하는 여가활동으로서 해외여행(17.8%)보다 높게 나타났고, 20~30대의 경우는 다른 어떤 여가활동보다 국내 캠핑활동을 가장 많이 선호하는 것으로 조사되었다.

캠핑은 야영 또는 노영의 영어적 표현으로 전쟁이나 훈련시 군대가 주둔하는 평평한 땅을 뜻하는 라틴어의 '캄푸스(Campus)'에서 유래한다. 캠핑의 본래 의미는 '동지끼리 협동생활을 한다'는 것으로, 자연 속에서 서로의 인격에 접촉하는 소박한 협동생활을 통해 우호적 인간관계를 맺고, 낚시·등산·수영 기타 야외활동을 통해 자연에서 배움과 동시에 신체를 단련하는 것에 의의를 찾는 것을 말한다(두산백과). 캠핑은 바쁜 일상생활에서는 경험하기 어려우나 자연 속에서 생활 경험과 동반자와의 활동을 통해 인간관계를 증진시키고 자연교육과 신체단련이 가능한 자연친화적 관광활동이다(류재승, 2010).

여가학적 관점에서 캠핑 붐에 주목하는 이유는 과거에도 유행했던 캠핑이 다시금 인기를 끌게 되면서 대표적인 주말 가족 여가활동으로 자리 잡게 되었기 때문이다. 즉, 과거 1970~1980년대 보이스카우트와 같은 단체에서 추진한 캠핑은 생존, 심신 수련, 야영, 집단의 연대와 같은 교육적 가치에 목적을 두었다면, 오늘날의 캠핑은 생리학적 욕구 충족을 위해 노동에 함몰되어 여가 소외를 경험한 현대인들이 자유로운 자기 시간을 갖는 슬로라이프(slow life)를 추구하고 있다는 점에서 차이가 있다.

캠핑을 즐기는 사람들은 가족이나 연인, 친구 등과의 상호작용을 위한 내적 동기를 통해 쾌감과 상쾌함을 느끼고 캠핑 동호회 활동 등과 같은 외적 동기로 인해 캠핑활동에 대한 자랑과 관심, 나아가 다양한 사람들과 의미 있는 여가시간을 보낼 수 있는 매력에 빠져 지속적으로 몰입하게 된다. 캠핑 참여는 일상생활에서 벗어나 여가로의 몰입에 긍정적인 영향을 주고 그로 인해 심리적 안정과 행복감을 부여해주는 촉매제 역할을 한다. 이러한 동기와 몰입, 심리적 행복감은 캠핑활동을 지속적으로 유지할 수 있는 중요한 요인이라고 하겠다.

통계청에 따르면 2019년 기준 국내 캠핑인구는 약 600만 명으로 10년 전과 비교하면 10배가량 늘어난 수치다. 국내 캠핑산업 규모는 2016년부터 매년 30%씩 성장해 2020년 4조 원 대를 넘어섰다. 특히 코로나19 시대에 캠핑은 집콕생활을 벗어나 자연 속에서 나만의 공간을 만들어 안전하게 휴가를 보낼 수 있다는 점에서 폭발적인 성장세를 보이고 있다. 이에 다양한 아이디어와 높은 휴대성으로 무장한 캠핑용품도 시장에서 각광받고 있다.

특히 코로나19의 장기화로 실내활동이 어려워지면서 야외활동을 선호하는 20~30대가 늘어났다. SNS에도 등산, 골프, 캠핑 관련 콘텐츠들이 많이 생산되고 있다. 캠핑 전문가뿐만 아니라 캠핑을 즐기는 일반 20~30대도 캠핑 유튜버로 활동하기도 한다.

지난 10년 캠핑 붐은 미디어가 이끌었다고 해도 과언이 아닐 것이다. TV방송 프로그램과 캠핑이 깊은 연관성을 맺고, 캠핑을 소재로 한 방송 프로그램이 크게 증가했다. 2009년과 2010년에는 '1박'이 핵심 키워드로 등장하였는데, 이는 당시 캠핑을 주요 소재로 한 〈1박2일〉 프로그램이 최고의 인기를 얻고 있었기 때문이고, 뒤이어 2013년도와 2014년도에 등장한 키워드 '아빠'는 당시 인기를 얻었던 프로그램인 〈아빠 어디가〉와 〈슈퍼맨이 돌아왔다〉의 영향이 컸다. 2016년에 등장한 키워드인 '청춘'은 당시

▶ '#솔캠', '#혼캠'을 즐기는 젊은 세대 (유튜브 갈무리)

인기를 얻었던 프로그램인 〈불타는 청춘〉과 〈꽃보다 청춘-아프리카편〉의 방영 시기와 일치한다. 2018년도에 등장한 〈도시어부〉도 방송 프로그램의 인기와 시기가 일치하며 낚시와 함께 캠핑장면이 방송되면서 핵심 키워드로 등장했다.

캠퍼들의 캠핑방식은 다양하게 확장되었다. 캠핑 유행의 초기라 할 수 있는 2008년과 2009년에는 주말여행의 숙소로 콘도, 민박, 펜션 등을 이용하던 문화에서 텐트를 이용하는 캠핑방식으로의 전환기였다. 그러나 캠핑 인구의 지속적 증가는 점차 많은 캠핑 마니아들을 양산했다. 캠핑 마니아를 중심으로 캠핑에 집중투자하고, 아웃도어 용품으로 대변되는 캠핑산업의 붐 또한 이루어졌다. 캠핑인구 증가와 더불어 캠핑에 대한 경험, 관심수준, 전문지식 등을 갖춘 레크리에이션 전문화 성향을 지닌 캠핑객과 진지하고 전문화된 선호도를 지니고 있는 캠핑객들이 늘고 있다. 이렇게 경험이 쌓인 캠퍼들은 자동차와 캠핑이 접목된 오토캠핑을 선호하게 되었고, 더 편리하고 럭셔리한 글램핑을 선호하는 사람들도 많아졌다. 글램핑은 캠핑장비가 캠핑장에 모두 설치되어 있어서 따로 준비할 필요가 없는 럭셔리한 캠핑으로 과거의 힘든 캠핑에서 탈피하고자 하는 캠퍼들의 요구가 반영된 것이고, 한편으로는 호텔이나 리조트에서 고객 서비스 차원으로 글램핑 서비스를 제공한 이유도 있다. 2017년에는 캠핑카가 핵심 키워드로 등장한다. 캠핑카는 글램핑보다 더 발전한 형태로 캠핑장비가 모두 구비된 차량으로 자유롭게 여행을 다니다가 숙박을 하고 싶은 곳에 차를 세우고 캠핑을 할 수 있는 장점이 있다. 2018년에는 혼자 떠나는 캠핑 등 미니멀 캠핑이 새로운 트렌드로 자리 잡았다(기획경제부, 2018.10.25).

　캠핑 액티비티가 활성화되고 있다. 캠핑 유행 초기에 해당하는 2010년 이전의 사람들은 주로 주말에 가족과 함께 자연에서 캠핑을 할 목적으로 여행을 떠나 캠핑 전후의 시간에 인근의 맛집이나 관광지를 가볍게 방문하는 차원의 캠핑여행을 즐겼다. 캠핑의 인기가 계속되면서 지역별로 캠핑장도 많이 생겨나고 지역축제와 같은 다양한 지자체 프로그램들이 캠핑과 연결되면서 단순한 캠핑여행이 아닌 가족이 함께 참가할 수 있는 프로그램과 연계된 캠핑 형태가 관심을 끌게 되었다. 그러다가 최근에는 낚시가 인기를 끌면서 캠핑을 즐기던 캠퍼들의 관심사가 낚시와 연결되는 현상이 나타났다. 이로써 캠핑은 점차 자연 속에서 숙식을 해결하는 베이스캠프로서의 역할이라는 본연의 모습을 찾아가고 있다. 숙식은 캠핑으로 해결하고 낚시, 등산, 카약, 서핑 등의 자연친화적 아웃도어 활동을 즐기는 모습이 그러하다.

캠핑의 유행 초기에는 그 이미지가 럭셔리하지 않았는데, 2011년부터 특급호텔에서 캠핑을 마케팅에 활용하기 시작하면서 캠핑 키워드에 '럭셔리'가 등장하게 되었다. 그 후 글램핑이 유행하면서 럭셔리의 이미지를 이어갔고, 캠핑에 유용한 RV차량까지도 럭셔리한 이미지를 활용하였다. 고급 이미지뿐만 아니라 캠핑에 대한 사람들의 관심도 자체가 높다보니 캠핑이 기업마케팅의 화두로 떠올라 다양한 체험 이벤트가 인기를 얻기도 했다.

초기 국내 캠핑 문화는 단순히 자연을 즐기는 것으로 캠핑 공간에서 텐트를 치는 것에서 출발하였다. 그 이후 자동차를 바로 옆에 주차하고 캠핑 공간을 구성하는 오토캠핑 등으로 확대되었고, 오늘날에는 캠핑에 필요한 모든 시설과 설비가 갖춰진 야영장을 이용하는 글램핑, 또는 캠핑카나 카라반을 이용하여 즐기는 캠핑, 고정형 카라반을 즐기는 방식까지 매우 다양해지고 있다. 2018년도까지 대부분의 캠핑은 잘 갖춰진 캠핑장에서 편리하게 개조된 캠핑카와 카라반 또는 글램핑에서의 비교적 럭셔리한 캠핑이 주를 이루었다. 하지만 코로나19 이후 캠핑은 차박, 노지캠핑, 홈캠핑 등 비교적 미니멀한 캠핑이 떠오르고 있다. 이는 언택트 시대와 맞물려 사람들이 모이지 않는 프라이빗한 공간을 찾고 늘어난 여가시간으로 주말이 아닌 평일 언제라도 쉽게 떠나는 캠핑 트렌드를 보여준다.

낚시 문화의 팽창

국민소득 증대와 여가생활 시간의 증진으로 바다에서의 레저스포츠가 매년 꾸준히 증가하고 있으며, 특히 낚시는 성인 남성이 즐기는 취미라는 인식에서 남녀노소 모두가 즐기는 취미활동이 되었다. 2020년 우리나라 개인 취미 순위 1위는 낚시로 880만여 명이 즐기는 레저스포츠다.

 최근 코로나19 장기화로 인해 국민들은 많은 고통을 받고 있다. 해외여행, 술자리 모임 등이 제한되며 많은 이들이 답답함을 호소하고 있는데 이를 해소하기 위한 여가활동이 활성화되고 있다. 다양한 취미 중에서도 특히 낚시인구가 날마다 늘어나며 각광을 받고 있다.

 한국의 낚시 문화는 1960년대 후반부터 현대적 면모를 갖추기 시작했으며 도시의 낚시회를 중심으로 형성되었다. 이전까지 대체로 경제적으로 여유가 있는 실업가나 의사, 변호사 등 전문직 종사자들의 전유물로 인식됐던 낚시가 대중화되기 시작한 것도 이때부터였다. 낚시회는 직장에서 생겨난 경우도 많았지만 주류는 동네 낚시점이 모태였다. 낚시점은 낚시용품 판매 촉진을 위해 낚시 회원을 모집하기 시작했고, 전세 버스까지 직접 대절해 낚시터까지 회원들을 안내했다. 이 시기 낚시회의 비약적인 발전에는 고속도로의 개통, 실질소득의 성장, 낚시용품의 대중화가 기여했으며, 그 덕분에 특정 계층이 향유했던 고급 스포츠인 낚시가 대중적인 여가로 탈바꿈하게 되었다. 하지만 낚시 대중화의 보다 근본적인 요인은 좀 더 나은 일자리를 찾아 농촌에서 도시

▶ 여가문화의 핵심으로 부상하는 낚시 문화 ⓒPixabay

로 떠났던 대중들의 욕구 때문이었다. 이들은 새롭게 정착한 도시에서 살아남기 위해 주중에 엄청난 업무를 소화해야 했다. 더욱이 이들이 일하던 사무실이나 공장의 작업환경은 좋지 못했다. 도시화와 산업화의 거센 물결 속에서 이들은 주말에 오염된 도시에서 탈출해 업무 스트레스에서 벗어나야 했다는 의미다. 그때 동료들이나 비슷한 취미를 갖고 있는 사람들끼리 즐길 수 있었던 여가활동 중 하나가 낚시였던 셈이다.

낚시회를 통해 단체로 즐기던 낚시 문화는 1980년대 마이카 시대의 개막과 함께 소규모로 즐기는 낚시 문화로 바뀌기 시작했다. 이 시기에는 충주호 등 대형수면이 계속 개발되면서 한국 민물낚시의 전성기가 이어졌다. 하지만 낚시의 대중화는 적지 않은 부작용을 내포하고 있었다. 일부 유명 저수지나 수로에 낚시꾼들이 몰리면서 어족자원 감소와 각종 환경오염 문제가 수면 위로

부상했기 때문이다. 이때는 쾌적한 자연환경에서 홀로 고기를 잡는 기쁨을 누리고자 하는 낚시인들의 욕구는 충족되기 힘들었다. '고독한 쾌락'이라는 낚시 고유의 특징이 사라진 셈이었다. 이 시기 또 한 가지 한국 낚시 문화의 변화는 '도시 탈출'의 기능을 수행하지 못하는 낚시 형태가 성행하기 시작했다는 점이었다. 대표적으로 서울 근교의 양어장에서 낚시를 즐기는 낚시인들이 급격하게 늘어난 점을 들 수 있다. 이 시기 낚시인들이 자연경관은 좋지만 먼 곳에 위치해 있어 시간을 많이 소모해야 하는 낚시터보다는 가까운 곳에 있는 낚시터에서 고기를 낚는 '손 맛'을 손쉽게 느낄 수 있는 양어장을 선호했다는 증거다. 나아가 1990년대에는 도심에 위치한 '실내 낚시터'까지 생겨났다. 점심시간이나 휴일에 잠시 동안 낚시를 즐길 수 있는 실내 낚시터 유행은 인스턴트식 여가 선호현상이 반영된 상품이었다. 물론 이 시기에 바다낚시와 같이 자연 속에서 역동적인 낚시를 즐기려는 낚시인들이 증가한 것은 사실이지만 여전히 '일 중심 사회'에서 살던 한국의 대중들은 시간 절약형 낚시인 양어장 낚시나 실내 낚시의 매력에 더 쉽게 빠져들었다.

전통적으로 낚시는 남성 중심의 여가였다. 일요일에 낚시터로 향하는 남편들 때문에 낚시인들의 부인에게는 '일요과부'라는 별칭이 붙을 정도였다. 여성들의 낚시 참여가 1970년대 이래 조금씩 늘기는 했지만 여전히 낚시는 남성의 전유물로 남아 있다.

채널A의 〈도시어부〉는 자타공인 연예계를 대표하는 낚시꾼들이 자신들만의 황금어장으로 함께 떠나는 낚시 여행 버라이어티 프로그램이다.

▶ 시즌3까지 이어지는 낚시 예능 프로그램 〈도시어부〉

   도시의 일상을 벗어나 바다낚시를 통해 현장 중심의 다양한 에피소드와 리얼리티를 부각하는 여행 프로그램의 일환이다. 선의의 경쟁으로 출연진이 잡은 어획량과 크기에 따라 순위를 결정하고, 우승자에게는 황금배지가 부여되며, 자급자족으로 마련한 식자재로 요리하고 식사를 하면서 하루 일과를 마무리한다.

   리얼리티 예능 프로그램의 본질인 오락성을 제공하지만, 시청자들의 공감적 상황을 이끌고, 낚시 인구의 저변 확대 및 파급효과에 영향을 미치는 것으로 평가되고 있다. 낚시의 경험적 가치를 높이고, 대리만족의 공감적 상황을 이끌어가는 출연진들의 행위는 경쟁구도에서 펼쳐지는 상황의 예측불허함이 시청자와의 소통으로 이어진다. 황금어장을 찾아서 여행하는 출연진과 그들이 함께하는 바다낚시의 모습은 시청자에게 다양한 행위작용의 반응을 조성한다. 프로그램의 인기에 힘입어 낚시 채널과 낚시 인구 및 낚시용품의 판매 증가를 올리는 등 대중의 관심이 증가했다.

   프로그램에서 수용자를 대상으로 한 공감 내용은 레저 스포츠의 일환인 낚시 문화의 인식을 새롭게 재편하고 있다. 특히 관찰

자적 시점을 제공하는 내용의 구성과 형식은 '경험의 장'을 형성하고, 시청자의 적극적인 '참여의 장'으로 발전시켜 나간다.

이 프로그램은 시청자의 관심 대상을 넘어, 낚시 문화의 저변 확대에 커다란 영향력을 행사하고 있다. 낚시의 공감 코드 작용은 대중의 적극적인 '참여의 장'을 형성하였다는 점이 공감 코드로 발전되었다. 낚시 프로그램은 하나의 브랜드를 형성하는 계기를 조성하고, 레저문화의 확산으로 발전되었다. 무엇보다 이 프로그램에서 나타나고 있는 시청자와의 공감 코드는 현대인의 바쁜 일상생활을 벗어나 펼쳐지는 자연과의 교류에서 낚시의 경험을 부각하는 것이다. 물론, 기존의 낚시 전문 채널에서 전문적인 내용과 형식도 중요하지만, 관찰 예능 프로그램이 가진 오락성과 전문성을 동시에 전달하는 형식에서 시청자의 공감을 이끌어가는 상호작용으로 나타나고 있다(함현, 2020). 시청자들의 행위적 상호작용의 결과는 낚시에 대한 레저문화의 새로운 이미지 구축과 시장의 낚시 관련 상품 판매의 증가 요인의 경제적 효과에 이바지한 것이라 하겠다.

4. 힐링 경험과 마케팅 커뮤니케이션

> 내가 80세가 되기까지 원기 왕성하게 하루도 쉬지 않고
> 연구를 계속할 수 있는 비결이란 다른 것이 아니다.
> 나는 쓸데없는 일로 나를 피로하게 만들지 않았을 따름이다.
> 앉을 수 있는 곳에서는 앉고, 누울 수 있는 곳에서는
> 누워서 몸을 쉬었다.
> 쓸데없이 몸을 일으키거나 서 있지 않았다.
> - 에디슨

체험경제 시대의 도래

우리 사회 여러 분야에서 자신의 삶을 직접 '체험(體驗, experience)'하려는 다양한 시도들이 표출되고 있다. 아름답고 흥미로운 무언가를 체험하려는 노력이 삶의 중심에 들어서고 있다.

　체험 소비에 대한 욕구가 강화되고 있다. 불황과 저성장이라는 침체 분위기에서 탈피하기 위해 즐거움을 추구하고자 하는 욕구가 더 없이 강화된다. 특히 이러한 즐거움을 추구하는 욕구는 단순히 제공을 받는 수동형 즐거움에서 벗어나 자신이 직접 움직이면서 즐거움을 느낄 수 있는 능동형 즐거움 추구로 이어지고 있다. '인간은 20%의 합리성과 80%의 비합리성으로 행동한다'는 말이 있다. 논리적인 합리성보다는 감성적인 유희, 만족 등에 의해

행동하는 것이다.

산업사회에서 새롭게 부상하고 있는 사회적 현상의 특징을 '체험'이라는 개념으로 직접적으로 포착해낸 사람은 게하르트 슐츠(Gerhard Schulze)이다. 그는 체험이라는 새로운 개념을 통해 현대인의 일상적 삶의 유형을 총체적으로 설명할 수 있을 것으로 보았다. 즉, 현대 사회는 '체험지향사회' 혹은 '체험사회'라고 규정할 수 있다는 것이다. 그에 의하면 인간은 사회적 행위를 통해서 각자의 행복을 추구한다. 그런데 이러한 사회적 행위 중에서 체험을 지향하는 현대인의 행위는 행복을 추구하되 지금까지와는 다른 방식을 취한다. 즉, 행복을 추구하되 시간적·공간적으로 조금도 지체함 없이 곧바로 결과를 얻을 수 있는 방식을 취한다. 바로 체험을 통해서 가장 직접적으로 행복감을 경험하고자 한다. 미래가 아닌 지금 자신이 처해 있는 현실사회 속에서 곧바로 행복감을 느끼려 하는 또 하나의 피안세계를 지향하는 것이다.

슐츠는 '일상생활의 심미화' 과정을 통해 모두 각자가 자신의 개인적인 미적 취향을 개발하게 되는 체험시장이 형성된다고 설명한다. 소비결정은 생산품의 필요성, 유용성 또는 내구성에 관한 숙고에서가 아니라, 체험, 안락 또는 취향과 같은 기준을 근거로 한다는 것이다. 더 이상 목적합리적인 행동이 아니라 체험합리성이 일상생활을 결정한다. 이는 인간이 '아름다운 삶'에 관한 유사한 표상을 가지고 있는 다른 이들에게 자신을 맞추려 하기 때문이다.

제레미 리프킨(Jeremy Rifkin)은 21세기 문명을 "접속의 시대(the Age of Acess)"라는 화두로 정리한다. 이미 '노동의 종말'을 선언한

바 있는 그는 디지털 시대 '소유의 종말'을 선언하기에 이른다. 여기서 접속은 일시적으로 사용하는 권리를 말한다. 사람들은 항구적으로 소유하기보다는 일시적으로 접속하려고 한다. 지난 수백 년 산업자본주의 사회를 지배했던 개념은 물질적 소유였다. 기업은 많은 상품을 팔아 시장점유율을 높이고 소비자는 많은 상품을 시장에서 구입하고 소유하여 자신의 존재 영역을 확대했다. 그러나 변화와 혁신이 빠르게 이루어지는 시대에 소유에 집착하는 것은 불리하다.

소유 자체가 중요하던 시대를 지나 활용성과 효용성이 중요한 시대로 접어들었다. 이 시대에는 합리적 가치가 외형적 가치를 능가한다. 소유 자체가 목적이고 소유 자체에 만족하는 것에서 소유가 아닌 활용이 목적이고 이용 자체에 만족하는 문화로 변하고 있는 것이다(김용섭, 2006). 노마드 시대, 우리는 우리의 몸을 점점 더 가볍게 하길 원하고 있다. 자크 아탈리가 "21세기는 디지털 장비를 갖고 지구를 떠도는 디지털 노마드(digital nomad)의 시대"라고 규정한 대로, 디지털 노마드는 이 시대의 대표적인 인간 유형으로 자리한다. 노마드는 소유문화의 변화를 유도하고 있는데, 이른바 '노마드식 소유문화', 즉 공유와 활용적 소유관이 형성되고 있다. 디지털 유목민은 더 좋은 정보와 더 높은 효율성을 찾아 이동하는 것이 특징이다. 따라서 주거나 생활에서도 리스나 임대문화가 보편화되고 있으며, 가족제도에 얽매이길 원치 않으므로 독신이 증가하는 추세이다.

세상만사가 서비스화되고 있다. 상상할 수 있는 모든 것을 서비스화함으로써 생활을 더욱 편리하게 만든다. A/S센터에 전화하지 않아도 때가 되면 알아서 에어컨을 교환해준다. 더 많은 제품을 팔려고 하기보다는 설치한 시설을 업그레이드하고 관리하는 것이 훨씬 빠르게 성장할 수 있다는 계산논리가 작용하는 것이다. 가족관계의 울타리를 벗어난 사실상의 모든 인간활동이 돈으로 거래된다. 타인의 시간, 타인의 배려와 애정, 타인의 공간과 관심을 돈으로 사는 경우가 점점 늘어나고 있다. 그리고 우리가 누리는 시간은 정확히 측정된다. 우리의 삶은 점점 상품화되고 공리와 영리의 경계선은 점점 허물어진다.

이제 기업은 고객을 감동시키는 서비스, 고객을 감동시키는 체험을 제공하면서 고객의 시간을 어떻게 해서든 많이 확보하려고 한다. 산업자본주의 시대에는 시장점유율을 높이는 것이 지상과제였지만 이제는 고객의 시간점유율을 높이기 위해 노력한다. 따라서 디지털시대에 기업에게 중요한 것은 고객과 지속적인 관계를 맺는 것이다. 빠르게 변하는 사회에서는 기업들이 어떻게 해서든 고객의 관심과 시간을 많이 확보해야 한다. 그것이 생존의 관건이 되기 때문이다. 궁극적으로 "우리의 삶 자체가 상품으로 바뀌고, 우리는 우리 삶의 소비자가 되어버린다." 접속의 시대에는 공간과 물자의 상품화를 넘어서 인간의 모든 경험과 시간, 삶 전체가 돈을 내고 체험하는 공연, 오락, 환상으로 판매된다.

오늘날 소비자는 상품이 아니라 상품에 담겨 있는 스타일과 이야기, 경험과 감성을 구매한다. 경험은 일차 상품, 이차 상품, 서비스가 아닌 그 상위의 가치로 신체적·정신적 또는 미적 감동을 의미한다. 따라서 경험지향의 서비스가 시장에서 위력을 발휘하게 된다. 예컨대 관광산업의 경우, 관광객이 단지 비행기를 타고 싶거나 산에 오르고 싶어서 관광하는 것은 아니다. 경험과 추억을 만들기 위해 기꺼이 돈을 소비하는 것이다. 테마파크에서 입장권을 구입하는 것도 단순히 돈을 지불하는 것이 아니라 체험을 구입하는 것이다. 친구들과의 즐거움, 연인과의 추억, 가족들과의 한가한 시간을 느끼는 것이다. 롤프 옌센(Rolf Jensen)의 설명대로, "소비자는 상품이 아니라 상품에 담겨 있는 스타일과 이야기, 경험과 감성을 산다."

이제 '체험경제(Experience Economy)' 시대이다. 바야흐로 경제적 가치에 따라 '농업경제 → 산업경제 → 서비스경제 → 체험경제'로 진화하고 있는 것이다.

구 분	농업경제	산업경제	서비스경제	체험경제
제공물 특징	대체 가능	유형	무형	감동적 기억
제공물 특성	자연물	규격품	주문품	개인적 특질
판매자	거래업자	제조업자	공급자	연출자
구매자	시장	사용자	의뢰인	개인초대관객
수요의 원천	성질	기능	편익	감동

▶ 체험경제 시대로의 전환

체험경제(experience economy)라는 용어를 처음 사용한 학자는 파인과 길모어(Pine and Gilmore, 1999)이다. 이들에 따르면, 고객의 마음속에 남는 경험의 창조와 제공을 위해서는 3S의 추구, 즉 고객의 만족(satisfaction)을 향상시키고, 고객의 희생(sacrifice)을 감소시키고, 고객이 기대하는 이상의 놀람(surprise)을 제공해야 한다. 이들은 현재와 미래의 고객을 위해 감동적인 체험을 연출해야 한다고 주장하는데, 체험연출은 그저 고객을 즐겁게 하는 것이 아니라 그들을 참여(engage)시키는 것이다.

"고객이 생산품이다(The customer is the product)"라는 경영컨설턴트 홀더(Holder)의 말에서, 체험사회의 성격이 단적으로 드러난다. 구입할 필요가 느껴지는 물건이나 제품이 더 이상 존재하지 않는 물질적 풍요 속에서는, 소유하지 않는 것이 없는 관계로 사람들은 아직 경험하거나 체험하지 못한 것을 찾아 나선다. 물질적 풍요 속에서 새로운 상품의 원천은 바로 소우주에 해당할 정도로 불가하며 한정적인 인간과 인간 삶 자체가 되어가고 있다.

체험사회에서 삶의 의미는 주관적인 과정이 지닌 질(質)에 의해서 규정된다. 내부지향적 인생관을 따른다. 아름답고 멋진 삶이 인생의 목적이 된다. 이때의 아름다움은 인간 밖으로부터 주체에게 오는 것이 아니라 반대로 주체에 의해서 대상과 상황에 부여되는 것이다. 따라서 체험은 주체에 의해서 수동적으로 받아들여지는 것이라기보다는 주체에 의해서 만들어지는 것이다. 밖으로부터 들어오는 것이 인간 주체의 가공을 거쳐서 체험이 되는 것이다.

여가, 힐링, 체험 키워드가 강화되면서 사회의 중심가치가 일과 현실에서 놀이와 환상으로 변화하고 있다. 일과 현실의 굴레에서 벗어나 환상에서 강력한 효용을 찾고 놀이를 통해 자기를 실현하고자 하는 것이다. 기술과 지식을 중시하던 하이테크에서 감성과 예술을 중시하는 하이터치로 나아가고 있다. 이에 생산과 노동에서 소비 및 유희로 나아가면서 문화/예술공간(미술관, 테마파크, 게임센터 등), 소비자 중심으로 변화하고, 현실의 간접체험에서 환상

속 가상세계로 옮아간다.

　패러다임의 전환에 따라 노동 중심의 가치관에서 여가 중심의 삶의 질을 추구하는 가치관으로 사회구성원들의 주된 삶의 목적이 바뀌고 있다.

　앞으로 체험은 보다 높은 가치를 획득해 갈 것이다. 삶의 의미를 잃은 현대인에게 하나의 가능성을 제시해주는 원천은 심미적 경험의 다양성에서 찾아진다. 다양성은 전통과 기존의 관행에 얽매이지 않고 자유스럽게 추구될 수 있는 중요한 전제 조건이다.

　무엇이 사람에게 동기부여를 하는가? 무엇이 삶을 가치 있게 만드는가? 좋은 삶은 무엇인가? 이러한 질문들에 대한 비교적 일치된 의견은 욕구 충족 이상의 어떤 것, 자극에 대한 반응 이상의 어떤 것, 우리의 삶을 초월하는 무언가가 있다는 것이다.

　"당신의 삶을 체험하라."

힐링 체험 마케팅의 개념 및 특징

현대 사회의 소비자들은 현명한 소비를 하는 한편, 감성에 의해 많은 영향을 받고 있다. 이에 기업은 소비자의 감성을 이해하고, 감성에 맞는 자극이나 정보를 통해 고객에게 즐거운 경험을 제공함으로써 고객과의 친밀도를 향상시키는 등 감성 마케팅을 적극 활용하고 있다. 스타벅스가 세계적인 명성을 얻게 된 것은 원두커피 맛 자체보다는 커피점 내의 향이나 분위기, 스타벅스에서 커피를 즐기는 스타일 등 총체적인 체험요인들이 소비자에게 어필하였기 때문이다.

파인과 길모어(2010)는 체험경제를 지나 고객의 삶을 변화시킬 수 있는 트랜스포메이션 경제(transformation economy)가 도래하며 힐링이 주목받을 것임을 예견하였다.

힐링은 기업이 경제적 가치를 창출하는 수단이자 사회적 가치를 창출하는 수단이었다. 사회적 가치 측면에서 보면 기업은 힐링 마케팅(healing marketing)으로 명명하면서 상품, 서비스, 커뮤니케이션 메시지 등에 힐링의 의미를 담고 있다.

고객의 만족보다는 연결과 공감에, 어떻게 팔 것인가에서 어떻게 도울 것인가, 이윤의 창출을 넘어서 사회적 소수 및 약자와 더불어 살 수 있는 사회구현에 초점을 맞추고 있다. 사회적 가치는 외부고객뿐만 아니라 내부고객인 임직원까지 포함하고 있는데 직원 힐링캠프를 운영하고 상담, 업무 스트레스 해소, 심신 재충전 및 사기 진작, 그리고 자신과 타인에 대한 이해를 도모하고 있다. 이와 같이 조직 구성원에 대한 복지적 관점이 힐링과 무관하지 않고 이는 조직의 효과적 작동과도 연계가 된다.

힐링코드가 유행하면서 산업 각 분야에서는 기존 마케팅과 다른 양상을 보이기 시작한다. 고객의 니즈를 파악해 욕구를 충족시키는 것이 기존의 마케팅 목표였다. 그러나 힐링 마케팅은 고객의 '감정'과 '상처'에 관심을 갖고, 고객의 현재 상황을 이해하여 소비자의 니즈뿐 아니라 문화와 세대를 아우르는 총체적인 고민을 염두에 둠으로써 진심으로 소통하고, 도움이 되고, 지속적인 것으로 연결시키고자 하는 힐링 마케팅 활동으로 나타나고 있다.

특히, 현대의 마케팅은 감성을 기반으로 한 감성 마케팅의 특징이 나타나고 있는데, 이는 전통적인 마케팅에서는 고객이 구매하도록 설득하는 데 중점을 둘 뿐, 구입 후에 일어나는 일에 관해서는 굳이 신경을 쓰지 않는다. 그러나 고객의 감성에 근간을 둔 체험 마케팅은 이러한 전통적인 마케팅과 달리 고객의 체험에 중점을 두는 마케팅으로, 즉 '미학적 마케팅(aesthetics marketing)'에 이어 '체험 마케팅(experience marketing)'으로 변화되고 있다. 뛰어난 감각적 느낌과 감성적 느낌을 제공함으로써 고객의 사고와 라이프스타일, 소속감과 연대감에 소구해 고객체험을 창조해내는 것이 바로 체험 마케팅이다.

슈미트는 전통적인 마케팅의 한계를 말하면서, 고객의 오감을 자극하는 '감각(sense)', 즐거움과 자부심에 영향을 미치는 '감성(feel)', 지적인 기능에 호소하는 '인지(think)', 육체적인 체험에 호소하는 '행동(act)', 고객과 관계를 형성하게 하는 '관계(relate)'의 5가지에 호소하라고 한다. 감각 차원은 소비자가 아름다움과 흥분을 느끼도록 감각을 자극하는 감각적 요소들(스타일, 테마 등)을 감각 전략의 일부로 통합하는 것이며, 감성 차원은 사람들의 기분과 감성에 영향을 줄 수 있도록 소비시점이나 커뮤니케이션하는 동안 감성적인 자극물을 이용하는 것이다. 인지 차원은 소비자의 창조적인 생각에 부응하기 위해 놀람, 호기심, 흥분을 결합하여 연상적 사고방식을 이용하게 하는 것이며, 행동 차원은 신체적인 체험의 정도를 높이고 행동과 라이프스타일의 유형을 제시하며 체험 마케팅을 통해 사회적 상호작용을 높이는 것이다. 관계 차원은 소비자 개인을 폭넓은 사회와 연결시키고 문화적 관점에서 브랜드를 반영하는 것이다. 그 결과 소비자에게 사회적 정체성을 심어줄 수 있게 된다.

- 감각(SENCE) 마케팅 : 눈에 보이지 않는 감성이나 취향을 눈에 보이는 색채, 형태, 소재를 통해 형상화시키는 것
- 감성(FEEL) 마케팅 : 브랜드와 관련된 긍정적인 감정에서부터 즐거움, 자부심과 같은 강한 감정에 이르기까지 사람들의 느낌과 감정에 소구
- 인지(THINK) 마케팅 : 고객의 지적 욕구를 자극하여 고객으로 하여금 창의적으로 생각하게 유도
- 행동(ACT) 마케팅 : 소비자가 체험행동을 하는 데 있어 선택권을 다양하게 제공하여 육체와 감각에 자극되는 느낌들을 극대화하고, 고객이 능동적으로 행동할 수 있도록 유도
- 관계(RELATE) 마케팅 : 브랜드와 고객 간의 사회적 관계 형성. 매니아층을 대상으로 커뮤니티를 지원해주는 등, 고객충성도 제고

사람들에게 이러한 각각의 체험들에 따른 5가지의 총체적인 경험을 제공했을 때 최상의 가치를 창출할 수 있다. 체험은 어떤 자극, 구매 전후의 마케팅 노력에 의해 제공되는 자극에 대한 반응으로, 사건의 직접적 관찰과 참여로부터 발생한다. 체험은 대개 자동적으로 만들어지는 것이 아니라 유도되는 것이다. 오늘날 마케팅의 궁극적인 목적은 고객에게 가치 있는 체험, 즉 최상의 체험을 제공하는 것이다. 피터 드러커는 경영의 유일한 목적이 바로 고객을 창조하는 것이라고 했다. 마케팅의 유일한 목적은 바로 가치 있는 고객체험을 창조하는 것에 있는 것이다. 결국 체험마케팅은 제품이나 서비스의 특정한 소비상황에서 소비자가 원하는 경험가치, 생활양식이 무엇인지를 파악해서 그것들을 최대한 활성화할 수 있도록 제품을 개발하거나 판촉활동을 펼치는 마케팅 활동을 의미한다.

체험 마케팅은 소비자의 경험에 중점을 두는 마케팅이다. 상품을 구입하는 과정에서 겪는 경험과 상품을 사용하는데서 겪는 경험, 사용 후의 경험을 모두 포괄한다. 영역을 가리지 않고 다양한 방법이 활용되고 있으며, 소비자는 이성적일 뿐만 아니라 감성적인 존재로 가정된다.

몰입 경험과 힐링 마케팅

힐링을 추구하는 우리는 체험경제 시대에 살고 있다. 체험경제에서는 체험 마케팅 전략이 중요하다. 체험 마케팅을 위해서는 체험이 소비자에게 중요한 경험으로 기억되어야 한다. 그리고 이를 위해서는 체험이 테마화되어야 하며, 긍정적 신호로 감정과 조화를 이루어야 하고, 체험을 통해 부정적 신호가 제거되어야 한다. 또한, 기념이 될 만한 것에 체험이 혼합되어야 하고, 오감이 최대한 활용될 수 있어야 한다. 그리고 체험 마케팅의 체험은 능동적이고 적극적이며 소비자가 주체적으로 참여할 수 있도록 구성되어야 한다.

무엇보다 체험은 쉽고 재미있는 것이어야 한다. 미하이 칙센트미하이(Mihaly Csikszentmihalyi)는 '플로우(flow)'라는 개념을 통해 개인의 즐거움, 즉 기쁨의 체험을 설명하고 있다. 플로우는 어떤 행위에 몰입(沒入)하고 있을 때 느끼게 되는 포괄적 감각으로 어떤 대상에 집중하고 있을 때 느끼는 즐거움으로 거기에 완전하게 얽매여 그 이외의 다른 것(잡음, 시간의 경과)을 완전히 잊게 될 정도의 상태를 의미한다.

그렇다면 어떠한 상태일 때 플로우가 이루어지는 것일까? 칙센트미하이 교수는 '심리적 엔트로피(psychic entropy)'라는 개념을 사용하여 그 구조를 설명하고 있다. 현재의 의지와 상반되는 정보 또는 의지의 수행으로부터 우리를 방해하려는 정보에 의해 의식이 혼란스럽고 집중할 수 없는 상태를 심리적 엔트로피(심리적으로 무질서 상태)라고 한다. 그리고 그 반대의 상태가 '최적 체험, 즉 플로우 체험'이 된다. 의지와 상반되지 않고 의지의 수행이 방해받지 않는 때는 심리적 에너지가 보다 부드럽게 흘러 '기분이 좋다'라고 하는 긍정적 피드백이 나타나기 때문에 대상에서 제시되는 문제를 보다 잘 처리할 수 있는 상태가 된다. 플로우는 바로 이와 같은 최적의 체험 상태에 있게 될 때 발생한다. 사용자에게 주어진 상황에서 자신이 느끼는 도전의 정도나 양, 그리고 도전을 감당할 만한 기술과 능력 등이 균형을 이룰 때 사람들은 대상에 '몰입'하게 되며 강하고 긴장된 즐거움을 체험하는 몰입을 경험하게 된다.

플로우는 상품 및 서비스에 전적으로 집중하게 만든다. 때문에 힐링 비즈니스는 최적의 체험, 즉 플로우에 목표를 두어야 하며, 따라서 몰입 체험을 위한 기획이 요구된다. '플로우'라는 최적의 체험 상태에 있게 되면 자신이 사용하는 오브제에 전적으로 집중하게 된다. 이와 같은 정점의 상황은 흔히 '스위트 스팟(sweet spot)'

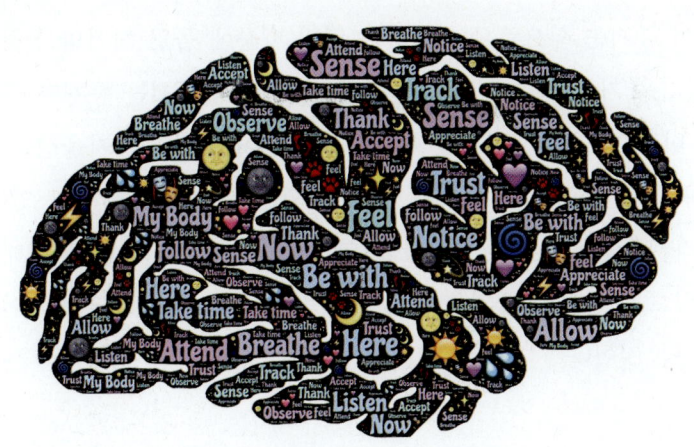

▶ 몰입 체험으로 힐링 효과 극대화 ⓒPixabay

에 속한다고 설명되기도 한다. 원래 스위트 스팟은 야구 배트나 테니스 라켓 등에서 공을 맞히는 최적 지점을 말한다. 그러나 이제는 점점 의미가 확대돼 마케팅에서는 고객과의 친밀감이 극대화되는 순간을 뜻하게 되었다. 예컨대 영화관에서는 감독이 의도한 음향을 가장 가까이 느낄 수 있는 좌석 등을 의미한다. 스위트 스팟에 속하기 위해서는 다음의 네 가지 영역의 특성을 모두 가지고 있어야 한다. 첫째, 엔터테인먼트 체험을 제공해 사용자가 즐거움을 갖고 좀 더 많은 시간을 보내게 하며, 둘째, 게임적인 성격을 제공해 사용자로 하여금 무엇이든 될 수 있다는 자유스러운 기분이 들도록 해야 한다. 그리고 셋째, 교육의 체험을 제공하여 이용자로 하여금 체험을 통해 뭔가를 배울 수 있다는 느낌이 들도록 해야 하며, 넷째, 유용한 정보를 제공함으로써 사용자들에게 유익한 체험이 되도록 해야 한다.

몰입 체험의 경험이 상품화되고 있는 추세이다. 몰입은 재미와 즐거움의 감성을 촉발하는 것인데, 감성사회의 가치와 생활의 중심이 즐거운 삶으로 이동해가고 있기 때문에 몰입 체험의 상품화가 더욱 가속화되고 있는 것이다. 이제 현대 사회는 통제와 규율을 바탕으로 하는 경직된 이성주의를 넘어서 인간의 자율성을 중시하는 문화적 감성주의가 중심이 되는 사회로 옮겨가고 있다. 따라서 몰입을 위한 체험상품 역시 사람과 사회에 대한 이해를 바탕으로 인간의 즐거움이 강조될 수 있도록 기획되고 만들어져야 할 것이다.

복합문화공간의 힐링 경험 마케팅

코로나19 확산의 영향으로 집 안에서 생활하는 시간이 크게 늘어난 가운데, 주말 등 휴일만큼은 집 밖에서 여가생활을 하면서 보내고 싶어 하는 사람들이 많아지고 있다. 멀지 않은 곳에서 체험과 관광, 문화 등 여가생활을 한 번에 즐길 수 있는 공간에 대한 니즈가 커지고 있다.

실제 코로나19 확산 이후 '코로나 블루'의 원인으로 사회적 거리두기로 인한 고립감이 꼽히고 있다. 고립감으로 인한 우울감을 떨치기 위해 외출시 다양한 여가생활을 한 번에 누릴 수 있는 공간에 대한 필요성이 커지고 있다. 이에 쇼핑뿐 아니라 다양한 체험과 문화생활 등을 함께 즐길 수 있는 대형복합공간들이 각광받고 있다.

교보문고는 책을 파는 곳이라기보단 독서하는 즐거움과 경험을

▶ 교보문고 광화문점의 카우리 소나무 테이블 (교보문고 보도자료)

파는 곳이다. 도심 빌딩숲 속의 거대한 도서관 같기도 한데, 대형 원목 테이블이 대표적이다. 최근 동네 책방이 부활하고 있는데, 이 또한 엄밀히 말하면 책만 파는 영세 서점이 아니라 책을 매개로 한 경험 공간이다. 책 좋아하는 사람들의 놀이터가 되는 것이다.

소비자의 놀이터가 되면, 거기서 머무는 시간이 길어지고 그에 따라 소비도 이어진다. 매력적인 경험을 파는 브랜드 공간에선 무엇이든 더 확장시켜 팔 수도 있다. 편집 매장의 전방위적 확산이 되기도 한다. 바야흐로 특정 물건이 아니라 경험과 취향을 파는 시대다.

온라인 쇼핑이 확대되고, 해외 직구도 급증하는 시대에 오프라인 백화점의 무기는 즐거운 체험의 놀이터이자 데이트코스, 약속 장소가 되는 것이다. 이것이 바로 대규모의 식품관과 다양한 디저트, 유명 먹거리를 잔뜩 포진시킨 이유다. 일상의 작은 사치가 되는 디저트와 먹거리들을 통해 매일, 혹은 자주 백화점에 들르게 한다. 온라인으로는 도저히 경험할 수 없는 게 바로 이런 현실에서의 먹는 즐거움이다. 백화점마다 고급식품관을 꾸미고, 유명 카페나 레스토랑을 푸드코트에 유치하는 이유가 있는 것이다.

"유통업체의 경쟁 상대는 에버랜드 같은 테마파크 또는 야구장이다." 정용진 신세계 부회장이 한 말이다. 더 이상 유통업은 쇼핑만을 얘기하지 않는다. 신세계가 스타필드와 이마트타운 등 복합쇼핑몰에 집중한 것도, 이마트는 경쟁사와의 시장점유율(market share) 경쟁보다는 소비자가 가진 라이프스타일을 더 많이 해석해서 소비자의 일상을 더 많이 점유하려고 하는 것(시간점유율, time share)이다. 대표적인 복합쇼핑몰로 손꼽히는 스타필드의 경우 쇼핑몰 내에

▶ 서울 강남구에 위치한 스타필드 코엑스몰 별마당 도서관 (신세계프라퍼티 보도자료)

영화관, 서점, 레스토랑, 워터파크 및 스파, 클라이밍·양궁·트램펄린 및 각종 스포츠 체험이 가능한 스포츠몬스터 등이 모두 조성돼 새로운 트렌드로 자리 잡았다. 처음 개장한 스타필드 하남의 경우 2016년 오픈 직후 한 달간 약 300만 명(하남시청 기준)이 찾기도 했다. 하남점을 시작으로 코엑스, 고양, 위례, 부천, 명지, 안성 등 총 7개점을 운영 중이다.

스타필드는 한마디로 재미있는 쇼핑 테마파크다. 특히 어른들을 위한 거대 놀이터다. 타임쉐어를 넘어, 소비자의 일상 동선과 라이프스타일을 어떻게 점유하고 활용할 것인가라는 라이프쉐어(life share) 개념으로 진화하고 있다.

햇살이 좋은 날 1층 바닥에 천장 모양에 따라 햇살 무늬가 그려지고 미니 숲에는 햇살을 받고 나무가 자란다. 온실 모양의 작은 숲 옆에는 테이블과 벤치를 배치해 누구나 이 숲을 거닐다 쉴 수 있다. 1층에는 12m 높이의 폭포수가 떨어지고 폭포 근처에는 카페 매장을 배치해 물소리를 들으며 커피를 마실 수 있다. 천장은 유리로 제작해 1층까지 건물 전체를 오픈시키는 건축 기법(보이드, Void)을 도입했다. 확 트인 공간 개방감을 위해 기둥도 없앴다. 기둥을 없애는 대신 건물 외곽에서 크레인이 건물 하중을 분산한다. 5~6층에 있는 작은 숲 '사운즈 포레스트(Sounds Forest)'에선 30여 그루의 나무숲을 따라 걸을 수 있다. 유럽의 큰 광장 옆 온실, 그리고 그 주위 카페에서 시민들이 식물을 보며 시간을 즐길 수 있는 데 착안해 만든 공간이다.

유럽의 광장을 닮은 이곳은 현대백화점이 최근 서울 여의도에 10년 만에 오픈한 '더현대 서울(The Hyundai Seoul)'의 모습이다.

'백화점은 오로지 빼곡히 물건을 전시해 판매만 하는 곳', '백화점에는 창문이 없다'는 고정관념을 깼다. 전체 면적의 절반을 매

▶ 더현대 서울 5층에 마련된 사운즈 포레스트 전경 (보도자료)

장이 아닌 산책로, 인공 폭포 등 고객 휴식 공간으로 구성했다. 모든 층에서 자연 채광이 가능해 자연광에서 쇼핑할 수 있다. 유통업계에서는 '위드(with)·포스트(Post) 코로나 시대'의 새로운 백화점 모델이 될 것으로 전망하고 있다. 현대백화점은 도심 속 자연주의를 콘셉트로 '리테일 테라피(쇼핑을 통한 힐링)' 개념을 적용한 국내 첫 자연친화형 미래 백화점으로 승부수를 던졌다.

전체 영업 면적 가운데 51%에만 매장을 마련했다는 것이 현대백화점 측 설명이다. 나머지 절반은 실내 조경이나 휴식 공간으로 꾸몄다. 기존 현대백화점 점포들의 매장 면적 비중이 65%가량이라는 점을 고려하면 파격적인 시도다.

점포 내에 '자연'을 담기 위해 공을 들였다. 답답하던 기존 백화점에서 벗어나는 동시에 여타 복합쇼핑몰과도 차별화한 점이 바로 '자연을 담았다'는 점이다.

1층에 들어서면 가장 눈에 띄는 조형물이 바로 12m 높이의 인공폭포다. 천장에서 내려오는 자연 채광과 폭포수가 어우러져 점포 내부에 생기를 불어넣는다. 또 각 층 곳곳에 나무와 꽃들을 배치해 놔 자연과 어우러진 점포를 연출했다. 단연 눈길을 끄는 곳은 바로 5층에 마련된 실내 녹색 공원 '사운즈 포레스트'다. 이곳에는 천연 잔디와 함께 30여 그루의 나무, 그리고 다양한 꽃들을 심어놨다. 인공이긴 하지만 스피커를 통해 새 소리도 들려 진짜 야외 공원에 온 듯한 느낌을 준다. 기존 백화점은 물건을 보는 목적성 소비를 하러 왔다면 이곳은 진짜 시간을 보낼 수 있도록 마치 공원이나 휴게 공간인 듯한 착각이 들게 한다.

공간 인식, 개념의 변화

현대인에게 공간은 단순한 휴식을 넘어서 능동적인 취미와 활동을 위한 공간으로, 신선하고 창의적인 콘텐츠 공간으로 자리 잡고 있다.

　빠르고 간편하게 즐길 수 있는 '패스트 힐링'을 위한 공간으로 낮잠 카페, 수면 카페, 만화 카페, 한방 카페, 코엑스 별마당 도서관, 최근에는 셀프빨래방이 '패스트 힐링 공간'이 되고 있다. 세탁기와 건조기들 사이에 감각적인 인테리어와 가심비 좋은 다양한 세탁코스를 선보이며 현대인들의 '케렌시아'로 카페와 같은 휴식 공간을 두어 세탁과 동시에 휴식을 얻을 수 있는 소박한 힐링 공간으로 탄생시켰다. 또한 호캉스(호텔+바캉스), 웰니스 여행 등이 대세로 떠오르면서 한정된 시간에 특별한 경험을 원하는 소비자들의 니즈를 충족하는 도심 속 호텔과 리조트들은 1인 전용 힐링 패키지 상품들을 선보이고 있다. 패키지 프로그램의 성격에 따라 DIET, BEAUTY, Pre-MOM(예비맘), Posture & Pain Treatment(자

▶ 호텔에서 힐링하기, 호캉스 (그랜드 인터컨티넨탈 서울 파르나스, 콘래드 서울 호텔 홍보자료)

세 & 통증), 산림치유, 수면특화 프로그램, 음악명상 여행, 리프레쉬 프로그램, 각종 체험 프로그램(정원, 농장, 교육체험, 공방, 트래킹, 전통, 국제, 쿠킹클래스, 키즈 프로그램 등) 등 다양하며, 호텔과 리조트의 콘셉트에 따라 다양한 방식으로 운영되고 있다. 또한 펫팸족이 증가하면서 반려동물과 함께 휴식을 취할 수 있는, 반려견과 함께 입실이 가능한 호텔들도 생겨났다. 반려견 출입이 가능한 객실을 도입하고, 객실에는 반려견 침대, 잠옷, 장난감, 간식 등으로 구성된 웰컴패키지가 제공되기도 한다.

시대의 변화에 따라 힐링 공간은 변화, 변형, 생성, 소멸이 반복되며, 문화적 현상과 변화를 빠르게 인지하여 시대적 흐름을 반영한다. 또한 다양한 분야들과의 결합으로 오감을 자극하는 경험과 시대를 관통하는 통찰력으로 힐링 공간은 창조되고 있다. 유기적으로 삶에 적용되고 있는 힐링 공간은 인간의 본질적 행복을 추구하는 총체적 복합문화공간으로 변화되는 것을 알 수 있다. 기본 의식주 중심의 개인의 신체적 건강과 정신적 건강의 만족을 추구하는 웰빙에서 심리적인 마음과 정신의 치유, 신체적·환경적·사회적인 모든 웰니스의 요소들이 합쳐지면서 웰빙, 웰니스, 힐링의 본래의 사전적 용어개념을 유지하고, 다양한 문화의 영역들과 결합되는 네트워크를 이용한 개인과 개인, 개인과 집단들의 커뮤니케이션이 생성되며, 개인의 정신과 신체의 건강, 인간과 사회, 자연과의 조화를 이루며, 행복을 추구하는 문화현상으로 힐링 문화가 형성되며, 확대되고 있다.

나만의 공간에서 즐기는 홈루덴스족

주거 공간에 대한 인식, 개념이 변화하고 있다.

  소유의 개념에서 거주의 공간으로, 주거 공간과 생활 공간의 기능이 합쳐지고, 단순히 먹고 자는 공간에서 쉬고 노는 공간으로 집이라는 공간의 의미가 달라지고 있다. 안전하고 편안한 곳에 머물고 싶어 하는 인간의 본능에서 비롯된 오늘날의 다양한 주거형태는 각 개인의 독특한 특성을 가지고 변화되고 있다. 휴식은 물론 여가와 취미 활동, 사교 활동, 업무 활동까지 모든 것이 가능한 힐링 공간으로 진화하고 있다. 주거 인테리어 문화에 대한 관심이 커지면서 그린테리어, 플랜테리어 등 집을 식물 위주로 꾸미는 셀프테리어가 늘고 있고, 집 내부에 홈카페, 북카페, 숲속의 정원 느낌을 갖는 웰니스 가든으로 에코힐링 공간을 디자인하거나, 홈트레이닝을 할 수 있는 나만의 웰니스 공간을 만들기도 하며, 사우나, 스파 등 꾸미는 수준을 넘어 시공하여 다양한 용도의 공간 욕구를 충족시키며, 나만의 편안한 놀이 공간과 자연스럽게 연출된 힐링 공간을 계획하는 것이다. 개인의 취향과 라이프스타일의 변화로 사적 공간과 공적 공간을 공유하는 복합적 힐링 공간으로 전개되고 있다.

  나아가 디지털 시대의 전환으로 다양한 공간이 힐링과 연결되는 새로운 경험과 체험의 공간으로 전환되고 있다. 가상현실과 힐링 공간의 결합으로 다양한 콘텐츠와 체험 프로그램을 갖춘 힐링 공간이 인기다. 서울 강남, 홍대 등의 지역에서는 가상현실(VR)체험관이 성업하면서 시원한 실내에서 다양한 놀이기구들을 가상현실 게임부스에서 즐길 수 있고, 다양한 테마를 가진 체험형 전시공간과 카페들이 힐링 공간으로 각광받고 있다.

심각해지는 환경오염, 미세먼지, 급격한 기후 변화 등으로 실내 힐링 공간이 다양화되고 있다. 차별화된 '소확행' 문화는 청소년기부터 IT를 경험한 밀레니얼세대, 유년 시절부터 유튜브로 정보를 찾는 모바일환경 속에 익숙한 Z세대가 3차원의 공간에서 4차원의 가상공간으로까지 다양한 힐링 공간이 확장되고 있음을 보여주고, 그러한 공간을 경험하고 전달하며, 힐링 공간의 트렌드를 변화시키고 있다. 힐링 공간은 문화로 자리 잡아 시대의 변화에 따라 발전하고 있다.

혼자 다양한 활동을 즐기는 차원을 넘어 다른 사람들의 시선과 외부의 방해로부터 벗어난 공간에서 '혼자' 시간을 보내고 싶어 하는 사람들이 많다. 특히 젊은 층일수록 혼자만의 공간의 필요성을 크게 인식한다. 혼자만의 공간이 필요할 때 가장 많이 찾는 장소는 집의 '내 방'이다. 그만큼 집에서 혼자만의 시간을 갖고자 하는 사람들의 욕구가 강하다. 다음으로 혼자만의 공간이 필요할 때 그냥 걷는 사람들도 많으며, 커피전문점과 자동차, 공원을 혼자만의 공간으로 인식하는 경우도 적지 않다. 그 밖에 최근 즐겨 찾는 사람들이 많아진 노래방과 스터디카페에서 혼자 머무는 사람들도 더러 있다.

누구에게도 방해받지 않고, 아무것도 신경 쓸 필요가 없는 시간을 확보하기 위해 '나만의 공간'을 찾으려고 하는 사람들이 많다. 또한 혼자 하고 싶은 것들이 많거나, 집중해서 해야 할 것들이 있을 때도 혼자만의 공간을 찾는다. 대인관계의 피로도 때문에 혼자만의 공간을 찾는 사람들도 적지 않다.

평소 혼자 있는 시간이 많다는 점 역시 '나만의 공간'을 확보하는 일이 중요할 수밖에 없는 이유다. 깨어 있는 동안에는 누군가와 함께 있는 시간의 비중이 더 높을 수밖에 없지만, 혼자 있는 시간의 비중도 결코 적지 않은 수준이다. 혼자 있는 시간의 비중이 높고, 혼자만의 공간이 필요하다고 생각하는 사람들도 상당하다는 것을 고려했을 때 결국 혼자서 머물 수 있는 '공간'에 대한 수요가 앞으로 더욱 증가할 것이라는 예상도 충분히 가능하다.

최근 떠오르고 있는 학문인 신경건축학을 비롯해 그린테리어 등이 주목받고 있는 가운데 집 안을 극장으로 만드는 사운드바, 게이밍 제품, 호텔식 고급 침구나 리클라이너 같은 휴식 가구 등 집에서 휴식과 여가, 재충전을 꾀하는 홈루덴스족을 위한 관련 제품도 다양하다.

▶ 나만의 공간을 스스로 꾸미는 홈루덴스족이 증가하고 있다. (유튜브 갈무리)

'홈루덴스'족은 집을 뜻하는 '홈(Home)'과 유희, 놀이를 뜻하는 '루덴스(Ludens)'가 합쳐진 신조어로 주거 공간인 집에서 여가시간을 보내는 사람들을 지칭한다. 홈루덴스족에게 집은 더 이상 부의 개념이 아닌 나만의 아지트이고 휴식 공간이자 내 취향을 오롯이 실현하는 공간이란 인식이 바탕에 깔려 있다. 홈루덴스족의 등장이 가져온 대표적인 변화로는 집을 물리적 공간에서 심미적 공간으로 새롭게 이해하기 시작했다는 점이다.
　신경건축학은 공간의 어떤 요소가 구체적으로 인간 뇌의 어느 부분에 영향을 미치는지 과학적으로 분석하는 것을 지향한다. 예를 들어 인간이 어떤 공간을 접할 때 행복을 느끼는 순간 분비되는 세로토닌과 반대로 고통을 경감하기 위해 분비되는 엔도르핀의 측정을 통해 뇌와 신경계가 행복하다고 반응하는 공간을 찾는 것이다. 실제로 분리된 주방보다는 아일랜드 키친에서 조리할 때 애착 형성 호르몬인 옥시토신의 분비가 늘어나 만족감이 높아진다고 한다. 또 가구나 벽의 모서리가 둥글 때 긴장감이 줄어들고, 따뜻한 색깔의 인테리어를 사용할 경우 행복감을 높여주는 세로토닌 분비가 늘어난다고 한다. 자녀들에게서 창의적인 결과를 얻고 싶다면 공부방을 빨간색보다 파란색 공간으로 만들고, 낮은 천장보다는 3m 정도의 공간을 만들어 주고, 햇빛이 잘 드는 열린 공간에 책상을 배치하는 게 좋다고 한다.
　이를 반영하듯 실제 집을 꾸미는 인테리어 시장도 커지는 추세이다. 단순히 북유럽풍 소품이나 가구를 이용한 DIY 차원에서 탈피해 스트레스가 풀리는 나만의 공간을 뜻하는 '케렌시아' 개념으로 구체화되고 있다. 투우장에서 소가 마지막 결전을 앞두고 잠시 숨을 고르는 자기만의 공간(케렌시아)처럼 현대인들에게도 여유와 힐링을 위한 나만의 공간이 필요하기 때문일 게다.

프리미엄 가전제품을 들여놓거나 고급 소파에서부터 전동 리클라이너를 통해 주거 공간을 자신만의 질 높은 휴식 공간으로 만든다. 나아가 내 방을 쾌적하고 편리한 호텔 룸처럼 바꾸는 홈 드레싱을 위해 침구, 디퓨저, 수건 등을 구미에 맞게 바꾸는 사람이 늘고 있다.

소확행을 실현시켜 주는 나만의 공간을 만들기 위해 녹색 식물을 인테리어 소품처럼 이용하는 플랜테리어도 인기다. 비좁은 베란다에서 벗어나 거실과 안방, 서재까지 녹색 식물을 들여놓고 마치 반려동물처럼 반려식물을 키우고 있다. 특히 미세먼지와 같은 실내 환경 걱정으로 인해 다양한 환경 식물이 인기를 끌고 있다.

이처럼 내 집 인테리어에 열성인 또 다른 이유로 취향에 맞게 나만의 공간을 꾸며 인스타그램이나 블로그 등에 올리는, 온라인 상에서 집을 공개하는 '랜선 집들이'에 기인하는 바가 크다. 셀프 인테리어 욕구를 해소하는 데 전문 지식이 무엇보다 필요하기에 셀프 인테리어 박람회에 참석하거나 인테리어 강좌에 등록하는 인구가 급증하고, 인테리어 컨설팅 업체에 대한 수요도 꾸준히 늘고 있다.

셀프 인테리어에 대한 홈루덴스족의 관심은 남녀를 가리지 않고 나타나는 추세다. 그동안 1인 가구의 젊은 여성이나 30~40대 주부 중심으로 이뤄졌다면 최근엔 남성들 사이에서도 인기가 높아지고 있다. 자기에게 만족을 주기만 한다면 비용과 시간을 감수하는 경향을 보이는 남성들이 셀프 인테리어에 관심을 보이는 현상을 지칭하는 '맨즈테리어(Men+Interior)'라는 신조어도 등장했다.

서양에선 이미 10여 년 전 '맨 케이브(Man cave, 남자의 동굴)'라 불리며 주목받아 온 현상으로 미국의 사회학자 폴라 에이머는 '남성성의 마지막 보루'라 해석하기도 했다. 창고나 집 안의 자투리 공간을 활용해 푸른색 페인트로 벽을 칠하고 총각 시절부터 수집한 레고와 피규어, 술병, 엔틱풍 시계, 무선자동차, 책 등을 가득 진열해 놓고 누구에게도 간섭받지 않는 자신만의 공간을 만든다. 대형 모니터로 게임에 열중하거나 학창 시절 꿈꾸던 전자기타와 드럼세트를 갖춰 놓고 혼자만의 시간을 갖기도 한다.

홈루덴스족은 먹고 마시는 메뉴를 선택할 때도 간편하지만 근사하게 즐길 수 있는 제품을 선호한다. 집에서 휴가를 보낼 때는 셰프들과 손잡은 가정간편식(HMR)이 인기를 끌고 있다. 홈술도 맛있는 안주를 곁들여 근사하게 만끽할 수 있다. 나아가 휴식에서 빠질 수 없는 것이 바로 커피와 디저트인데 전문 카페나 베이커리에 직접 가지 않고도 집에서 즐길 수 있는 메뉴가 잇달아 출시되고 있다.

과거 일본에서 젊은 남녀가 집 밖으로 나오지 않고 콕 박혀 지내며 정상적인 사회생활을 하지 못하는 부류인 코쿤족으로 인해 골칫거리인 적이 있었다. 때문에 방콕족, 호캉스족, 홈루덴스족을 부정적으로 보는 시선도 있다. 하지만 복잡한 사회관계에서 오는 피로도는 갈수록 강해지지만 마땅한 스트레스 해소책은 없다. 소확행이니 욜로니 하는 삶의 방식에 관심이 가는 이유다.

결국 삶의 질을 높이기 위해서는 스트레스를 해소하고 여유를 찾을 수 있는 공간, 그것도 나만의 독립된 공간이 절실하다. 멀리서 찾기보다 편안한 장소로 이미 검증된 집에서 찾고자 하는 것이 홈루덴스족의 열풍이다. IT 산업이 발달하면 할수록 어쩌면 더 외로운 사회가 될 수 있기에 나만의 공간에서 여가를 만끽할 때 삶의 질이 높아질 수 있을 것이다.

힐링 공간 서비스 기획

최근의 유통 공간들은 자유자재로 색을 바꾸는 카멜레온처럼 다양한 모습을 보여준다. 힐링 콘셉트가 고려된 공간은 다시 태어나고, 자유자재로 변신한다. '카멜레존(Chamele-zone)' 현상이다. 카멜레존은 '카멜레온(chameleon)'과 공간을 의미하는 '존(zone)'을 합성한 말로, 카멜레온이 주변 상황에 따라 색깔을 바꾸듯, 공간이 기존 용도에서 벗어나 상황에 맞춰 새롭게 변신하는 것을 일컫는 말이다. 물건을 파는 공간에서 브랜드 체험을 할 수 있다거나 놀이를 즐길 수 있고 특정 시간에는 전시공간으로 탈바꿈하는 것 등이 이에 해당한다.

카멜레존은 오프라인 매장보다는 온라인을 통한 소비를 선호하는 소비자들을 겨냥해 온라인에서 누릴 수 없는 체험을 제공할 수 있게 한 것이 핵심이다. 단순히 상품을 판매하는 것에서 벗어나 다양한 체험과 이를 통해 감성을 느낄 수 있는 공간을 제공해 소비자들의 발길을 붙잡기 위한 의도인 것이다.

해방촌에 있는 '론드리 프로젝트'는 일견 카페처럼 보이지만, 안쪽에 10여 대의 세탁기가 있는 세탁소다. 세탁소가 위치한 용산 이태원, 해방촌은 주로 외국인들을 중심으로 한 젊은 단기 거주자들이 많이 살고 있다. 이들은 세탁기 같은 무겁고, 집에 들이기에 사이즈가 큰 가전제품 구매를 망설이는 경향이 있다. 외국 문화에서는 코인 세탁기를 사용하는 경우가 많기 때문에 이곳에 코인 세탁소를 열었을 때 큰 수요가 만들어질 수 있다.

론드리 프로젝트는 여기서 한 단계 더 나아가, 코인 세탁소를

▶ 론드리 프로젝트는 세탁이라는 일상의 시간을 통해 도시에서 살아가는 사람들에게 여유와 힐링 그리고 즐거운 만남을 만들어준다.
ⓒ론드리 프로젝트(laundryproject.co.kr)

이용할 때 발생할 수 있는 불편한 경험을 개선해주는 공간을 만들고자 했다. 동네 코인 세탁소에서 이불 빨래를 하기 위해 방문한 경험이 있다면, 막상 세탁을 위해 기다려야 하는 40분 정도의 시간 동안 뭘 해야 할지 막막해져 본 경험이 있을 것이다. 집으로 돌아갔다 오기에는 부담스럽고, 근처 카페에 가자니 다시 돌아와서 건조기로 빨래를 옮겨야 하기에 여러 가지로 고민스럽다.

론드리 프로젝트에서는 이 모든 불편한 경험이 한번에 해결된다. 론드리 프로젝트에 가면, 빨래를 돌리고 마르기를 기다리는 시간 동안 커피를 마시며 이웃과 대화를 나눌 수 있다.

용도를 다하고 흉물처럼 버려진 공간을 다른 용도로 탈바꿈하는 것도 카멜레존의 한 사례이다. 부산의 한 공장은 와이어로프를 생산하다 가동을 멈췄지만 공장 형태나 골조 등을 살리면서 재단장해 지금은 복합문화예술공간으로 탈바꿈했다. 기존의 것을 고수하면서 다양한 편의시설을 구축해 민관 협업의 성공적 모델을 제시한 것으로 높은 평을 받고 있다. 카멜레존이 우리에게 신선하게 다가오는 이유는 한 가지 용도로만 사용되던 공간에서 소비자들이 다양한 경험을 체험할 수 있기 때문으로 분석된다. 바로 F1963 얘기다.

F1963은 특수선재 글로벌 기업 Kiswire가 설립한 복합문화공간이다. 1963은 고려제강이 부산 수영구 망미동에 처음으로 공장을 지은 해로, F1963의 F는 Factory를 의미한다. 1963년부터 2008년까지 45년 동안 와이어로프를 생산하던 공장이 2016년 9월 부산비엔날레 전시장으로 활용됨을 계기로, 그린과 예술이 공존하고, 사람과 문화 중심의 복합문화공간으로 탈바꿈했다.

F1963은 자연과 예술이 공존하고 문화예술의 모든 장르가 융복합되어, 365일 활기가 넘치는 문화공장으로 변모했다. F1963은 시민, 예술인과 소통하며 세계적인 복합문화공간으로 거듭나고 있다.

F1963은 옛것과 새것이 공존하는 재생건축이다. 기존 건물의 형태와 골조를 유지한 채 공간의 사용 용도의 특성에 맞추어 리노베이션된 재생건축이다. 재생건축은 옛것을 활용하되 옛것에 머무는 것이 아니라, 오래된 것들과 시간, 공간 등에 대한 기억을 가지고, 그들이 창의적으로 재해석되어 앞으로 나아가는 새로운 것이며, 재생한 것 자체로서의 아름다움을 돋보이도록 하는 것이라는 조병수 건축가의 철학에 따라 리노베이션되었다.

▶ 1963년부터 2008년까지 와이어로프를 생산하던 공장을 개조해 복합문화공간으로 변신한 'F1963' (홈페이지 소개자료)

    F1963은 오랜 시간을 거쳐 덧붙여지며 지어져, 넓은 평면의 중간 부분을 잘라내어 중정을 만들고, 그 중정을 통해 환기, 채광이 되게 하였다. 또 전면(진입부) 측의 벽체들을 제거하고, 유리를 설치하면서 파란색 익스팬디드 메탈을 덧붙여 확장적 공간으로서의 가능성과 새로운 이미지를 만들어냈다. 옛 공장의 흔적을 고스란히 간직한 바닥은 그린과 어우러져 조경석과 디딤돌로 재탄생했으며, 공장 지붕을 받치던 나무 트러스는 방문객들이 편안히 쉴 수 있는 벤치로 새롭게 태어났다.

    F1963은 한 권의 책과 같은 다채로운 공간이다. F1963 공간의 콘셉트는 '네모 세 개'이다. 중앙의 첫 번째 네모인 F1963스퀘어는 세미나, 파티, 음악회 등을 할 수 있는 모임의 공간이다. 바닥은 흙으로 채워져 있고 천장이 뚫려 있어, 땅과 하늘과 사람들이

만나는 공간이다. 두 번째 네모는 쉼의 공간이다. 스페셜티 커피숍, 체코 비어펍, 전통 막걸리를 테마로 한 파인 다이닝으로 구성되어 있다. 세 번째 네모는 전시장, 도서관, 서점 등 다양한 문화예술의 콘텐츠를 향유할 수 있는 문화공간이다.

이처럼 제품보다는 제공하는 경험에 방점을 찍는 공간들이 끊임없이 생기고 있다.

과거 기업이 운영하는 공간들은 제품이 중심이 돼 움직였다고 할 수 있다. 제품을 판매하지 못하는 공간은 의미가 없다고 여겼기 때문에 공간은 제품을 팔기 위한 하나의 배경에 머물렀다. 디지털이 발달하기 시작하면서, 이제 공간은 그 자체가 주인공이 되는 역할을 수행하기 시작했다. 이제 해당 오프라인 공간에서 최적의 경험을 제공하고, 판매는 온라인으로 만들어 내면 되는 시대가 열린 것이다.

제품 위주의 공간을 경험 위주의 공간으로 변환시키는 데 영향을 미친 것은 디지털만이 아니다. 디지털 네이티브라고 불리는 밀레니얼세대와 Z세대들의 '소유보다는 경험을 소비하는 경향' 역시 다양한 오프라인 공간들이 탄생하는 데 큰 역할을 했다. 이들 세대들은 물건을 사는 것보다는 다채로운 경험을 하는 데 더 많은 돈을 쓴다. 아르바이트로 돈을 모아서 TV에 나오는 유명 쉐프가 운영하는 '인스타워시(Instaworthy)'한 공간에 놀러가기도 하며, 연남동과 홍대에 새롭게 생긴 디자이너 호텔에 친구들과 호캉스를 즐기러 가기도 한다.

이제 기업은 오프라인 공간을 만들 때 제품의 기능과 편익만을 설명해주는 공간으로 만들어서는 안 된다. 20대를 중심으로 한 젊은 소비자들은 이제 필요가 아니라 재미를 위해 지갑을 연다. 서비스나 제품을 통해 재미와 행복을 느끼고 특별한 경험을 할 수 있어야만 돈이 아깝지 않다고 여기는 것이다. 이들 세대들에게 공간에 방문했을 때 제품을 넘어서는 특별한 경험을 제공해줘야만 마음을 사로잡을 수 있다.

이제 사람들은 한 공간에서 한 가지만 기대하지 않는다. 특히 소비를 주도하는 Z세대는 의외의 조합, 다양한 경험을 누리고 싶어 한다. 디지털 시대, 소비자들이 다시 오프라인 공간으로 눈을 돌리는 이유다. 끝내 다채로운 공간들이 만들어지고, 정교한 고객 경험 설계가 중요하게 된 것은 바로 우리 일상생활에 디지털이 깊숙이 자리 잡기 시작했기 때문이다.

타임 푸어 시대, 패스트 힐링이 필요해

물리적 시간은 누구에게나 동일하게 주어지는데, 사람들은 시간이 부족하다고 느낀다. 이른바 '타임 푸어'다.

사회가 고도화될수록 개인에게 요구되는 과업은 커지게 된다. 실력의 상향 평준화로 인해 모두가 다 잘하니, 그중에서 특별히 잘하려면 남들보다 덜 자고 덜 놀면서 시간을 아껴 써야만 경쟁에서 이길 수 있다. 또한 정보통신기술의 발달로 인해 받아들여야 하는 정보가 많아지고, 학습해야 할 신기술들이 쏟아져 나온다. 그렇다 보니 인지 처리의 과부하와 함께 시간 강박이 늘 따라다닌다.

시간 소비에 대한 강박은 시간을 늘 아껴야 한다는 '타임 세이브' 욕구를 키운다. 시간의 기회비용을 활성화시키는 것이다. 편의점과 코인 노래방, 렌털과 구독, 배달 앱과 택시 호출 앱 등이 각광받는 우리 사회 저변에는 '효용을 얻되 시간은 최대한 짧게'라는 인식이 자리 잡고 있다.

최근 나타나고 있는 시간 소비의 특징은 한마디로 '효율화'이다. 젊은 층을 중심으로 강하게 나타나는 '시간 소비 효율화'는 표면적 강박을 뛰어넘어 내면적으로 새로운 일상이 돼 간다.

시간 강박과 함께 등장하는 또 다른 단어는 바로 '스트레스'다. 심신의 피곤함을 호소하고, 건강과 휴식에 대한 필요성을 외치는 사람들이 계속 늘고 있다.

젊은 층을 중심으로 '시간 소비 효율화'와 '탈(脫)스트레스'가 소비의 중심에 있다 보니 '패스트 힐링', 즉 짧게 즐기는 힐링이라는 트렌드가 떠오르고 있다. 스트레스에서 벗어나고자 '힐링'을 원하고, 시간이 부족해 '패스트'를 원하는 욕구의 결합 속에 나타난 새로운 소비 경향인 셈이다. 과거의 힐링이 멀리 여행 가거나 오랫동안 스파를 받는 것처럼 멀고 길었다면, 최근의 힐링은 가까운 데서 짧게 하는 트렌드로 변해가고 있다.

이는 무거운 힐링이 아니라 가벼운 힐링, 부담되는 힐링이 아니라 합리적인 힐링이라 말할 수 있다. 스트레스 해소 욕구와 시간 제약이라는 현실 사이에서 타협점을 찾는 '타협적 힐링'이라고 할 수도 있겠다. 젊게, 빠르게, 가볍게, 다양하게 소비하고자 하는 Z세대, 밀레니얼세대에게 힐링의 새로운 트렌드로 자리 잡아 가고 있다.

패스트 힐링은 크게 3가지 특징을 가지고 있다.

첫째는 '나 중심'이다. 남과 함께하면서 쓸데없이 시간이나 감정을 낭비하지 않고, 오롯이 자신의 내면에 집중하는 것이다. 그러다 보니 자연스레 혼자 즐기는 힐링 소비들이 많아진다. 요즘 유행하는 혼밥, 혼술, 혼영 등 혼자 하는 소비도 따지고 보면 그 기저에 패스트 힐링이 자리 잡고 있다.

둘째는 '도심 속'이다. 멀리 가지 않고 바로 근처에서 해결하려는 경향이다. 쓸데없이 시간을 낭비하지 않고 효용은 온전히 가져갈 수 있는 공간이라면 가까울수록 더 고맙다. 최근 부동산 시장에서 직장과 주거지가 가까운 것을 가리키는 '직주근접(職住近接)'이 뜨고 있는 현상과 무관하지 않다. 소비의 성격이 직장과 집 근처, 즉 도심 속에서 타운형 힐링 소비로 진화해 가고 있다.

셋째는 '안락한 오감'이다. 눈, 귀, 코, 입, 피부가 즐겁되 자극적이지 않고 편안해야 한다. 식물과 함께하는 자연 교감, 쾌적한 수면과 아로마테라피, 쉽게 즐기는 음악과 영화 감상, 간편하게 즐기는 음식 등이 최근 SNS의 핫 키워드로 떠오르는 것이 그 이유다.

이러한 패스트 힐링이 최근 소비의 주축이 되고 있다. 혼자만의 안락함을 경험케 하는 마사지기, 수면안대, 메모리폼 베개, 아로마 향초, 조명, 홈스파 가운, 입욕제, 식물 가꾸기와 연관된 초록 화분, 식물 액자 등이 인기다. 또한 최근에는 가까운 곳을 이리저리 이동하면서 언제든 안락한 오감을 즐기게 하는 블루투스 스피커, 포터블 빔프로젝터, 포터블 가습청정기 등이 떠오르는 가전으로 주목받고 있다.

요즘 공간 마케팅에서도 가장 핫한 주제가 패스트 힐링이다. 스트레스를 받으면서 시간에 쫓기는 직장인 대상의 패스트 힐링 공간이 도심 속에서 다양한 형태로 나타나고 있다. 수면 카페, 안마 카페 등 힐링 카페가 늘어나고 있다. 독서와 맥주를 함께하는 책맥 카페, 만화와 함께 휴식하는 만화 카페 등도 계속 늘고 있다. 스크린 골프에서 시작해 스크린 야구, 축구, 양궁, 사격, 낚시 등으로 진화해 가는 실내 레저형 카페도 패스트 힐링 공간으로 계속 주목받는 중이다.

더욱이 최근에는 공간 대여 앱이 생겨나면서 도심 속 패스트 힐링 공간을 매개하고 전파시키는 역할을 하고 있다. 시간 들여 멀리 가는 엠티가 아니라 도심 속에서 간편하게 즐기는 엠티를 가능케 하는 공간인 셈이다. 루프탑에서 바비큐도 즐기고, 해먹에 누워 한강의 야경을 보며 쉬기도 하고, 빔프로젝터로 영화도

보고, 블루투스 스피커로 음악도 즐기는 그야말로 도심 속 맞춤형 휴양을 선호하게 된 것이다. 불편함이 많은 1박 2일 엠티가 아니라 당일치기 패스트 엠티가 힐링이다 보니 도심 속 엠티 공간이 새로운 패스트 힐링 공간이 됐다.

'도심 속 라운지'가 뜨고 있다. 기존 레스토랑에 라운지가 결합되어 간단하게 식사하면서 마치 공항 라운지처럼 눕고 기대어 휴식을 취하는 가벼운 라운지형 레스토랑, 카페가 생겨나고 있다. 이처럼 도심 속에서 자투리 시간을 효율적으로 사용케 하는 공간들은 앞으로 계속 진화돼 나타날 것이다.

집에서 즐기는 휴가 '홈캉스', 도심 호텔에서 즐기는 휴가 '호캉스', 나만의 가까운 안식처 케렌시아를 찾는 최근 현상은 패스트 힐링과 맞닿아 있으며, 미래에도 지속될 트렌드로 예상된다. '도심 속인데 한적한 시골에 온 듯한'이라는 말은 쫓기는 시간 속에서 힐링을 갈구하는 현대인의 마음을 관통하는 메시지이다.

힐링의 미래 조건, 소비의 힐링이 아닌 위로의 힐링

코로나19로 인해 건강이 그 무엇보다도 중요해졌다. 요즘 사람들은 운동, 식단뿐만 아니라 감정, 생활 습관 등 나를 둘러싼 일상적인 것들을 모두 건강하게 유지하기 위해 노력한다. 총체적인 건강을 기반으로 풍요로운 인생을 디자인해가는 삶의 방식을 추구하며, 건강한 신체와 정신을 바탕으로 나아가 사회, 환경의 건강에도 관심을 가지게 된다. 개인에 초점이 맞춰졌던 건강의 범위가 사회적 건강, 환경의 건강까지로 확장되는 것이다.

뛰면서 쓰레기를 줍는 플로깅 캠페인, 식사 준비와 관련된 온실가스 배출량을 줄일 수 있는 채식 위주의 식생활, 비거니즘 등 내 건강은 물론 지구의 건강까지 생각하는 라이프스타일을 추구하는 이들이 많아지고 있다. 소셜미디어를 통해 나와는 물론 사회, 환경과도 촘촘하게 상호작용하면서 가치 있는 라이프스타일을 전파하고 있다.

힐링은 분명 소비재이지만, 일반적인 상품 소비와는 결이 다르다. 최상급 호텔에서 멋진 주말을 보낸다면 분명 웰빙 상태에 이르렀다는 느낌을 받을 수 있다. 그러나 그런 느낌은 여행을 떠나기 전에 상상했던 것과 크게 다르지 않으며, 횟수가 반복될수록 웰빙의 가치는 떨어진다.

피로와 위험을 낮추려는 사람들은 단지 무엇을 구입했다거나 어디를 다녀왔다는 이른바 '경험 경제(experience economy)'보다는 한 단계 업그레이드된 '치유'의 경험을 원한다. 그들은 물질주의가 도움이 되지 않는다는 사실을 알고 있다. 자연과 자신을 연결하고 싶어 하고, 같은 생각을 가진 사람들과 자신을 연결하고 싶어 한다. 상품을 소비하기보다는 치유라는 가치를 소비하고 싶어 하는 것이다.

우리 사회에 피로와 위험이 갈수록 가중되고 있다. 변화를 위한 모멘텀을 제시하지 않은 책임이 사회가 아닌 개인에게 전가되고 있지만, 잊고 살았던 개성과 인간성, 그리고 인간관계 회복을 포기할 수는 없다. 힐링이라는 개념이, 또한 힐링산업이라는 사회적 연대가 필요한 이유다.

'힐링(Healing)'은 '킬링(Killing)'이라는 부정적인 시각이 있다. 자신의 내면과 마주하기를 두려워하는 사람들이 일시적 회피와 망각을 제공하는 치유 관련 상품을 구매하면서 힐링이라는 판타지에 빠진다는 것이다.

이런 시각에 따르면, 상처를 안고 살아가는 현대인들은 힐링산업을 통해 '치유 소비재'를 구매하면서 "힐링됐다"고 믿지만, 그저 잠시간 결핍을 해소한 것에 불과하고, 따라서 힐링은 거짓 믿음으로 지속적인 회피를 조장하는 사업이다.

사회로부터 기인한 문제를 개인의 노력으로 해결할 수는 없다. 그렇다고 힐링산업을 향해 "왜 시스템 문제를 건드리지 않느냐"고 질타할 수도 없다. 시스템 문제를 건드리는 순간, 힐링은 투쟁을 수반하는 '파이팅'이 돼버리기 때문이다. 이 지점에서 모순된 사회를 보다 건강하게 살아가는 방법, 즉 '방편'으로서의 힐링에 대한 필요성이 제기된다(스트레이트뉴스, 2018.11).

'위로의 힐링'이 그저 '소비의 힐링'이 되어버리는 트렌드를 극복해야 한다. 힐링이라는 화두를 전면에 내세운 방송, 영화, 음악들은 엔터테인먼트 상품일 뿐이다. 시장과 결탁한 관광, 대중문화들이 생산하는 무수한 문화상품은 말할 것도 없고, 힐링 멘토를 자청하는 대중 지식인들의 문화상품들도 다를 바 없다. 여기서 주요한 것은 '위로의 힐링'을 실천하는 문화상품에 대한 비판이 아니라 '소비의 힐링 콘텐츠'에 대한 비판, 즉 '현대 자본주의가 전략적으로 시장과 결탁시키는 문화상품'에 대한 변별적 비판이 필요하다는 것이다.

기업 입장에서 보면, 힐링 마케팅 활동은 다양화되고 있는 소비자의 욕구 충족이 가능하다. 최근 소비자의 욕구가 다양화되면서 소비자의 행동을 도출하기 위해 오감(五感)을 총동원하고 있을 정도인데, 힐링 마케팅 활동은 치솟는 소비자의 다양한 욕구 수준을 만족시킬 수 있는 또 하나의 대안이 될 수 있다.

힐링은 남녀노소, 이 시대를 살아가는 사람 모두가 공감할 수 있는 콘셉트를 지니고 있다. 최근 감성 마케팅이 주목하고 있는 것처럼 '공감'이라는 요소가 마케팅의 중요한 요소로 자리 잡고 있어 대중과 공감대를 형성할 수 있는 힐링 콘셉트의 활용은 효과적인 마케팅을 가능하게 한다.

힐링은 지속 가능한 기업경영의 토대를 형성한다. 힐링의 본질은 결국 인간의 상처에 대한 이해와 공감, 치유이다. 최근 사회적 상처를 치유할 수 있는 방법을 고민하고, 기업 활동에 그런 고민을 접목하고자 노력하는 기업은 '자본주의 4.0' 시대로 부상하는 기업으로 성장할 수 있을 것이다.

반면, 보여주기 위한 힐링의 경우 소비자의 신뢰를 저해할 가능성이 크다. 힐링 콘셉트가 남용·남발되면서 실제 힐링과 무관한 상품이나 서비스까지 무분별하게 힐링 콘셉트가 사용되는 측면과, 단발적인 효과만을 기대한 힐링 콘셉트 남용으로, 소비자에게 '힐링'에 대한 회의감이 생겨 결국 기업의 이미지에도 악영향을 초래할 수 있다는 점이다. 특히 최근 등장하는 힐링 상품이나 서비스는 기존의 상품, 서비스에 '힐링' 포장을 덧씌운 것들이 많다. 그래서 '힐링'이 점차 식상한 콘셉트로 전락하게 되는데, 이는 기업이 힐링을 단순히 또 하나의 마케팅 콘셉트 정도만으로 여겼기 때문으로 힐링의 본질에 대한 이해 부족에 기인한다.

우리말에서 '체험하다'와 '경험하다'는 사전적으로 의미가 같고, 영어권에서도 두 단어 모두 'Experience'로 구분 없이 사용하지만, 이 미묘한 뜻의 차이를 독일어에서는 명확하게 구분할 수가 있다. 독일어에서 '체험(Erlebnis)'은 즉각적이고 몸소 겪는, 비일상적 사건인 반면, '경험(Erfahrung)'은 지속적이고 반복적으로 쌓아 얻은 것을 의미한다. 즉, 경험은 수십, 수백 번의 체험이 축적돼 생긴 보편성이자 총합이라 할 수 있다. 따라서 힐링 마케팅 관점에서 보면 체험보다는 경험에 방점을 두어야 한다.

미래 힐링은 내면의 치유를 강조하는 일에만 집중하는 것이 아니라 사회적 결핍을 메우는 안전망 정책과 제도로 정착되어야 할 필요가 있다. 물론 사회의 구성원 개별자들에게 '내면의 치유와 위로'는 분명코 필요하다. 다만 그것의 효과는 일시적으로 나타날 뿐이며, 외려 약물 요법처럼 강박적이고 상습적인 요청을 거듭하는 위험을 고려해야만 된다는 것이다.

한편, 힐링이 '내면의 위로'에 집중하면서 정작 개선해야 할 관련 제도와 정책에 대해서는 함구함으로써 의도하지 않게 사회의 악순환을 거듭하게 만드는 주범이 되기도 한다. 힐링과 관련한 정책이 논의되고 개선된다면 힐링이 당면한 절박한 과제들은 일상의 평범한 수준으로 융해되어 그 속에 자연스럽게 침투될 수 있을 것이다. 문화라는 것이 결핍으로 인해 요청되는 것이기보다는 '필수불가결'의 것이기 때문에 자연스럽게 우리의 일상 속에서 향유되는 것처럼, 힐링 역시 사회적 제도와 장치를 통해 필연코 자연스러운 일상으로 흡수되어야만 할 것이다.

미래의 힐링은 매니저 혹은 멘토로부터 벗어나야 한다. 특정한 멘토에 의탁하는 것에서 탈피해 힐링 주체가 스스로 멘토의 역할을 감당하는 힐링이 필요하다. '자가 치유(self-healing)'가 자연스럽게 이루어지는 힐링 시대가 요청된다. '셀프 힐링'이라는 용어는, 상처가 자기 스스로 자연스럽게 치유되는 '자기 회복 작용'을 지칭하기도 하는 만큼, 특별한 매개자(매니저, 멘토)나 매개체(멘토링) 없이 위로, 치유되는 것을 의미한다(김성호, 2013). 힐링에 관한 전문가라고 자칭하는 매니저, 멘토들이 힐링의 권력적 매개자로서 더 이상 기능하지 않고 충실한 조력자의 입장으로 정착하는 사회가 바로 힐링의 미래일 것이다.

진정한 힐링의 방법

하루 다섯 번의 알림. 지정된 시간은 없다.

하루 다섯 번 지정된 시간도 없이 죽음에 대한 문장을 보내주는 앱이 있다. 그런데 받는 사람들은 오히려 지금 이 순간에 대한 애착을 느낀다.

우리는 모두 죽는다고 끊임없이 고지해주는 앱, '위크록(WeCroak)'. Croak은 원래 개구리 우는 소리를 나타내는데 속어로 '죽는다'는 의미가 있다.

앱을 열면 간단한 소개 글을 만난다. "부탄 속담에 하루 다섯 번 죽음을 사색하면 행복해진다." 이 소개 글 그대로다. 이 앱은 "잊지 말라. 당신은 죽을 것이다"라는 알림과 함께 하루 다섯 번 죽음에 대한 글을 보내준다.

유한한 삶과 죽음에 대한 문장들이다. 광고도 없고 문장을 공

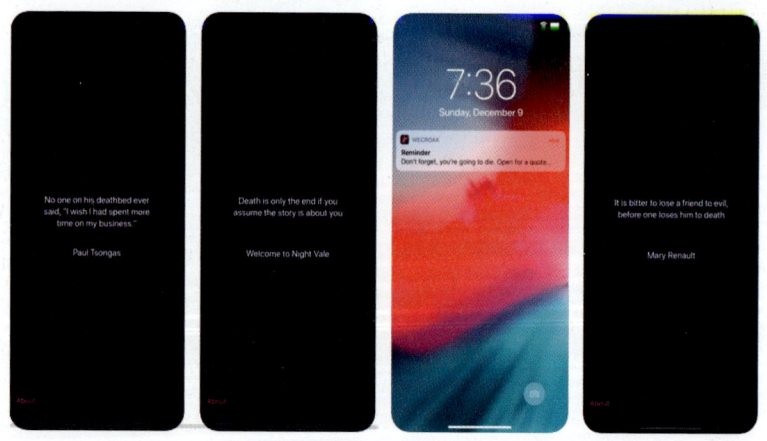

▶ 죽음을 떠올려 오늘을 살게 하는 앱 '위크록' (WeCroak 홈페이지)

유하는 기능도 없다. 그냥 일하다 공부하다 알림이 오면 문장을 읽는 게 전부다. 99센트 유료 서비스다. 매일 다섯 차례 죽음에 관한 문장을 읽는다.

사람들이 이 앱에 매력을 느끼는 이유는 현재에 집중할 수 있는 기회를 주기 때문이다. 언젠가 죽는다는 것을 떠올리면 지금 바로 이 순간에 집중할 수 있고 일상에 보다 애착을 가질 수 있다. 죽음을 생각할 때의 역설이다.

이 앱은 부탄 속담에서 힌트를 얻어 만들어졌다.

"진정으로 행복한 사람이 되려면 하루에 다섯 번은 죽음에 대해 생각해야 한다."

하루에 다섯 번 시간을 정하지 않고 랜덤하게 문장을 보여주는 것은 죽음이 언제 어디서 찾아올지 모르기 때문이다.

"사람들은 인생에서 전혀 중요하지 않은 것에 사로잡히는 경향이 있다. 그게 사람들을 불행하게 만든다. … 나는 사람들이 자신의 유한함을 떠올리거나 언젠가 죽음을 마주할 수 있다는 생각을 하고 깊은 숨을 들이마시기를 바란다. '아 이런 것은 생각할 필요가 없구나, 인생은 짧으니까 이런 것에 얽매일 필요가 없구나'라고 생각하길 바란다. 그러고 난 뒤 더 행복한 인생을 살아가면 된다." (설립자, 한사 버그웰)

사람은 죽음 앞에 섰을 때 자기 삶에 가장 진실해진다. 무엇이 중요하고, 무엇이 부차적인지 알게 된다. 돈과 권력은 죽음 앞에서 헛된 것이다.

그러나 우리는 일상에서 죽음을 망각한다. 욕심 앞에서 '미망'에 빠진다. 그래서 내게 진실한 삶이 아니라 타인이 원하는 가짜 삶을 산다. '더 높은 자리를 얻고, 더 많은 돈을 벌라'는 사회의 유혹에 굴복한다. 클레이턴 크리스텐슨 하버드대학교 교수가 말했듯이 불행해지기 위해 노력하는 것처럼 인생을 산다. 그래서 위크록 앱은 죽음을 기억하라고, 그래서 지금 삶에 진짜 중요한 걸 놓치지 말라고 상기시킨다. 옛날 로마에서는 개선장군이 시가 행진을 할 때 노예를 시켜 '죽음을 기억하라'는 뜻인 '메멘토 모리(Memento mori)'를 외치게 했다고 한다. 위크록 앱이 오늘의 우리에게 '메멘토 모리'를 외치고 있음이다.

위크록 앱 사용자는 대부분이 20~30대라고 한다. 삶의 박동을 강렬히 느끼는 청춘들이 '죽음을 전하는 앱'을 쓴다는 게 뜻밖이다. 나이 든 이들은 몸 한구석이 고장 나거나, 가까운 사람을 잃은 뒤에 죽음을 떠올린다. 그러나 젊은이들은 그렇지 않다. 죽음을 느낄 때 찾아오는 '진실의 순간'을 마주할 기회가 없다. 더욱이 젊은이들은 아직 중요한 선택이 많이 남아 있다. 직장 선택, 결혼, 출산 등등. 그때마다 진짜 중요한 걸 기준으로 올바른 선택을 하려면 죽음을 상기할 필요가 있다. 생전에 애플 창업자 스티브 잡스는 스탠퍼드대학교 졸업생들 앞에서 "내가 죽을 것이라는 것을 기억하는 것은 내가 인생에서 큰 선택을 해야 했을 때 가장 중요한 도움이 됐다"고 말한 바 있다.

페이스북이나 인스타그램 같은 SNS의 취지가 원래는 희로애락(喜怒哀樂) 모두 공유하자는 것이었을 게다. 그런데 시간이 흐르면서 '희'와 '락'으로만 수렴되고 있다. 다른 이들이 올리는 멋진 휴양지 사진을 보면 내 인생이 보잘것없어 보이기도 한다.

그래서 이스라엘의 한 스타트업이 '로'와 '애'를 공유할 수 있는

SNS를 만들었다.

2016년 서비스를 시작한 '위스두(Wisdo)'.

아프고, 괴롭고, 힘들고 그래서 누군가로부터 도움을 받고, 누군가와 이야기 나누고 싶은 사람들이 자신의 사연을 공유하는 곳이다.

사이트는 카테고리 구성부터 다르다. 살면서 겪게 될 고통을 40여 개 카테고리로 나눴다. 이용자들은 이 가운데 하나를 선택해 이야기를 나누게 된다. 예를 들면, 우울증, 불안, 인간관계, 외로움, 외모에 대한 불안, 육아의 고충, 중독, 유방암 등과 같은 카테고리다. 각 카테고리에 들어가면 이용자는 비슷한 문제를 겪는 사람들과 의견을 나눌 수 있다. 한 명이 고민이나 질문을 올리면 공감하는 사람들이 답변을 단다. 수만 명이 실시간으로 채팅을

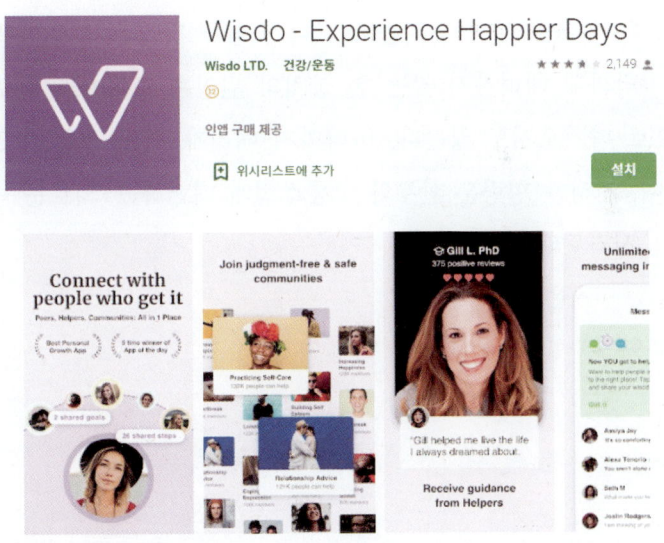

▶ 위로와 공감의 앱 '위스두'

하는 셈이다. 이용자가 각 카테고리에 가입할 때는 어느 정도 힘든지 질문을 받게 된다. 자신의 상태에 따라 프로필에 저장된다. 그러면 공동채팅으로 문제해결이 어려울 경우 비슷한 상황인 사람을 찾아 일대일 대화를 할 수도 있다.

위스두의 강점은 자신이 경험한 것으로 다른 사람을 돕고 싶은 이들이나 현재 겪고 있는 문제로 도움받길 원하는 누구에게라도 추천 가능한 서비스라는 점이다. 혼자가 아님을 깨닫고, 비슷한 사람들과 만나 함께 성장해 나갈 수 있는 것이다.

값싼 위로는 짧은 시간으로 끝날뿐더러 상처와 진정으로 대면할 수 있는 기회를 지연시킨다는 점에서 (치유는커녕) 질환을 더욱 깊게 만들 뿐이다. 진짜 치유는 상처와 정면으로 대면하는 데서 시작된다. 상처를 열고 그 내부를 들여다보며 그것의 원인을 고통스럽게 분석할 때 제대로 된 힐링이 시작된다. 물론 이 과정은 마치 쓴 약과도 같아서 괴롭고 견디기 힘들 것이다. 그러나 절망의 바닥까지 내려가지 않는 한 상처의 원인은 보이지도 않고 실감으로 다가오지도 않는다. 바닥까지 내려가 모든 것을 다 보았을 때, 진정한 힐링은 환부와 고통스럽게 대면하는 '외로운' 시간에서 시작된다.

When it all seems like it's wrong
모든 것이 다 잘못된 것 같을 때
Just sing along to Elton John
그냥 엘튼 존의 노래를 따라 불러
And to that feeling, we're just getting started
그 느낌대로, 우린 시작하는 거야.
When the nights get colder
밤은 점점 추워지고(안 좋은 상황이 온다)
And the rhythms got you falling behind
네가 뒤처지는 것처럼 느껴질 때면
(중략)
I wanna dance
춤추고 싶어
The music's got me going
음악이 날 움직이는 걸
Ain't nothing that can stop how we move yeah
그 어떤 것도 우리의 춤을 막을 순 없지
Let's break our plans
계획들은 깨버리고
And live just like we're golden
그냥 찬란하게 살자
And roll in like we're dancing fools
그리고 춤에 홀린 것처럼 즐기자
We don't need to worry
걱정할 필요 없어
Don't need to talk the talk, just walk the walk tonight
말은 필요 없어, 그냥 오늘 밤을 즐겨
Cause we don't need permission to dance
우리가 춤추는 데 허락은 필요 없으니까

― BTS, 〈Permission to Dance〉 중에서

참고문헌

강동호(2014). 호모 에코노미쿠스와 근대의 통치성. 문학과 사회, 27(3), 440-461.

강영안(2018). 일상의 철학. 세창출판사.

강영택(2021). 청소년들이 경험한 쉼의 의미와 성과에 대한 생애사 연구. 한국교육, 48(1), 5-30.

경기연구원(2019). '워라밸' 불균형과 휴가이용 격차. 이슈 & 진단, 389.

고성호(2018). 힐링관광 만족에 따른 시장세분화 연구. 관광레저연구, 30(5), 191-208.

고은강(2011). '위험사회'에서 '자기계발'의 윤리학에 관한 小考. 정신문화연구, 34(4), 99-119.

구선아·장원호(2020). 느슨한 사회적 연결을 원하는 취향공동체 증가 현상에 관한 연구. 인문콘텐츠, 57, 65-89.

권오상(2020). 일과 여가의 의미 변천과 일-여가 관계. 여가학연구, 18(3), 21-40.

김민규·박수정(2014). 한국형 여가중독 개념화 연구. 한국여가레크리에이션학회지, 38(1), 1-16.

김석수(2001). 세계화와 신자유주의, 그리고 새로운 시민 주체. 사회와 철학, 1, 78-108.

김성호(2013). '힐링의 미래', 특집3 문화예술로 힐링하다. 인인화락, 봄호, 24-30.

김수미(2014). 한국 치유문화 작동의 정치학: 신자유주의 통치 시기 주체 구성에 대한 고찰. 언론과 사회, 22(1), 114-161.

김승호(2015). 여가란 무엇인가?: 여가와 교육. 교육과학사.

김영래·정병웅(2012). 여가 이해의 패러다임 전환. 관광학연구, 36(4), 13-33.

김원제(2006). 호모미디어쿠스. 커뮤니케이션북스.

김원제(2017). 위험사회를 넘어 안심사회의 조건. 한국학술정보.

김원제·정세일(2008). 감성편치: 감성전략 및 전술지침. 한국학술정보.

김원제·조항민·최현주·최부헌·송해룡(2018). 시니어 비즈니스 블루오션. 한국학술정보.

김은준(2015). 초기 힐링담론의 자기통치프레임과 담론효과. 한국언론정보학보, 74, 38-71.

김정운·박정열·손영미·장훈(2005). 일과 삶의 조화(Work, Life Balance)에 대한 개념적 이해와 효과성. 여가학연구, 2(3), 29-48.

김정호(2004). 마음챙김이란 무엇인가: 마음챙김의 임상적 및 일상적 적용을 위한 제언. 한국심리학회지, 9(2), 511-538.

김정훈(2005). 여행서비스 품질만족과 관광자 웰빙(Well-Being). 관광연구저널, 19(3), 243-255.

김지영·신나연(2015). 힐링(Healing)의 개념분석: 건강관련 문헌을 중심으로. 종양간호학회지, 15(1), 51-58.

김진옥(2015). 자연기반 아웃도어레크리에이션 환경이 치유관광객의 주의회복과 삶의 질에 미치는 영향: '치유의 숲' 프로그램 참여자를 대상으로. 한양대학교 대학원 박사학위논문.

김현주 외(2020). 코로나19의 관광산업 영향과 대응방안. 한국문화관광연구원.

김형종·최경은(2020). 코로나19에 따른 관광시장 전망. 한국관광정책, 제80호(여름호).

김혜순·변상해(2015). 청소년의 스마트폰 중독이 또래관계에 미치는 영향. 벤처창업연구, 10(5), 117-125.

나은영(2012). 미디어심리학. 한나래.

류지윤(2012). 신자유주의 한국사회에서 심리/치료 담론의 문화정치적 함의: 텔레비전의 심리/치료 담론을 중심으로. 한국방송학회 2012 가을 정기학술대회 논문집, 29-33.

류한소(2012). 신자유주의적 위로, 치유문화. 문화과학, 69, 206-213.

문화체육관광부(2018). 국민여가활동 기본계획.

문화체육관광부(2020). 2020 국민여가활동조사 결과 보고서.

박소현·선섭희(2021). 중년여성을 위한 슬립테크 디바이스 방향성 연구. 산업디자인학연구, 14(4), 51-60.

박수정·김민규·이훈재·김도윤·박봉섭·정지현·서정은·박정열(2017). 번아웃 증후군의 조작적 정의에 관한 체계적 문헌고찰. 교육문화연구, 23(3), 297-326.

박수정·김민규·이훈재·박봉섭·정지현·김도윤·박정열(2018). 한국형 번아웃 증후군 형성과정 및 대처방안에 관한 근거이론적 접근. 교육문화연구, 24(1), 159-174.

박영아·현용호(2009). 도보여행 동기에 관한 탐색적 연구: 제주도 올레길을 중심으로. 관광학연구, 33(7), 75-93.

박종희·권영미(2009). 트랜스포메이션 경제시대에 있어서 힐링의 관광 상품화 가능성에 대한 연구. 관광레저연구, 21(2), 357-374.

박지현·황인성(2018). 〈김제동의 톡투유, 걱정말아요 그대〉(JTBC)에 드러난 힐링담론의 특성에 대한 비판적 고찰. 한국언론정보학보, 89, 42-80.

백림정·한진수(2017). 힐링관광에서의 고객체험이 주관적 행복감, 심리적 행복감 및 삶의 질에 미치는 영향. 호텔경영학연구, 26(3), 1-17.

백승국 외(2013). 스마트 미디어 기반의 웰니스 콘텐츠 전략 방안 연구. 미래창조과학부 방통융합미래전략체계연구.

사혜지·이원상·이봉규(2021). 코로나 블루와 여가 활동: 한국 사례를 중심으로. 한국인터넷정보학회지, 22(2), 109-121.

삼성경제연구소(2013). 힐링을 힐링하다: 힐링열풍의 배경과 발전방향.

CEO Information.

서동진(2009). 자유의 의지 자기계발의 의지: 신자유주의 한국사회에서 자기계발하는 주체의 탄생. 돌베개.

손동기(2020). 우리는 쉼이 불안한 시대에 살고 있다. 웹진 문화관광, 7월호.

송해룡·김원제·조항민(2006). 대한민국은 지금 체험지향사회. 커뮤니케이션북스.

송현·안관수(2013). 자기계발서 전성시대와 힐링 인문학, 디지털 정책연구, 11(11), 783-793.

스트레이트뉴스(2018.11). ST특집-힐링코리아.

신윤천(2013). 웰빙의 새로운 진화: 힐링 브랜드. 마케팅, 47(7), 34-42.

신정아(2015). 미디어 소통의 관점에서 본 여행 프로그램의 공감성 연구. 글로벌문화콘텐츠, 21, 133-160.

심미경(2013). 소통과 공감을 통한 힐빙. 한국생활과학회 학술대회논문집, 105-117.

심보선(2013). 힐링이라는 이름의 권력. 문학과 사회, 26(2), 249-261.

양성희(2005). 위로가 필요한 시대, 위로하는 광고. 인물과 사상, 85, 95-104.

양승훈·김병용(2019). 기업의 공유가치창조(CSV)에 대한 탐색적 연구. 관광학연구, 39(4), 27-38.

양제연(2012). 힐링체험욕구와 트랜스포메이션 행동의도: 힐링관여도의 매개·조절 역할을 중심으로. 경희대학교 대학원 박사학위논문.

오생근(2013). 미셸 푸코와 현대성. 나남.

오세경·김영순(2012). 도보여행자의 진지한 여가 체험에 관한 연구: 인천둘레길 여행자를 중심으로. 여가학연구, 11(3), 10-42.

오창은(2014). 통치성으로 분석한 신자유주의의 거짓 희망들. 문화과학, 77, 4-11.

유현배(2018). 힐링 공간디자인의 기초연구. 한국디지털콘텐츠학회 논문지, 19(1), 123-131.

육주원·권은아·윤신웅(2018). 디지털 돌봄과 친밀감. 인문콘텐츠, 48, 315-353.

윤주현·김종덕(2014). 2000-2013년 TV광고에 나타난 한국인의 피로감에 대한 내용분석. Archives of Design Research, 27(3), 197-214.

윤형준·이선화·한명호·박현구(2020). 명상효과에 대한 비교분석 연구. 문화와 융합, 42(11), 163-187.

은종방(2015). 힐링 푸드. 전북대학교 국제문화교류연구소 심포지움, 4-33.

이려정(2015). 관광기업 문화마케팅 활동을 통한 힐링모형 개발에 관한 실증연구. 호텔경영학연구, 24(2), 41-63.

이승제·배상준(2021). '힐링 게임'의 개념과 주요 특징에 관한 연구: 의료용 기능성 게임을 중심으로. 한국콘텐츠학회논문지, 21(4), 744-761.

이영주(2014). 힐링화된 진보정치에 대한 비판적 소고. 문화와 정치, 1(1), 105-127.

이유진·김태환·황선환(2021). 빅데이터를 활용한 Covid-19 여가소비 분석: Pre-Corona vs. With-Corona. 한국여가레크리에이션학회지, 45(2), 21-36.

이은환 외(2018). 경기도 수면산업(Sleep Industry) 육성을 위한 실태조사 및 정책방안. 경기연구원 보고서.

이진형·박종선(2013). 힐링열풍과 관광개발: 개념, 사회문화적 배경과 사례. 동북아관광연구, 10(1), 1-17.

이홍구(2017). 피로사회와 스포츠. 레인보우북스.

임현숙(2017). 감성소비 시대의 힐링디자인 현상에 관한 연구. 커뮤니케이션디자인학연구, 61, 485-496.

장민우(2013). 한국사회 '힐링(Healing)' 담론에 관한 연구: 자기계발 담론의 양가성을 중심으로. 한양대학교 석사학위논문.

장영란(2016). 아리스토텔레스와 한나 아렌트의 활동적 삶과 관조적 삶. 철학연구, 115, 271-299.

장은화(2021.8). 서양의 명상 열풍과 맥도날드식 마음챙김. 불교평론.

정대영·이수진(2020). 코로나19, 여행의 미래를 바꾸다. 이슈 & 진단, 419, 1-25.
정수남(2010). 공포, 개인화 그리고 축소된 주체: 2000년대 이후 한국사회의 일상성. 정신문화연구, 33(4), 329-357.
정연득(2016). 피로사회에서의 마음돌봄. 장신논단, 48(4), 253-279.
정태혁(2004). 명상의 세계. 정신세계사.
조경두(2014). 지속가능한 힐링환경을 위한 새로운 도전. 환경논총, 53, 25-34.
조광익(2018). 한국사회의 新관광현상에 대한 이해-'힐링관광'의 사회적 의미. 관광학연구, 40(5), 11-31.
조승연 외(2008). 로하스 산업육성을 위한 사례조사 연구. 환경부 보고서.
조용기·김승남(2019). 웰빙(Well-being)에 대한 인문학적 접근. 한국 엔터테인먼트산업학회 논문지, 13(7), 321-346.
조지선(2019). 의도적 연습과 의도적 휴식. 중앙시사매거진. 201902호.
조항민·김찬원(2016). 과학기술, 첨단의 10대 리스크. 커뮤니케이션북스.
최지안·이진민(2019). 힐링과 연관된 개념의 변천과 트렌드 동향분석. 기초조형학연구, 20(4), 597-612.
컨슈머인사이트(2021). TRAVEL 분석으로 본 20-21 국내여행 트렌드.
한국관광공사(2018). 소셜미디어 빅데이터 활용 국내관광 트렌드 분석 및 2019 트렌드 전망 보고서.
한국관광공사(2021.2.23). 코로나19가 바꿔놓은 대한민국 관광지도 [보도자료].
한국무역협회(2019.3.25). 최근 중국 란런경제(懶人經濟)의 발전 현황 및 시사점.
한국생산기술연구원(2012). 미래형 웰니스산업 동향분석 및 발전방안 보고서.
한병철(2012). 피로사회. 문학과 지성사.
한병철(2013). 시간의 향기. 문학과 지성사.

함현(2020). 관찰 예능프로그램의 서사구조와 특징에 관한 연구: 〈나만 믿고 따라와, 도시 어부〉를 중심으로. 영상기술연구, 33, 57-74.
홍석경·박소정(2014). 미디어 문화 속 먹방과 헤게모니 과정. 언론과 사회, 24(1), 105-150.
황원경 외(2018). 반려동물 연관산업 현황과 양육실태. KB금융지주 경영연구소 보고서.
eMFORCE 데이터랩(2019.8). 검색어 트렌드 데이터 및 SNS 데이터를 활용한 가정간편식 시장 트렌드 분석.

Arendt, Hannah(2007). The Human Condition. 이진우·태정호 역(2010). 인간의 조건. 한길사.
Beck(1992). Risk Society. London: SAGE. 홍성태 역(1997). 위험사회. 새물결.
Brones, Anna(2017). Live Lagom: Balanced Living, the Swedish Way. 신예희 역(2018). 라곰 라이프. 21세기북스.
Davis, M.(2002). The New Culture of Desire: The Pleasure Imperative Transforming your Business and your Life. NY: Free press.
Dewey, J.(1938). Experience and education. New York: Collier Books.
Ehrenreich, B.(2009). Bright-Sided. 전미영 역(2011). 긍정의 배신. 부키.
Frank, Robert H & Philip J. Cook(1995). The Winner-Take-All Society. 권영경·김양미 역(2008). 승자독식사회. 웅진싱크빅.
Giddens, Anthony(1973). Capitalism and Modern Social Theory. 박노영·임영일 역(2014). 자본주의와 현대사회이론. 한길사.
Harari, Yuval Noah(2018). 21 Lessons for the 21st Century. 전병근 역(2018). 21세기를 위한 21가지 제언. 김영사.
Illouz, E.(2007). Cold intimacies: The making of emotional capitalism. 김정아 역(2010). 감정자본주의. 돌베개.
Kotz, D.(2015). The Rise and Fall of Neoliberal Capitalism. 곽세호 역

(2018). 신자유주의의 부상과 미래. 나름북스.

Le Breton, David(2000). Eloge de la marche. 김화영 역(2002). 걷기 예찬. 현대문학.

Maffesoli, M.(1989). The sociology of everyday life (epistemological elements). Current Sociology, 37(1), 1-16. 박재환 외 편역(1998). 일상생활의 사회학. 한울아카데미.

Pieper, J.(1998). Leisure: The Basis of Culture. San Francisco: Ignatiusaa.

Pine, J. & J. Gilmore(1999). The Experience Economy. Cambridge, Ma: Harvard Business School Press.

Rifkin. J.(2000). The Age of Access: The New Culture of Hypercapitalism Where All of Life is a Paid-for Experience. New York: Penguin Group. 이희재 역(2001). 소유의 종말. 민음사.

Rojek, Chris(2004). Postmodern Work and Leisure. John T. Haworth(ed.). Work and Leisure. New York: Routledge.

Schmitt, B.(1999). Experiential Marketing. 박성연 외 역(2005). 체험 마케팅. 세종서적.

Schulze, G.(2003). Die beste aller Weltern-Wohin bewegt sich die Gesellschaft in 21 Jahrhundert?. Muenchen: Hanser Verlag.

Stebbins, R. A.(2007). Serious leisure: A perspective for our time. 최석호·이미경·이용재 역(2012). 진정한 여가. 도서출판 여가경영.

Vasek, T.(2013). Work-Life-Bullshit. 이재영 역(2014). 노동에 대한 새로운 철학. 열림원.

Wiking, M.(2016). The Little Book of Hygge. 정여진 역(2016). 휘게 라이프. 위즈덤하우스.

김원제

중앙대 대학원에서 언론학 석사학위를 받았으며, 성균관대 대학원에서 언론학 박사학위를 받았다. 현재 (주)유플러스연구소 연구소장(대표이사), 성균관대 겸임교수, 호원대 겸임교수로 재직 중이며, (사)매거진미디어융합학회 연구이사, 정기간행물자문위원회 위원이다. 공공 분야 연구기획, 프로젝트 및 자문, 기업비즈니스 컨설팅을 주업으로 하며, 다양한 사회현상에 대한 기획저술을 꾸준히 하고 있다.
저서로 《넥스트노멀》(2020, 공저), 《미디어콘텐츠 4.0》(2019, 공저), 《시니어 비즈니스 블루오션》(2018, 공저), 《위험사회를 넘어 안심사회의 조건》(2017, 한국연구재단 저술지원), 《과학기술 저널리즘 쟁점과 사례》(2017, 공저), 《대한민국의 10대 잠재 리스크》(2016, 공저), 《미디어스포츠 사회학》(2016 개정판), 《한국 실패사례에서 배우는 리스크 커뮤니케이션 전략》(2015, 공저), 《해외 성공사례에서 배우는 리스크 커뮤니케이션 전략》(2015, 공저), 《미디어콘텐츠, 창조기획과 스마트 비즈니스》(2015, 공저), 《한국사회 위험특성과 한국인의 위험인식 스펙트럼》(2014, 공저), 《위험커뮤니케이션의 이론과 실제》(2013, 공저, 문화체육관광부 우수학술도서), 《구텐베르크 갤럭시》(2012, 공저, 문화체육관광부 우수학술도서), 《스마트 미디어 콘텐츠 인사이트》(2011, 공저), 《콘텐츠 실크로드 미디어 오디세이》(2009, 문화부 우수교양도서), 《퓨전테크 그리고 퓨전비즈》(2007, 문화부 우수교양도서) 등이 있다.

힐링 문화 비즈니스 : 피로·위험사회의 문화현상과 블루오션

2022년 2월 10일 제1판 1쇄 인쇄
2022년 2월 15일 제1판 1쇄 발행

저　자　김　원　제
발 행 인　권　영　섭
발 행 처　(주)신영사

경기도 파주시 심학산로 12(출판문화단지)
등　　록 : 1988. 5. 2 / 제406-1988-000020호
전　　화 : 031-946-2894(代)
F A X : 031-946-0799
e-mail : sys28945@naver.com
홈페이지 : http://www.shinyoungsa.co.kr

저자와의
협의하에
인지생략

정가 14,000원　　　　　　　　ISBN 978-89-5501-791-5

본서의 내용을 무단전재하거나 복제하는 행위를 금합니다.